W0073821

V&R

Walter Andreas Scobel

Was ist Supervision?

Mit einem Beitrag von Christian Reimer

3., durchgesehene Auflage

Vandenhoeck & Ruprecht
in Göttingen

CIP-Titelaufnahme der Deutschen Bibliothek

Was ist Supervision? / Walter Andreas Scobel. Mit einem
Beitr. von Christian Reimer. – 3., durchges. Aufl. – Göttingen :
Vandenhoeck und Ruprecht, 1991
ISBN 3-525-45696-4
NE: Scobel, Walter A.; Reimer, Christian

3. Auflage 1991

Das Werk einschließlich aller seiner Teile ist urheberrechtlich geschützt.
Jede Verwertung außerhalb der engen Grenzen des
Urheberrechtsgesetzes ist ohne Zustimmung des Verlages
unzulässig und strafbar.
Das gilt insbesondere für Vervielfältigungen, Übersetzungen,
Mikroverfilmungen und die Einspeicherung und Verarbeitung
in elektronischen Systemen.
© 1988 Verlag für Medizinische Psychologie, Göttingen
Printed in Germany.
Druck und Einband: Hubert & Co., Göttingen

Inhalt

5. Suizidalität als spezifisches Problem des psychiatrischen/
psychotherapeutischen Helfens und der Supervision

Vorwort

Dieses Buch ist auf dem Hintergrund meiner Erfahrungen in der psychiatrischen Supervision und in der Supervision während der Psychotherapieausbildung entstanden. Da überwiegend Probleme und Konflikte des Helfens und der Helfer behandelt werden, muß ein einseitiges Bild der professionellen psychiatrischen/psychotherapeutischen Betreuer, von ihren Institutionen und ihren Arbeitsfeldern entstehen. Auch wird die berufliche und menschliche Kompetenz hinterfragt, so daß Helfer (auch Psychotherapeuten in der Ausbildung) häufig von ihren Fehlern, Störungen, Unzulänglichkeiten und Einengungen her beschrieben werden. Ich meine dem Leser sagen zu müssen, daß diese Einseitigkeit in einem solchen Kontext wie Supervision unumgänglich und gewollt ist, aber kein negatives und destruktives Werturteil über Helfer, Teamarbeit oder Psychotherapieausbildung begründen kann.

Im Gegenteil, wo ständig schwere seelische, körperliche und soziale Nöte der Klienten/Patienten sowie das Unvermögen zum Leben bearbeitet werden, da kann der jeweilige, damit konfrontierte Helfer nicht automatisch nur "unkompliziert" und "störungsfrei" richtig reagieren, ja, da darf es einfach nicht verwundern, wenn Therapeuten besonders an ihren Schwachstellen geprüft und in ihrer Persönlichkeit hin und wieder verunsichert oder stark erschüttert werden. Insofern sind Konflikte und Probleme unter Helfern genauso menschlich wie unter Klienten/Patienten.

Ich möchte in diesem Sinne den vielen Therapeuten und engagierten Helfergruppen danken, daß sie mich als Supervisor auswählten, um mit meiner Unterstützung ihre Arbeit zu reflektieren und zu verbessern. Sie gaben mir auf diese Weise die Gelegenheit, ihre ganz spezifischen Probleme und Konflikte zu analysieren und zu verstehen, so daß ich auf diesem Hintergrund eine Konzeption der psychotherapeutisch angelegten Supervision entwickeln und in der Praxis der Supervision entfalten bzw. verwirklichen konnte. Das vorgelegte Buch soll das Ergebnis meiner Erfahrungen und Überlegungen in einer auch für andere hoffentlich nutzbringenden Weise schildern.

Insbesondere möchte ich meinem kollegialen Freund, Prof. Dr. med. *Christian Reimer,* für die gute Zusammenarbeit und die wichtigen Gespräche zum Thema des Buches danken. Auch möchte ich nicht vergessen, Frau *Margret Vandree* in großer Dankbarkeit zu erwähnen, die in langen drei Jahren, während ich die Manuskripte verfaßt und geschrieben habe, sämtliche Texte mit dem Schreibautomaten gesetzt, sorgfältigst korrigiert und hervorragend hergerichtet hat (auch wenn noch so viel geändert werden mußte).

Hamburg, im August 1988   Walter A. Scobel

1. Psychotherapeutische Supervision: Eine Einführung

In der heutigen Zeit kann die Psychologisierung und Psychiatrisierung umfangreicher Lebensbereiche der Menschen nicht mehr zurückgedrängt werden. Psychotherapie und Supervision sollen in vielen sozialen und klinischen Problemfeldern zur Lösung führen, wobei das Thema "Psychotherapie" in der wissenschaftlichen, ernsten und auch belletristischen Literatur vielfach behandelt und diskutiert ist. Wenig dagegen wurde bisher über die Arbeitsweise der Supervision bekannt und veröffentlicht.

Das hier vorgelegte Buch wird sich dem Erfahrungsbereich der Supervision im psychosozialen Feld widmen. Zunächst muß dargelegt werden, was das Wort "Supervision" bedeutet, aus welcher Landessprache es kommt und welche psychologische Arbeitsform damit im deutschsprachigen Raum gemeint ist. Vor allem wird abzugrenzen sein, was die Spezifizierung einer psychotherapeutischen gegenüber sonstigen Formen (z.B. pädagogischen) der Supervision zu sagen hat.

1.1. Ein schreckliches Wort "Supervision":
Woher kommt es, was bedeutet es?

In Helferkreisen, womit vereinfachend alle Tätigen in der psychosozialen, medizinischen und/oder pädagogischen Arbeit gemeint sind, mag dieser Begriff - Supervision - wohlbekannt sein. Besonders im psychiatrischen und psychotherapeutischen Feld haben viele eine irgendwie geartete Vorstellung davon, was mit Supervidieren angesprochen wird. Mancher Helfer bzw. manche Helferin haben bereits Erfahrungen mit Supervision gemacht. Für den Außenstehenden hört es sich wohl eher an, wie etwa: "der Revisor kommt", also eine Wirtschaftsprüfung steht bevor. Dagegen kann der nicht mit der Materie vertraute Laie vom Klang her assoziieren, daß es sich um etwas Modernes, Neues, vielleicht Amerikanisches handeln muß, wo ja mehr oder weniger alles Gegenständliche mit dem Beigeschmack "super" herkommt. Und er wird beim Sprechen merken, welche Zungenbrecher im Satzfluß die Begriffe "Supervision/Supervidieren/Supervisor" sein können, also das scheint schwer verdaulich. Ich finde, diese Wortbildung klingt in der deutschen Sprache einfach schrecklich und bedarf der Übersetzung ebenso wie einer Erklärung.

Supervision stammt aus dem angloamerikanischen Sprachraum und heißt wörtlich: Aufsicht, Leitung, Kontrolle, Überwachung; und Supervisor ist der/die Vorgesetzte. Es scheint mir dagegen unzulässig, wie es der Psychologe *Barthe* (1985) gemacht hat, die praktische Bedeutung dieses Wortes ohne Kontext- und Entstehungshorizont aus der lateinischen Sprache herzuleiten und dann zu zerlegen in "super", was "oben/darüber" heißt, und "visio(n)", was soviel wie Sehen/Anblick/Erscheinung meint. Dann nämlich wird der Supervisor ein Darüber-Seher, ein Von-oben-Blickender, ein Weit- und Hellseher, vielleicht sogar ein Weiser. Mag sein, daß eine solche Übersetzung die Soll-Vorstellung und das Ideal von Supervision beschreiben kann, aber keinesfalls die Realität.

In den Vereinigten Staaten von Amerika, wo die Aufgabenstellung "Supervision" entworfen wurde und weit verbreitet ist, wird diese Tätigkeit in vielen Bereichen des wirtschaftlichen, politischen und öffentlichen Lebens ganz im wörtlichen Sinne ausgeübt: Führungskräfte, Vorgesetzte kontrollieren ihre Mitarbeiter und kontrollieren Funktionsabläufe. Dabei hat man[1] sich inzwischen der Psychologie bedient. Und so nimmt es nicht wunder, wenn auch in medizinischen sowie psychosozialen Einrichtungen (in den USA) das um sich gegriffen hat, was in der Wirtschaft mit "Erfolg" vorgemacht wurde: psychologisch angeleitete Kontrolle.

Ein fragwürdiges und zugleich eindrucksvolles Beispiel dieser Praxis - nur in einem ganz anderen, und zwar psychiatrischen Feld - gibt meines Erachtens Bruno *Bettelheim* ab. Das soll anschliessend skizziert werden. Es führt uns genau zu jenem Bereich hin, der ausschließlich in diesem Buch interessiert: der Bereich Gesundheitswesen, und hier vor allem solche beruflichen Felder, wo psychotherapeutische und/oder Supervisions-Hilfen gebraucht werden. *Bettelheim* leitete ab 1944 die "Orthogenic School" der Universität von Chicago: eine psychiatrische Einrichtung für schwer gestörte Kinder und Jugendliche. Diese Institution umfaßte bzw. umfaßt, wie sich unschwer denken läßt, eine große Anzahl von Mitarbeitern, welche - frei nach *Bettelheim* - gut und

---

1 Als ungeschlechtliches Personalpronomen der dritten Person gedacht (man/ frau/kind - mensch).

gleichgesinnt zusammenarbeiten sollten. Kaum ein Praktiker[2] würde hier widersprechen. Für psychisch instabile Menschen (in einer solchen Einrichtung) ist es wichtig, daß Helfer individuell und als Team (bzw. als Gruppe) vorleben können, was psychisch zur Wiedererlangung von Festigkeit, Übersicht und Struktur gebraucht wird, daß Helfer entwirren können und nicht stattdessen verwirren und verunsichern.

Um dieses Ziel zu erreichen, hat *Bettelheim* eine Mitarbeiterkonferenz eingerichtet, welche den Zweck einer Supervision erfüllen und wo diskutiert werden soll, wie jeder einzelne Betreuer mit den Patienten zurechtkommt. Prinzipiell ist dabei von großer Bedeutung, daß die Helfer ihre eigenen Empfindungen und Gefühle offen aussprechen, und zwar auch tabuisierte und negativ bewertete Gefühle. Während solcher Supervisionssitzungen ist in großer Runde das therapeutische Personal der ganzen Klinik anwesend und ein gesondert ausgewählter Helfer berichtet vor den anderen, wie er einem schwierigen Kind oder Jugendlichen gegenüber gehandelt und empfunden hat. *Bettelheim* betätigt sich dann als Supervisor, indem er das Verhalten des Mitarbeiters hinterfragt, analysiert und auf eine neue, ihm wünschenswerte Einsicht zuführt. Die Art und Weise allerdings, wie das geschieht, gefällt mir nicht. Nach meinem Geschmack sind *Bettelheim*s Interventionen zu schulmeisterlich, zu ausfragend, zu belehrend, zu sehr von oben herab, zu besser-wisserisch (dieser Eindruck kann täuschen, weil mir nur die Gesprächsprotokolle schriftlich vorliegen und möglicherweise *Bettelheim* in Aktion mit diesem Text ganz anders wirkt; vgl. Gesprächsprotokolle zur *Bettelheim*-Supervision, in: *Bettelheim*, 1978). Es wird, soweit ich erkennen kann, zu wenig auf die Selbstauseinandersetzung und Selbsteinsicht des betroffenen Helfers gesetzt. Aus meiner Sicht kann eine solche Supervision, zumal dann, wenn bei unangemessenem Helferverhalten mit Kündigung/Trennung gedroht wird, in die Gefahr geraten, zu einer autoritär-hierarchisch angelegten Gesinnungskontrolle zu werden, die auf Einsicht, wie der Leiter es vorgibt, einzwingen will, eine Form der Supervision, welche einer prüfenden Wirtschaftskonferenz gleichen könnte. Wie gesagt: ich möchte an die-

---

2 Es sind immer *Tätige beiderlei Geschlechts* gemeint. Das gilt für sämtliche weiteren Ausführungen und die entsprechenden Begriffe, wie etwa Mitarbeiter, Supervisor usw., d.h., gemeint sind: Mitarbeiterin, Mitarbeiter; Supervisorin, Supervisor usw.

ser Stelle eine Gefahr, nicht *Bettelheim*sche Realität bezeichnen. Ich will darauf hinweisen, daß Offenheit und Selbstreflexion nur in einem geschützten und angstfreien Rahmen gedeihen, aber nicht durch autoritären Druck und insistierende Abfragerei und belehrende Vortragskunst belebt werden können.

Im deutschsprachigen Raum verweist *Argelander* (1980) auf den Begründer der Psychoanalyse, weil *Freud* den Vater des "kleinen Hans" anleitete, psychotherapeutisch zu denken und zu handeln (dem kleinen Hans gegenüber). Hier also bedeutet Supervision: Anleitung zur Psychotherapie.

Wenn ein Lehrtherapeut zur Psychotherapie ausbildet und einem Therapeuten in Ausbildung hilft, Psychotherapien mit Patienten/Klienten durchzuführen, zu analysieren und zu verstehen, ist dieser Vorgang das Supervisionsgeschehen. Da der Lehrtherapeut während der Therapiesitzungen nicht dabei sein kann, wird folglich nur in der Besprechung danach supervidiert, nach dem und außerhalb des tatsächlichen Psychotherapieprozesses anhand von Therapieprotokollen und/oder Ton- bzw. Bildaufzeichnungen. Der Supervisor betätigt sich einerseits als Anleiter, Ratgeber und Katalysator zur Selbstbespiegelung des Therapeuten in Ausbildung sowie andererseits als verantwortlicher Kontrolleur der therapeutischen Beziehung, des therapeutischen Verlaufs und der therapeutischen Interventionsstrategien. Für viele lernende Psychotherapieschüler ist diese erste Supervisionserfahrung von ausschlaggebender Bedeutung (mehr dazu in den Praxisteilen des Buches).

Darüber hinaus gilt Supervision im sozialtherapeutischen Milieu als pädagogische Maßnahme, um den praktischen und gewünschten Umgang mit Problemgruppen in der Bevölkerung zu erlernen (bei Heimkindern, Strafgefangenen, Entmündigten beispielsweise), aber inzwischen auch im weiten Feld der Erziehung überhaupt (Kindergarten, Schule, Wohngemeinschaft, Familie usw.). Supervision heißt hier: erfahrene Praktiker weisen Berufsanfänger ein (z.B. Erzieher, Sozialarbeiter), indem außerhalb der realen Interaktion zwischen Klient und professionellem Helfer, also in der Supervisionssitzung, bearbeitet wird, was sich dort im Berufsalltag mit den Betroffenen ereignet. Hier werden konkrete Maßnahmen zur Korrektur des unerfahrenen Helfers entworfen (vgl. *Strömbach, Fricke, Koch*, 1975). Das sind Lern- und Lehrprozesse, die dem Sinne nach eine duldsame Überwachungs- und Kontrollfunktion haben. Der Supervisor nimmt die Position des Lehrers und zugleich eines therapeutischen Beraters ein, - eine schwierige Mischung.

Das Vorbild einer solchen Arbeitsweise ist die Balint-Gruppe: Professionelle Helfer - erfahren und unerfahren - besprechen fallbezogen in einer regelmäßig tagenden Gruppe ihre Arbeitsprobleme. Leiter einer solchen Gruppe darf der Tradition zur Folge nur ein Psychoanalytiker sein (vgl. *Roth*, 1984), möglichst noch ein Arzt, zumal diese Arbeitsform von einem Psychoanalytiker und Arzt, Michael *Balint* (1984, 6.Aufl.), entwickelt wurde. Dieses Modell wird deshalb ausschließlich im Bereich der Medizin und medizinischen Gesundheitspflege angeboten. Teilnehmer aller Helferdisziplinen sind möglich. Jeweils ein Gruppenmitglied berichtet die persönlichen Eindrücke, Gefühle, Schwierigkeiten und Einstellungen zur Betreuung eines bestimmten Patienten. Aus dieser Fallschilderung entsteht die Dynamik der Gruppe - jeder sagt seine Einfälle/Assoziationen und Empfindungen dazu -, woraus der Leiter mögliche Interpretationen und Erkenntnisse entnimmt und als Verständnisangebot dem betroffenen Helfer gegenüber formuliert. Die Atmosphäre scheint mir eher psychotherapeutisch und wenig pädagogisch angelegt. Mit Kontrolle und Überwachung hat das nichts zu tun. Was ausgelassen wird, sind die gruppenspezifischen, emotionalen Probleme der "Gruppengeschwister" untereinander und solche Probleme, die sie mit ihrem Leiter haben.

Das Modell von Supervision, welches in diesem Buch vorgestellt wird, ist breiter angelegt, weil es beispielsweise gruppeninterne Konflikte ebenso wie institutionelle/systemimmanente Probleme der Teilnehmer und Schwierigkeiten mit der Leiterpersönlichkeit (der Supervison) einschließen soll, ist aber zugleich weniger streng strukturiert, weil weder die Arbeitsform noch das Thema wie bei der Balint-Gruppe vorgegeben werden. (So kann als Arbeitsform statt des Gruppengesprächs ein psychodramatisches Spiel treten und statt des Fallthemas kann beispielsweise der Teamkonflikt einer psychiatrischen Station gewählt werden.) Genausowenig darf Supervision, wie sie hier theoretisch beschrieben und praktisch vorgeführt wird, mit einem pädagogischen und berufsgruppenspezifischen Auftrag erklärt werden.

Psychotherapeutisch angelegte Supervision - so ist der Schwerpunkt dieses Buches - sollte dazu dienen, daß professionelle Helfer - egal welcher Ausbildung und welcher Sparte - in einer selbstgewählten Form und mit selbstgewählten Themen lernen, ihr eigenes Handeln und Fühlen im beruflichen Alltag zu überdenken, emotionale und kognitive Hintergründe aufzudecken und - wenn möglich - die eigene Geschichte familiär und beruflich mit einzubeziehen. Supervision wird hier folglich und in erster Linie als Prozeß der Selbst- und Fremdreflexion definiert (ohne genaue Vorgaben oder prozessuale Einschränkungen), ein Prozeß, der weder als pädagogische Kontrollfunktion noch als irgendwie geartete Überwachung gedacht ist, dennoch aber eine gewisse Kontrolle des beruflichen Handelns einschließt, wie noch zu zeigen sein wird. Therapeuten in Ausbildung oder Mitarbeiter eines psychiatrischen Teams beispielsweise oder einer Praxisgemeinschaft lernen in ihrer Supervisionssitzung, dadurch daß eine außenstehende und insoweit neutrale Fachperson hinzugezogen wird, sich selbst zu hinterfragen und zu bespiegeln, fallbezogene Probleme und institutionell bedingte Schwierigkeiten zu erwägen und zu analysieren sowie darüber hinaus Konflikte in der Supervisionsgruppe selbst ans Tageslicht zu holen und zu bearbeiten. Beispiele folgen im weiteren Verlauf der Ausführungen.

1.1.1. Drei wesentliche psychotherapeutische Ziele der Supervision

Meines Erachtens sollte Supervision in diesem beruflichen Feld, also Psychiatrie-Psychoptherapie-Psychosomatik, drei Ziele verfolgen, welche in jeder Weise psychotherapeutischen Charakters sind:
- Introspektion (Innenschau) und Selbstöffnung,
- Selbstreflektierende Analyse des eigenen beruflichen Handelns,
- Auseinandersetzung mit der eigenen Person, aber auch mit den Supervisions-"Geschwistern" und dem Leiter der Gruppe (Supervisor[3]).

Im Gegensatz zur Psychotherapiegruppe oder aber zur Einzelpsychotherapie oder Selbsterfahrungsgruppe muß dieses Geschehen in der Supervision eng an den beruflichen Kontext der Teilnehmer gebunden bleiben, so daß der Auftrag des Supervisors durchaus psychotherapeutisch ausgerichtet ist, nicht aber der Arbeitshintergrund und das Arbeitsziel der Gruppe (bzw. der The-

---

3 Ich möchte noch einmal betonen, daß Tätige beiderlei Geschlechts gemeint sind (Leiterin/Leiter bzw. Supervisorin/Supervisor).

rapieschüler); - weitere differentielle Einzelheiten dazu im dritten Abschnitt. Deshalb sollte im Verlauf einer psychotherapeutisch angelegten Supervision, die von einem erfahrenen Psychotherapeuten durchgeführt wird, eine *psychotherapeutische Atmosphäre* entstehen, also vor allem eine Atmosphäre, die *frei von autoritären, angstbesetzten moralischen und ideologischen Bewertungen* ist. Insoweit schließt diese Supervision jene Überwachung und Kontrolle aus, welche von einem Zensor oder einem Bewerter ausgehen würde. Dennoch bleibt ein Rest von Kontrolle, eine Kontrolle allerdings, die sich vom Arbeitsschwerpunkt der Gruppe oder des Psychotherapieschülers her entwickelt: Kontrolle des eigenen therapeutischen/helfenden Handelns und der dahinterliegenden Motivation.

1.2. Supervision: Aufklärung oder Kontrolle?

Fragen wir uns einen Moment lang über das bisher Gesagte hinaus, was im Rahmen von Supervision einerseits "Kontrolle" und andererseits "Aufklärung" bedeuten mag. Zumal wir - Bürger hochindustrialisierter und hochtechnisierter Staaten - glauben können, der Aufklärung fortgeschrittensten Stand erreicht zu haben. Mehr technische und logische Vernunft (Ratio), als heutzutage Anwendung finden, scheinen nicht oder jedenfalls kaum in Reichweite. Allerdings beginnen die Schattenseiten dieser Entwicklung zu schrecken. Des Menschen aufklärerischer Verstand - oft ein kalter, profitgieriger Verstand - hat nicht nur zur Erfindung der Waschmaschine, des allgegenwärtigen Autos oder phantasietötender Fernsehmaschinen geführt, sondern auch zu einer gigantischen Hochrüstung, deren Vernichtungskraft sich dem Vorstellungsvermögen des einzelnen Menschen ganz und gar entzieht, hat auch zur Zerstörung lebenswichtiger Ressourcen des Planeten "Erde" geführt, wie Luft, Wasser und Boden, Zerstörungen, welche fortgesetzt den Lebensraum von Pflanzen, Tieren und Menschen einengen und abtöten. Bis heute ist das Schreckliche, das Ausmaß noch nicht wirklich vorstellbar. Wird dagegen konkret faßbar und wahrnehmbar, was zerstört wurde, ist bereits vieles irreversibel bzw. irreparabel zu spät.

Ferner sollten die Gefahren, welche durch die Errungenschaften der Elektrogehirne (Computer), Mikrotechnik und Roboter entstehen können, nicht unerwähnt bleiben, weil die Arbeitskraft des Menschen und damit seine sinnvolle Beschäftigung zurückgedrängt werden und Massenarbeitslosigkeit in westlichen Industrieländern drohend am Horizont steht. Der Mensch, so scheint es, könnte überflüssig werden.

Aufklärung hat also einerseits den Animismus[4], Hexen und Mythen, Gespenster und religiöse Wahnvorstellungen ad absurdum geführt, hat sicherheitgebendes logisches Wissen gegen magische und naturbedingte Ängste gesetzt und lebenserleichternde Techniken möglich gemacht, hat aber andererseits unglaubliche Zerstörungspotentiale eröffnet. Genauso aufgeklärt und dem Menschen "überlegen" scheint der Fortschritt in Medizin, Biologie, Chemie, Psychologie und Psychotherapie zu sein. Heilung, so kommt es mir manchmal vor, ist nur noch eine Frage der richtigen Technik, Medikation oder beispielsweise des therapeutischen Settings (von wenigen Geißeln der heutigen Menschheit abgesehen).

Psychosen - seit Jahrzehnten die Herausforderung der psychiatrischen, medizinischen Forschung/Wissenschaft - können z.B. für den Arzt und Psychoanalytiker *Boyer* (1976) beseitigt werden: nur das geeignete Psychotherapieverfahren, dogmatisch und konsequent über viele Jahre durchgehalten, und eine optimistische wissenschaftlich-intellektuelle Haltung sowie eine angstfreie Vorgehensweise genügen, um den Patienten für immer von seinem Leiden zu befreien. Wunderheilungen gleich klingen solche und viele ähnliche Erfolgsberichte aus den Vereinigten Staaten von Amerika, wo der Fortschritt auch in Psychologie/Psychiatrie beheimatet scheint. Ob es nun *Parker*s "Meine Sprache bin ich" (1970) oder *Sechehaye*s symbolische Wunscherfüllungstherapie oder ob es *Axline*s "Märchen"-Kind "Dibs" (ohne Jahresangabe) oder *Bettelheim*s Orthogenic School betrifft oder den nicht vorhandenen und dann doch vorhandenen Rosengarten (*Green*, 1973), hier werden Psychotherapien und Institute vorgeführt, die dem Leser das Gefühl vermitteln, daß brüchige und leidende Menschen durch hervorragende Aufklärer der Neuzeit, nämlich große und bedeutende und disziplinierte Psychotherapeuten, geheilt werden können, ohne daß medikamentöse Beihilfe nötig wäre.

---

4 Animismus (nach *Apel/Ludz*, 1976): "1. Glaube an die Beseeltheit der Natur und der Naturkräfte; als Seelenglaube die Auffassung der primitiven Weltanschauung, daß ein selbsttätiges Wesen den Körper des Menschen bewohne, und Ausdehnung dieses Seelenglaubens auf Geister in der Natur; 2. Lehre, daß die Seele das Prinzip des Lebens ist."

Dagegen nimmt sich das Ergebnis der Helfer-Realität, wie ich es durch Supervisionssitzungen kennengelernt habe und auch, was meine eigene Erfolgsbilanz angeht, geradezu abendländisch rückständig und bescheiden aus. Doch die Hoffnung vieler Gesundheitsarbeiter geht in die Richtung wunderbarer Heilungen, nach der Formel: "Wir sollten in der Lage sein, Krankheiten und Not zu überwinden". Besonders psychiatrische Helfer scheinen die Mängel, Störungen und unbeeinflußbaren Probleme des Lebens schlecht ertragen zu können. Sie müssen ständig dagegen vorgehen, um sich in der Illusion zu stärken, es gäbe ein heiles und gesundes Dasein. Dieser Antrieb ist wichtig für die tagtägliche Arbeit, zugleich aber auch ein ständiges Frustrationscolorid: immer wieder miterleben zu müssen, wie wenig der eigene Einsatz und das eigene Bemühen beim Patienten/Klienten zu bewirken vermögen und wie sehr doch alles vom Patienten selbst und seiner Umwelt abhängt. Da liegt das Bedürfnis nach großartigen Rezepten, nach einzigartigen Vorbildern und psychotherapeutischer Wunderheilung unumwunden auf der Lauer. Aufklärende, wissende, forschende Erkenntnisse und neue verändernde Methoden sind erwünscht.

Nur hat die Aufklärung meines Erachtens im psychosozialen Feld - wie im gesamtgesellschaftlichen Kontext auch - gänzlich ambivalente Auswirkungen: sie stärkt und schwächt zugleich. Neue Erkenntnisse und Methoden lassen den Stern der Heilung - das berufliche Ideal vieler Helfer - sichtbar und greifbar werden, enttäuschen aber beinahe unzumutbar, wenn alles das nichts nützen will, bzw. wenn sich die großartigen Besserungs- und Heilungserfolge nicht einstellen wollen. So können Süchte nach utopischen Konzepten, Einsichten und gottähnlichen Müttern und Vätern entstehen. Der Psychotrip vieler Sozialarbeiter, Ärzte, Psychologen, Schwestern und Pfleger, Lehrer und Erzieher scheint hier motiviert. Hat die politisch-gesellschaftliche Rebellion (z.B. der Antipsychiatrie) menschliches und eigenes Leid nicht beseitigen können, wird es die Konzentration ins Innere der Seele und des Körpers schon schaffen. Da kalte Ratio an den Rand des irdischen Suizids geführt hat, muß jetzt Aufklärung weiterhelfen, die nicht vom Verstand, sondern vom Bauch kommt. Was der Körper und die Lust diktieren, ist manchenorts unter Helfern Trumpf, häufig dort, wo angeblich psychotherapeutischer und/oder psychiatrischer Fortschritt walten. Mit Dreistigkeit wird den betroffenen Patienten/Klienten zugemutet, was dem "Bauch" des Helfers frönt. Hier können sich Alt und Neu auf verblüffende Weise ähneln: auch im Landeskrankenhaus zählt auf mancher Station nur, was das Pflegepersonal will, und zwar Ruhe und Ordnung, egal ob man den Patienten dabei entmündigt und zähmt wie ein Tier im Zoo. So gibt es Auswüchse überall, und die Frage bleibt, was soll Supervision hier leisten?

Sehr oft hat es andererseits den Anschein, als wenn Helfer sich für ihre Patienten/Klienten aufopfern, ohne dabei selbst gesund und stark bleiben zu können. Auch vom Gefühl her neigen viele zu der Auffassung, sich für die Betroffenen hingeben zu müssen. Pflege und Hilfe werden hier scheinbar selbstlos angeboten, so daß mit den Jahren des Dienstes am Kranken die seelische und körperliche Gesundheit der Helferin/des Helfers ruiniert wird. Und in der Tat läßt sich (statistisch abgesichert) feststellen, daß die sogenannten Gesundheitsarbeiter zur vordersten Risikogruppe für Depressivität und Suizidalität gehören (vgl. *Reimer*, 1981).

In diesem Spannungsfeld, das hier nur kurz angedeutet werden sollte, muß Supervision sich bewähren. Jede Supervisionsveranstaltung also, die diesen Namen verdient, wird eine bestimmte Form der Aufklärung zum Ziel haben, sicher nicht vergleichbar mit den erhabenen Vorstellungen eines *Rousseau* (1712-1778) zur Natur des Menschen, zur Verbindung von Individuum und Gesellschaft bzw. zur Verbindung von Naturalismus und Rationalität. Auch die Größe *Kant*scher Philosophie (1724-1804) zur Überwindung des Aufklärungszeitalters mit bahnbrechenden Erkenntnissen zur Metaphysik, zur "kritischen" und "praktischen Vernunft" und zur moralischen Pflicht des Menschen werden hier nicht angezielt. Was sich in der Supervision entwickeln soll, sind aufklärende Einsichten hauptsächlich zur *innerseelischen Motivation* von Gefühls- und Handlungsbereitschaften des Helfers bzw. einer Helfergruppe (z.B. einem Arbeitsteam) und ebenso von Klienten/Patienten, deren Lebensgeschichte und Behandlungsverlauf durchgesprochen werden.

Gleichermaßen interessieren Erkenntnisse zur menschlichen Kommunikation, zur Entstehung seelischer Störungen, Gruppengesetze und Gruppenstrukturen sowie Erkenntnisse über unbewußte Vorgänge, Beziehungs- und Übertragungsmuster beim Menschen. Direkt sollten Einsichten dieser Art, die durch Selbstreflexion und Auseinandersetzungen gewonnen werden, dem Helfer nützen, aber auch indirekt dem betroffenen Kranken dienlich sein. Wie sich zeigen wird, ist das nicht immer der Fall, so daß Aufklärung in und durch Supervision auch bewirken kann, daß der Helfer sich widerwillig den Unbilden der Arbeit/der Institution anpaßt oder den Arbeitsplatz wechseln will oder sich aus seiner Arbeit zurückzieht und resigniert.

Ergo: Während also im allgemeinen Sprachgebrauch unter Aufklärung verstanden worden ist, was zur Beseitigung naiver und religiös-traditioneller Weltsicht geführt (vgl. hier *Richters* "Gotteskomplex", 1979), was zur Loslösung aus familiärer Anbindung und zur Individualisierung, sicher auch zur Vereinsamung und ethisch-moralischen Haltlosigkeit des modernen Menschen beigetragen (vgl. hier *Riesmans* "Die einsame Masse", 1958), was zur Desillusionierung natürlich-romantischer Wunschvorstellungen und Träumereien einerseits und einem gigantischen technischen Fortschritt andererseits verholfen und zur modernen Luxus-Konsum-Gesellschaft hingeleitet hat, soll in unserem Kontext eher zum philosophischen Ursprung dieses Begriffs zurückgegangen und Aufklärung als Aussage über das Wesen und den Charakter des Menschen verstanden werden, Aussagen allerdings, die nahezu ausschließlich auf den Erfahrungs- und Wissenshorizont von Psychologie, Psychiatrie und Psychoanalyse zurückzuführen sind. Insofern empfinden sich die Autoren dieses Buches einer Form der Aufklärung verpflichtet, welche Verstand und Gefühl verbinden und zur Übereinstimmung bringen und nicht als unvereinbare Gegensätze gegenüberstellen will; Aufklärung nach dem konstruktiven Motto: fühle mit Verstand, denke mit Gefühl.

Bleibt die Frage, von welchem Bedürfnis, von welcher Motivation wird der Ruf nach Supervision, nach immer mehr Supervision in psychosozialen Einrichtungen und nach Supervision in den verschiedenen therapeutischen Verfahren gespeist? Dabei muß deutlich zwischen dem Personenkreis, welcher Supervision qua Standort von oben einsetzt (Institutionsleiter und Lehrtherapeuten), unterschieden werden. Klar ist wohl, daß Teilnehmer von Supervisionsveranstaltungen hauptsächlich im Auge haben, das eigene berufliche Handeln zu verbessern und zu erleichtern. Hier wird Aufklärung, Einsicht und wegweisender Ratschlag erwartet; aber auch hilfreiche Kontrolle mag der Wunsch sein.

Institutionsleiter und Lehrtherapeuten dagegen sind oft von dem Wunsch beseelt, die eigene Theorie, die eigene Haltung und Einstellung, das eigene therapeutische Vorgehen auf die betroffenen Supervisionsempfänger zu übertragen. Aufklärung ist hier nur

allzu schnell Mittel zum Zweck. Der Empfänger soll durch das Instrument der Supervision suggeriert bekommen, wie er - der Empfänger - zu fühlen, zu denken und zu handeln hat. Es soll zweck-
gebunden und zielgebunden gelernt werden. Nicht selten wird auf
diese Weise ganz ungeniert therapeutische Indoktrination und
gesundheitspolitische Ideologie transportiert und eingeimpft.
Auch Anpassung an herrschende Systeme der Hierarchie und an
unbefriedigende sowie in jeder Weise unzulängliche Versorgungs-
träger (bzw. Versorgungslücken) soll erzielt werden. Das mag den
meisten betroffenen Supervisionsteilnehmern verdächtig und destruktiv erscheinen, wird aber längst nicht immer zurückgewiesen.
Darüber hinaus gibt es viele Helfer, die eine autoritäre bzw. autoritative Beeinflussung suchen und spürbar erfreut reagieren, wenn
sie dominanten Lehrtherapeuten und Supervisoren bewundernd
folgen dürfen. Die Bereitschaft zur Selbstaufgabe und zur Übernahme eines angehimmelten Fremd-Ich's ist nicht zu unterschät-
zen.

Psychotherapeutisch angelegte Supervision muß solchen "Gefahren" zuwiderlaufen, muß Bedürfnisse der einen wie der anderen Erwartungsgruppe enttäuschen, weil weder die sofortige berufliche Verbesserung noch die führende, leitende Orientierung
angeboten und erreicht werden kann. Am Anfang müssen Supervisionsteilnehmer oft den bitteren Geschmack ertragen, welcher
durch aufklärende, ungebundene Erkenntnisse entsteht; häufig
sind das Erkenntnisse, die die Betroffenen lieber abwehren und
überhören würden. Im Rahmen von Teamsupervision werden zudem vom Supervisor hin und wieder Erkenntnisse ausgesprochen
werden müssen, die den leitenden Kräften der jeweiligen Institution unangenehm sein dürften, da sie der Institutionspolitik ein
kritisches Gesicht verleihen, Erkenntnisse, die aber auch der
Teamgruppe und einzelnen Mitarbeitern - im Bild gesprochen -
schwer im Magen liegen könnten. Manche aufklärerische Erkenntnis, die sich dem Supervisor im Verlauf einer Supervisionsarbeit erschließt, kann ihn selbst treffen und belasten, wenn er
scheut, diese Erkenntnis offen und ungeschminkt mitzuteilen.
Nicht selten wissen Supervisoren mehr, als sie sagen.

Aufklärung, die zum Widerspruch reizt, Aufklärung, welche
euphemistische Erwartungen der einen wie der anderen Seite enttäuscht, wird vielfach das Thema von Supervision sein. Besonders
Schmidbauer hat in seinen Büchern über die Psychologie der Helfer und des Helferberufes (z.B. 1977, 1980, 1983) aufgewiesen, wie

sehr Erkenntnisse reizen, ja zum Ärgernis werden können, die wirksam aufklären und der eigenen blinden Flecke berauben, Erkenntnisse, welche *Schmidbauer* überwiegend aus supervidierender Tätigkeit gewonnen hat. Die Essenz seiner Darlegungen gipfelt in einem radikalen Angriff gegen die westliche Luxus- und Konsumgesellschaft, eine Gesellschaftsform, welche die Menschen krank mache und emotional verkümmern ließe, welche eine morbide und korrupte Menschlichkeit hervorbringe, eine Gesellschaft, durch und durch destruktiv, die die eigenen Lebensgrundlagen ebenso aufzehre wie vernichte. Helfer seien dazu verurteilt, erfolglos und auf Kosten der eigenen seelischen Gesundheit, was aber vielen verborgen bliebe, die inneren Widersprüche und Risse dieser Gesellschaft zu kitten. Immer umfangreichere Betreuungsangebote und Versorgungsaufgebote könnten den destruktiven Sog unserer seelenlosen Zeit nicht aufhalten. Helfer wie Patienten erkrankten gleichermaßen an dieser unheilvollen gefühlskalten Gesellschaft, mit einem kleinen, aber bedeutsamen Unterschied: der Helfer müsse stark sein und unterdrücken, was der psychiatrische Patient ausagiere: infantile Schwäche und Hilflosigkeit, Aggressivität und Trauer sowie archaische Wünsche nach Nähe und Sexualität.

Außerdem stünde fest: die Helfer - egal welcher Coleur - würden ihrem eigenen Beruf zum Opfer fallen, indem sie versuchten, Mitmenschlichkeit bzw. mitmenschliche Hilfe zu professionalisieren. Selbst-Entfremdung und Selbst-Verkümmerung seien die Folge. Wer Liebe, Nähe und Verständnis gibt, so *Schmidbauer*, weil der psychosoziale Beruf es fordert, verliert diese Fähigkeiten als spontane mitmenschliche Kommunikation und stirbt auf diese Weise innerseelisch privat ab. Psychotherapie und Supervision könnten diese Prozesse langfristig nicht stoppen, höchstens aufdecken.

Besonders aber kann jene Aufklärung beunruhigen und kränken, welche *Schmidbauer* individuell auf die Helferpersönlichkeit zugeschnitten hat, daß sich nämlich hinter jeder starken Therapeuten- bzw. Arztfassade ein zu kurz gekommenes Kind-Ich verbirgt, ein süchtiger Säugling, also eine tiefe Sehnsucht, all das Schützende, Pflegende, Helfende, Fürsorgliche, Verständnis- und Liebevolle des professionellen Engagements selbst zu vereinnahmen, nicht der Gebende, sondern in Wahrheit der Empfangende sein zu wollen. Patienten werden demnach eigennützig und neurotisch ausgebeutet: Helfer geben, was sie selbst dringend brauchen, aber aus Angst vor Schwäche nicht zuzulassen und auszusprechen wagen. Einzig der Partner des Helfers darf ahnen, wie sehr es dem Kind im Helfer gefallen würde, versorgt, beschützt und verwöhnt zu werden. Partner von Helfern sollen einerseits die vermeintliche Stärke des Helfers achten und unangetastet lassen, andererseits sollen sie jenen innerpsychischen süchtigen Säugling (im übertragenen Sinne) stillen und befriedigen, - eine undankbare Rolle. Ist der Helfer uneinsichtig und nicht zur Aufklärung bereit, scheint das Desaster in der Partnerschaft vorprogrammiert. Was in jedem Fall bleibt, so ergänzt *Schmidbauer* in späteren Texten, ist das Sozialprestige des Helferberufes, oft auch ein wirtschaftliches Privileg, was Patienten oder betreute Menschen überhaupt, die weder Sozialprestige noch das Privileg der vergüteten Arbeit besitzen, neidisch und aggressiv gegen den Helfer bzw. gegen den Helferberuf machen kann.

Solche Erkenntnisse, die hier in Kürze dargeboten wurden, sind als Beispiel für den Leser gedacht, um zu demonstrieren, was mit einer psychologischen Form der Aufklärung gemeint sein kann. Dabei soll offen bleiben, ob die Arbeitsergebnisse der psychotherapeutischen Supervision, welche die Autoren dieses Buches beschreiben werden, jene Erkenntnisse bestätigt oder widerlegt oder ergänzt haben, die zuvor von *Schmidbauer* zitiert wurden. Soviel kann schon jetzt gesagt werden, daß es nicht allein um die Darstellung von Ergebnissen aus der Supervisionsarbeit, sondern vor allem um die Erläuterung, Erklärung und Erfahrung mit einer Arbeitsmethode geht. Das Verfahren der Supervision verlangt vom Supervisor eine schwierige Gratwanderung zwischen den verschiedensten Interessen und Erwartungen. Es bringt zudem eine psychologische Form der Aufklärung hervor, welche vielfach ärgert und kränkt, weil oberflächliche sowie eilfertige Erwartungen, Wünsche und Idealvorstellungen zurückgewiesen werden. Weder den leitenden Kräften in einer Institution noch den Gruppen- und Individualinteressen der Teilnehmer noch den Bedürfnissen nach Lob und kritikloser Anerkennung der Therapeuten in Ausbildung darf sich der Supervisor verpflichtet fühlen.

Aufklärung durch Supervision und Kontrolle des beruflichen Handelns kommen in ganz besonderer Weise durch die Unabhängigkeit und Souveränität der supervidierenden Fachperson sowie ihrer psychologischen, psychotherapeutischen und kommunikationspsychologischen Fähigkeit zur Assoziation und Interpretation zustande. Dabei ist es außerordentlich wichtig, daß Erkenntnisse und Einsichten nicht im Monolog, sondern im Dialog mit den Teilnehmern herausgearbeitet werden. Insofern muß *Supervision* (ähnlich der psychotherapeutischen Technik) *als ein dialogisches Verfahren* betrachtet und angewendet werden. Es gilt deshalb, dieses Verfahren zunächst theoretisch herauszuarbeiten, so daß dem Leser vorstellbar wird, was gemeint ist und wie sich ein solches Verfahren von der Wald- und Wiesentechnik mancher Praktiker abgrenzen läßt. Gerade auf dem Gebiet der Supervision wird viel Schindluderei betrieben, weil manche Sozialpädagogen, Ärzte und Diplom-Psychologen glauben, ihr Beruf verleihe ihnen die Fähigkeit zur Supervision eo ipso, also von selbst. Das scheint mir ein großer Irrtum zu sein.

In diesem Zusammenhang muß noch geklärt werden, um zur Theorie der Supervision überleiten zu können, welche Notwendigkeit denn besteht, dieses Arbeitsverfahren im psychosozialen Feld anzuwenden: Warum also Supervision und wozu? Ließe es sich auf dem Gebiet der Psychiatrie, Psychosomatik und Psychotherapie nicht auch ganz gut ohne aufklärende bzw. analysierende Erkenntnisse (zur Kontrolle des beruflichen Handelns) auskommen? Rechtfertigen die Ergebnisse von Supervision ihre Anwendung?

Ich möchte noch einmal an die eingangs gemachten, allgemein gehaltenen Bemerkungen zur Beantwortung dieser Fragen anknüpfen. Bei skeptischer Betrachtung haben philosophische und/ oder psychologische Aufklärungen wenig gegen die destruktiven Antriebskräfte im Menschen ausrichten können. Ohne Pessimist sein zu müssen, läßt sich die *Freud*sche Thanatostheorie angesichts der Overkill-Gefahren sowie der Umweltzerstörungen, die uns heute drohen, hervorragend ins Bild setzen, ergo: der Mensch vernichtet sich selbst. Weder die *Kant*sche Schrift "Zum ewigen Frieden" (1781) noch beispielsweise *Rousseau*s Aufruf "Zurück zur Natur" haben den modernen, hoch zivilisierten Menschen mit seiner unglaublichen technologischen Vernunft daran hindern können, unvernünftig die Ausrottung der eigenen Gattung zu ermöglichen und zu betreiben. Optimismus folglich, Aufklärung der Philosophen, Gelehrten und Weisen rette den Menschen, ist nicht angebracht. *Kant* hat sich in der erwähnten Abhandlung vor 200 Jahren bereits darüber lustig gemacht, daß nicht die Philosophen die Welt regieren, sondern Adels- und Königshäuser, also professionelle Politiker, denen das Wissen und die Ernsthaftigkeit für eine geistig-moralische Vernunft und deren Anwendung zum Frieden fehle. Auch heutige, neuzeitliche Appelle zur menschheitserhaltenden Vernunft scheinen wenig zu fruchten.

Da verwundert es nicht, daß sich viele Helfer, die ein kritisches Bewußtsein zur hochtechnisierten Gesellschaft moderner Prägung entwickelt haben und dem Fortschrittsgerede der Politiker nicht mehr glauben, in eine eigene Subkultur zurückziehen und Psychotherapie sowie Verfahren zur Meditation und Entspannung nutzen, um eine Antiwelt aufzubauen, in der vor allem Gefühle und Mitmenschlichkeit zählen, statt Profit und Konsum. Andere Helfer wiederum, die sich völlig den Normen und Forderungen unserer Gesellschaft angepaßt haben, bejahen unbewußt lebenszerstörende Prozesse wie beispielsweise gnadenlose Formen der Konkurrenz und überzüchtete Leistungsideale. Inmitten solcher Spannungsfelder wird Supervision eingesetzt. Es läßt sich sagen, daß überall dort, wo es um Krankheit oder Gesundheit geht, wo also lebenswichtige Entscheidungen getroffen werden, Supervision angebracht ist zur Analyse und Reflexion.

1.2.1. Definition der psychotherapeutisch angelegten Supervision

Psychotherapeutisch angelegte Supervision, das kann jetzt dargelegt werden, begründet sich durch folgende Ziele:
1. Durch eine gründliche und langfristige Supervision kann neben theoretischen "Trockenübungen" gelernt werden, *wie eine psychotherapeutische Betreuung durchzuführen ist.* Dabei wird es hauptsächlich das Anliegen des Supervisors sein, auf die Persönlichkeit des Therapeuten in Ausbildung einzuwirken. Der betroffene Kandidat lernt, sowohl einen anderen Menschen zu verstehen als auch eine heilsame therapeutische Beziehung zum Klienten/Patienten herzustellen. Die Persönlichkeit des Therapeuten wird beeinflußt, sich den eigenen bewußten und unbewußten innerpsychischen Vorgängen zu öffnen, sofern diese sich auf die psychotherapeutische Betreuung des jeweiligen Klienten beziehen. Dabei wird grundsätzlich angenommen, daß bei gewissen psychosomatischen, neurotischen und/oder psychotischen Störungen die Anwendung von Psychotherapie wünschenswerte Besserungs- und Heilungserfolge bringt. Empirische Untersuchungen bestätigen das, ohne den Sinn oder Unsinn menschlicher Anpassung an bestehende Normen und Werte kritisch zu hinterfragen.

2. Supervision ist immer dazu da, ob in der Einzelfall- oder Teambetreuung, *Konflikte aufzuspüren und aufzudecken.* Wenn man so will, ist Supervision immer und überall praktisch angewandte Konfliktforschung und Lösung von Konflikten. Die supervidierende Fachperson muß deshalb neutral und unverwickelt sein, damit es ihr gelingt, Probleme in einem institutionellen Team genauso wie in einem lernenden Therapeuten bei der Darstellung eines Therapiefalles auszumachen. Innerpsychische Konflikte und teambezogene Konflikte sind die Nahrung der Supervision. Es gilt, im Dialog mit den Supervisionsteilnehmern Hintergründe von Konflikten aufzudecken, um vernünftige, nachdenkliche und weiterführende Lösungen zu entwickeln. Dabei hat jede moralische oder ideologische Bewertung zu unterbleiben. Vielfach zeigen Störungen in der Kommunikation, Widersprüche oder gebrochene Darstellungen an, daß ungelöste Probleme und Konflikte übergangen werden. Hier ist es die Aufgabe der Supervision, zu stoppen und Prozesse in Bewegung zu setzen, die das Geschehen, Verleugnungen sowie unerkannte Manipulationen (zur Verdeckung) aufklären.

3. Supervision stellt ein *Arbeitsverfahren* dar. Es soll in der Supervisionssitzung durch Interventionen erreicht werden, daß sowohl intrapsychisch als auch interpsychisch informative, beratende, aufklärende *Kommunikation frei fließen* kann. Dazu ist ein Dialog zwischen den Teilnehmern einer Supervisionsgruppe notwendig, in den sich der Supervisor hin und wieder mit Fragen, Informationen, Beratungen und/oder Interpretationen einschaltet. Dadurch entsteht ein gewisser kommunikativer Dialog auch zwischen den Teilnehmern auf der einen Seite und der Person des Supervisors auf der anderen Seite, ein Dialog, welcher zurückwirkt und das Gesamt der Dialoge in einer Supervisionssitzung beeinflußt. Auf diese Weise entwickeln sich durch gegenseitige Mitwirkung hilfreiche und aufklärende Erkenntnisse. Solche Erkenntnisse können aber nur dann zur Einsicht weiterverarbeitet und somit nützlich werden, wenn der betroffene Supervisionsteilnehmer oder die Supervisionsgruppe bereit ist, diese gemeinsam erarbeiteten Erkenntnisse in sich aufzunehmen und zu akzeptieren. Erkenntnisse dagegen, die zwar gesagt, aber abgewehrt werden, verfehlen eine konstruktive Wirkung.

Zusammenfassend läßt sich feststellen, daß Supervision einerseits als Verfahren gebraucht wird, um Psychotherapie zu lehren und zu lernen, andererseits im psychosozialen-medizinischen Feld allgemein, um Schwierigkeiten, Störungen und Konflikte des professionellen Helfens und um Hintergründe, welche zur Entwicklung solcher Probleme beigetragen haben, individuell und interindividuell (auch systemisch) ausfindig zu machen und zu bearbeiten. In den oben aufgeführten drei Punkten sollte Supervision als psychotherapeutisch angelegte Arbeit begründet werden (im Gegensatz zu einem pädagogischen Schwerpunkt beispielsweise). Die konkrete Ausformung der jeweiligen Supervisionsveranstaltung ergibt sich dann vom Anwendungsbereich her und den Zielen dieses Bereichs (etwa Institution oder Psychotherapie). Sowohl der Therapeut in Ausbildung als auch das Helferteam müßten - das ist eine Sollvorstellung - durch Supervision arbeitsfähiger und selbstbewußter werden. Soweit eine erste, kurze Begründung. Heilfaktoren als Ziele der Teamsupervision werden später benannt und diskutiert.

Generell läßt sich also sagen, daß Supervision ein Arbeitsverfahren darstellt, durch das immer *professionelle Beziehungen* von Menschen reflektiert werden, also Beziehungen, die in gewisser Weise künstlich sind und durch die berufliche Tätigkeit der Helfer erst hergestellt werden. Sowohl die Klient-Therapeut-Beziehungen als auch die Beziehungen der Helfer untereinander (z.B. in einem Team) entstehen einzig und allein durch das berufliche Handeln. Folglich beschäftigt sich die Supervision immer auch mit der Rollenhaftigkeit oder, anders formuliert, mit der Künstlichkeit und Als-ob-Haftigkeit dieser Beziehungsrealität. Dabei gilt es herauszufinden, welche psychologischen Faktoren sowohl in der Klient-Therapeut-Beziehung als auch in den Beziehungen der Helfer miteinander wirksam sind, welche Faktoren zur Konstruktivität, Besserung und Kommunikationsfähigkeit führen und welche Faktoren Konflikte, Störungen und Blockaden auslösen.

2. Theoretisches und praktisches Hintergrundwissen zur Supervision

Jede Supervisionsveranstaltung wird geplant und vereinbart. Dabei spielen sehr unterschiedliche Faktoren eine maßgebliche und prägende Rolle. Diese Faktoren zu benennen und Hintergrundwissen dafür aufzuzeigen, soll die Funktion der nun folgenden Ausführungen sein. Zunächst werden organisatorische Rahmenbedingungen benannt und in ihrer richtungweisenden Kraft für das Supervisionsgeschehen erörtert. Darauf folgen psychologische Faktoren, welche als Einflußgrößen zur Supervision bedacht werden müssen. Schließlich und endlich sollen Strategien und Ziele der Supervision gebührend Erwähnung finden.

Zur Begründung dieser ausgewählten Programmpunkte sei einmal vorweg bemerkt, daß Supervision ein ausgesprochen komplexes Geschehen darstellt, was sich von einer oberflächlichen Betrachtungsweise aus nicht sogleich feststellen läßt. Erst Hintergrundwissen wird dem Leser eröffnen, welche vielseitigen Implikationen, welche verschiedenen Ebenen, welche komplizierten Interaktionsmuster berührt werden, wenn psychotherapeutisch angelegte Supervision stattfindet, oder schlichter gesagt, was alles mit berücksichtigt werden muß, wenn man Supervision verstehen will.

Vordergründig betrachtet, kann das sich Ereignende in der Supervision als eine ganz normale Kommunikation gewertet werden. Jedoch ist es von großer Bedeutung, hinter die Sprache des Supervisionsgeschehens zu blicken. Dabei sind vor allem jene Wünsche und Bedürfnisse zu erwähnen, die zur Supervision führen. Vielfach wird spekuliert, daß unlautere Absichten im Spiel sind, wenn Institutionen Supervision anfordern. Meiner Erfahrung nach sind es in aller Regel die Teilnehmer selbst, die den Willen zur Supervision entwickeln. Häufig sogar muß Supervision gegen die Leitung der Institution durchgesetzt werden. Selten tritt eine psychosoziale Einrichtung initiativ als Anbieter einer solchen Fortbildung auf. Es sei denn, daß Konflikte ohne neutrale Supervision beispielsweise in einem Klinikteam oder einer Gruppenpraxis als unlösbar erscheinen. Ganz selten ist es, daß eine Institutionsleitung dem eigenen Image und der eigenen Überzeugung zufolge Supervision organisiert, ohne vorher von den Mitarbeitern dazu angehalten bzw. gedrängt worden zu sein.

Ganz anders muß dazu die Supervision in der Psychotherapieausbildung gesehen werden. Hier ist Supervision Pflicht. Lediglich kann der Therapeut in Ausbildung auswählen, welche Supervision und welche Supervisionsgruppe er akzeptieren möchte. Trotzdem darf angenommen werden, daß lernende Therapeuten ganz ähnlich wie allgemein Helfer in psychosozialen Einrichtungen von einem gemeinsamen Bedürfnis bewegt werden, wenn sie Supervision aufsuchen.

Deshalb sei übergreifend - sowohl für Supervision in der Psychotherapieausbildung als auch für Teamsupervision - folgende thesenartige Behauptung aufgestellt:

Der Wunsch nach Supervision erwächst aus einem ganz elementaren Bedürfnis nach Hilfe, und deshalb wird Supervision ähnlich wie Beratung und Psychotherapie nach definierten Gesetzmäßigkeiten helfender (heilender) Kommunikation organisiert und durchgeführt.

Es ist nun aufzuweisen, welche Faktoren im einzelnen die helfende Kommunikation durch Supervision und in der Supervision kennzeichnen. Dabei wird ein bestimmter Weg beschritten: erst das Formale (was nicht allein formal ist, wie sich zeigen wird), dann das Inhaltliche und zum Abschluß dieses Bereichs eine Zielprojektion. Dem Leser sei gesagt, daß alle diese Faktoren organisch zusammengehören und lediglich zur schriftlichen Darstellung getrennt voneinander behandelt werden. Mir scheint, anders läßt sich das Supervisionsgeschehen nicht erklären.

2.1. Organisatorische Faktoren der Supervision

Für psychotherapeutisch angelegte Supervision, die wir abgrenzen möchten von anderen Formen, z.B. pädagogischen oder Supervisionsformen zur Prüfung wirtschaftlicher Abläufe (wie in Abschnitt (1) erläutert), kann als Gemeinsamkeit der Organisation (sowohl für Teamsupervision als auch für Supervision in der Psychotherapieausbildung) festgestellt werden:

a) sie wird als Veranstaltungs*reihe* und *nicht* als einmalige Angelegenheit geplant (wie etwa ein Wochenendtraining);

b) sie muß als Sitzung zeitlich begrenzt sein (etwa 1 1/2 bis 2 Zeitstunden) und regelmäßig in einem abgesprochenen Intervall wiederholt werden (z.b. wöchentlich oder 14tägig), so daß über einen langfristigen Zeitraum hinweg (vielleicht 1 Jahr, 2 Jahre oder 5 Jahre) ein Verlauf und eine Dynamik/Entwicklung der Supervision sowie eine verlaufsorientierte und "organische Entwicklung" für die Teilnehmer entstehen können;

c) ferner wird psychotherapeutisch angelegte Supervision grundsätzlich durch eine neutrale und kompetente Fachperson geleitet (meist mit Lehrtherapieausbildung), ist also keine kollegiale Supervision, wo darauf verzichtet wird, eine externe Fachperson zur Leitung der Supervision zu stellen. Kurzum: Ort, Raum, Zeit und Leitung der Supervision sind festgelegt; die Art und Weise der Organisation soll eine langfristige Begleitung und Einwirkung auf die Supervisanden sowie eine ihnen eigene psychosoziale Wachstums- und Veränderungschance vorbereiten und unterstützen helfen.

2.1.1. Außersprachliche Situationsmerkmale für Supervision in der Psychotherapieausbildung

Meines Wissens gibt es keine Psychotherapieschule, wo auf eine konsequente und sehr langfristige Supervision für die Auszubildenden verzichtet würde. In der psychoanalytischen und damit der ältesten Psychotherapieausbildung läuft Supervision vielfach unter einem anderen Begriff, und zwar "Kontrollanalyse". Im Gegensatz zu anderen Verfahren stellen Kontrollanalysen in der Regel eine Einzelsupervision dar, d.h., der Ausbildungskandidat wird in bezug auf seine ersten eigenen Behandlungsfälle gesondert und individuell von einer einzigen Lehrtherapeutin oder einem einzigen Lehrtherapeuten betreut, kontrolliert (supervidiert). Wenn ich vorher bemerkte "im Gegensatz zu neueren Verfahren", bedeutet das, dort (also in neueren Psychotherapieverfahren) wird Supervision ganz überwiegend in Gruppen vermittelt. Ähnlich wie in der *Balint*-Gruppe (vgl. *Argelander*, 1972; *Balint*, 1984, 6. Aufl.) erläutern die Auszubildenden ihre ersten psychotherapeutischen Betreuungsfälle und stellen sich damit sowohl den Einfällen der Gruppenteilnehmer als auch der leitenden und beurteilenden Einschätzung des Supervisors. Wie schon gesagt, ist Supervision in der Psychotherapieausbildung Pflicht und muß von den Auszubildenden selbst finanziert werden.

Aus diesen Fakten läßt sich ableiten, daß zwischen den Lehrtherapeuten auf der einen Seite und den Ausbildungskandidaten
auf der anderen Seite ein *Machtgefälle* besteht. Wie ich an anderer Stelle und zu einem anderen, aber vergleichbaren Thema ausgeführt habe (*Scobel*, 1983, S. 51 ff.), können wir dieses Rollengefüge mit der Begrifflichkeit von *Watzlawick, Beavin, Jackson* (1969,
S. 69 ff.) folgendermaßen aufgliedern:
a) der Supervisor (Lehrtherapeut) führt und leitet das Supervisionsgeschehen und beansprucht insofern die Position der Sach-
   autorität, ergo, die superiore/primäre Position;
b) der Ausbildungskandidat nimmt, ob er will oder nicht, die lernende und damit sekundäre/inferiore Position ein. Diese berufliche und soziale Abhängigkeit ist unvermeidbar.
   Allerdings kommt es in der Praxis/Realität darauf an, wie auf
beiden Seiten mit dieser wechselseitigen Abhängigkeit umgegangen wird und ob sich aus dieser Umgangsweise ein starkes oder
schwaches Machtgefälle zwischen Supervisor und Ausbildungskandidat herausbildet (s. Praxisteil). Wechselseitig ist diese Abhängigkeit insofern, als auch der Lehrtherapeut (Supervisor) die
auf ihn bezogenen Ausbildungskandidaten braucht, a) um seine
Funktion ausüben zu können, b) um sich eine gute Reputation
aufzubauen und c) um zusätzliche finanzielle Leistungen zu erwerben. Auf der Seite des auszubildenden Psychotherapeuten besteht über die erwähnte Abhängigkeit des Lernenden hinaus vielfach noch eine existentielle Bindung an den Supervisor und das
Therapieverfahren: der betroffene Therapeut in Ausbildung will
sich durch das Erlernen psychotherapeutischer Fähigkeiten und
einer psychotherapeutischen Haltung (Grundeinstellung, Überzeugung) den beruflichen Weg eröffnen, als anerkannter, zertifi-
zierter Psychotherapeut zu arbeiten, Geld zu verdienen und in der
Gesellschaft zu etablieren; folglich ist die Beurteilung des Supervisors, welche das Zertifikat ermöglicht, oft von ausschlaggebender existentieller Bedeutung. Dennoch gilt für beide Seiten, daß
eine gegenseitige Trennung möglich ist, wobei der Ausbildungskandidat mehr verliert als der Supervisor.
   Insgesamt gesehen läßt sich die Vielfalt der Rahmenbedingungen zur Psychotherapieausbildung, welche das Supervisionsgeschehen beeinflussen und eingrenzen, nicht erfassen, zumal dann
nicht, wenn die Motive mitbedacht werden sollen, die einen Menschen dazu bringen, Psychotherapeut werden zu wollen, bzw. einen anerkannten Psychotherapeuten dazu bringen, Ausbilder/

Lehrtherapeut in seiner Therapierichtung zu werden. Auf einer nächsthöheren Abstraktionsebene aber läßt sich das zu diesem Thema Gesagte zusammenfassen:

Das Situationsgefüge "Supervision in der Psychotherapieausbildung" wird gerahmt von verschiedenen Faktoren, wirtschaftlichen, sozialen, beruflichen, psychischen, die zu einer wechselseitigen Abhängigkeit von Supervisand und Supervisor führen und beide dazu veranlassen, miteinander arbeiten zu wollen. Rahmenbedingungen, welche das Supervisionsgeschehen vorbereiten, können derart festgelegt werden, daß ein deutliches Macht- und Abhängigkeitsgefälle zwischen Kandidat und Supervisor entstehen muß, und zwar zugunsten des Lehrtherapeuten. Genausogut können Rahmenbedingungen (außersprachliche Faktoren) vom Therapieverband formuliert werden, welche eine kollegialere und gleichberechtigtere Supervision anzielen. Innerhalb dieser außersprachlichen Eingrenzung wird die Person des Supervisors das Verhaltensspektrum "Macht" und "Abhängigkeit" in einer jeweils ganz eigenen Weise ausformen. Dabei werden Rahmenbedingungen der Supervision in ihrer Wirkung gemildert oder verschärft.

2.1.2. Außersprachliche Situationsmerkmale für Supervision in psychosozialen Einrichtungen

Neben den Faktoren zur Organisation, welche gemeinsam für Supervision in der Psychotherapieausbildung und für Supervision in der Institution gelten (vgl. Punkt 2.1.), sollen nun jene außersprachlichen Faktoren gekennzeichnet werden, die das Team-Supervisionsgeschehen darüber hinaus maßgeblich einrahmen. Zunächst ist es wichtig zu wissen, wer die Supervision einberuft und welche Träger sich zur Finanzierung der Supervision anbieten. Üblicherweise fordern die in der psychosozialen Einrichtung beschäftigten Helfer, daß zu ihrer Entlastung eine regelmäßige Supervisionsveranstaltung eingerichtet und von ihrem Arbeitgeber bezahlt wird. Was zur Folge hat, daß sowohl die Supervisanden als auch die finanzierenden Veranstalter ein entscheidendes Interesse daran haben, jeweils den Weg der Supervision vorzubestimmen, die Fachperson zur Supervision auszuwählen und die inhaltliche Ausrichtung innerhalb der Supervision zu beeinflussen. Hier kann bereits ein erster unüberbrückbarer Gegensatz zwischen den Teilnehmern und der Institutionsleitung entstehen und die Supervision vereiteln. Meiner Erfahrung nach wollen die Führungskräfte einer psychiatrischen oder psychosozialen Einrichtung vor allem anderen sichergestellt wissen, daß sich die für die Supervision ausgewählte Fachperson dem Habitus und den Zielen der Institution gegenüber loyal verhält und den Behandlungsstil sowie den Betreuungserfolg gegenüber Patienten/Klienten in der Einrichtung zu verbessern hilft. Der Supervisor soll also auf die beschäftigten Therapeuten/Betreuer nur insoweit Einfluß nehmen, als sich deren Effektivität (also die Effektivität der Helfer) einerseits in der Teamarbeit und andererseits in der Klientenbetreuung erhöht. Bei Auswahlgesprächen zur Leitung einer Teamsupervision wurde ich oft ängstlich und beschwörend durch Führungskräfte der jeweiligen Institution darauf hingewiesen, daß die Supervision auf jeden Fall der Arbeit der Mitarbeiter zu dienen habe und unter gar keinen Umständen eine sich frei entwickelnde Selbsterfahrung sein dürfe. Wie eine drohende Gefahr schien Selbsterfahrung - als Bild formuliert - ein fahrender Zug zu sein, den die Institution nicht anhalten und nicht kontrollieren kann. Auch wurden Ängste laut, die Supervision könnte zur Rebellion gegen die Leitung der psychosozialen bzw. psychiatrischen Einrichtung anstiften. An solchen Reaktionen und Befürchtungen ist ablesbar, wie sehr Leitungen oft ihren Beschäftigten mißtrauen. Tiefgründiger möchte ich spekulieren, daß solche Eingrenzungen der Supervision erkennen lassen, welche schwerwiegenden Schuldgefühle und welche heftigen Autonomieängste von Führungskräften in diesen Institutionen gegenüber ihren Angestellten entwickelt werden. Das soll anschließend nur kurz erklärt und an anderer Stelle ausführlicher begründet werden.

Zunächst: Seit Beginn der achtziger Jahre läßt sich ein Abflachen der Psychiatriereform beobachten, die mit der Enquete der Bundesregierung zur Lage der Psychiatrie in der Bundesrepublik Deutschland (1975) hoffnungsvoll begonnen hatte. Vieles, aber doch zu wenig wurde erreicht, viel Elan ist verpufft, und politische, wirtschaftliche Entwicklungen blasen den Reformern zur Zeit scharf ins Gesicht. In so manchen psychosozialen bzw. psychiatrischen Institutionen geht das Gespenst der Kostendämpfungsmaßnahmen im Gesundheitswesen um, laufen Förderungsprogramme aus und werden nicht erneuert. Überall scheint (ist?) die Personaldecke viel zu dünn. Lücken in der Betreuung der Patienten/Klienten innerhalb der Einrichtungen werden notdürftig gestopft. Gute sozialpsychiatrische und/oder psychotherapeutische Versorgung ist sehr personalaufwendig und wird kaum irgendwo in der Bundesrepublik regional vollständig geleistet. Was nicht an Versorgungslücken scheitert, kann an kleinkarierter Rivalität zwischen Institutionen und ihren "Chefetagen" scheitern. So fällt manches gute Vorhaben mangelhafter Kooperation und gegenseitiger Bekämpfung (auch institutionsintern) zum Opfer. Dabei können wir davon ausgehen, daß Führungskräfte in den verschiedensten Bereichen über Mängel und fortdauernde Mangelzustände Bescheid wissen, aber gezwungen sind, wenn sie ihren (meist hochdotierten) Posten nicht verlieren wollen, unzureichende Versorgung und schlecht besetzte bzw. unterbesetzte Arbeitsteams in Kauf zu nehmen und den Mangel (rechtfertigend) zu verwalten. Viele Leiter wissen oft ganz genau, daß sie ihrem Personal Unzumutbares zumuten, Unmögliches abverlangen (immer mehr persönliche Aufopferung nämlich), und gehen deshalb mit "gutem Beispiel" voran, indem sie (die Leiter) ihr privates und familiäres Leben weitgehend abschaffen oder zerstören und nur noch für den Beruf leben. Vorbewußt zumindest haben Führungskräfte Schuldgefühle, wenn sie ihr Personal - bildlich gesagt - mit sich ins berufliche Abseits reißen. Sie wissen, daß der Bedarf nach persönlicher Entlastung groß ist. Da wundert es nicht, wenn befürchtet wird, Supervision könnte sich als Veranstaltungsreihe anbieten, den Hunger nach persönlicher Entlastung auf der "Spielwiese" Selbsterfahrung austoben zu wollen. Andere Schuldgefühle, also Schuldgefühle, die anders motiviert sind, kommen durch ungerechte bis willkürliche Maßnahmen, überzogenen autoritären Druck, schlechten, d.h. oft unverständlichen und widersprüchlichen Führungsstil (Paradoxien bis double bind) sowie nicht gerechtfertigte Verwaltungsübergriffe auf, alles Schuldgefühle, welche von Leitungskräften meist ungern reflektiert, stattdessen abgewehrt und ausagiert werden, häufig, um die eigenen Schwächen und Fehler im Umgang mit Personal und Verwaltung zu verdecken.

Außerdem konnte ich hin und wieder beobachten, daß sensible Vorgesetzte bzw. Chefs Schuldgefühle aus der Tatsache heraus entwickeln, daß sie sowohl in finanzieller Hinsicht als auch sozialer als auch beruflicher Hinsicht deutliche Privilegien in Anspruch nehmen, Privilegien letztlich, die in keinem adäquaten Verhältnis zum Arbeitsmehraufwand der Leitungsfunktion gegenüber der normalen Funktionalität des beschäftigten Helfers stehen. An dieser Stelle möchte ich eine treffsichere psychologische Übersetzung des Begriffs "Schuldgefühl" einfügen, weil sie den zuvor geschilderten Sachverhalt hervorragend zu illustrieren hilft: *Slavson* (1977) - Psychoanalytiker und Spezialist für Gruppenpsychotherapie - hat einmal gesagt, Schuldgefühl sei nichts anderes als "soziale Angst", in unserem Zusammenhang also, die soziale Angst der Führungskräfte gegenüber ihren Angestellten, eine soziale Angst der motivierten Spannung zwischen Oben und Unten.

Zurück zum Thema "Supervision in der Institution": Aus den genannten Gründen (Stichwort: Führungskräfte kontra Supervision?) und weiteren anderen Gründen, die eher subjektiv und aus besonderen Interaktionsschwierigkeiten zwischen Leitung und angestellten Mitarbeitern zu erklären sind und hier im einzelnen nicht benannt und diskutiert werden können, ist es nur allzu verständlich, daß Führungskräfte in psychosozialen Einrichtungen ganz ambivalente Gefühle und Einstellungen zur Supervision bezogen haben und/oder beziehen. Einerseits wird eine positive Hilfeleistung durch Supervision für die Institution erwünscht, andererseits werden unbewußte oder geahnte Befürchtungen wachgerufen, daß die Supervision der Autorität der Leitung schaden und ein Eigenleben, eine Eigendynamik entfachen könne, welche sich nur zum individuellen Nutzen des Helfers, dagegen aber zur Destruktion in der Einrichtung auswirken müsse.

Wechseln wir jetzt zum Interesse der Supervisanden, zur Gegenseite sozusagen: Was schon erwähnt wurde, ist der Wunsch aller Beteiligten, in und durch Supervision eine arbeitserleichternde und hilfreiche Beeinflussung zu finden. In ganz besonderem Ausmaß erhoffen Teilnehmer, die Supervision möge Arbeitsstreß mit betroffenen Patienten/Klienten abbauen, Teamkonflikte entflechten und auflösen sowie die eigene psychische, soziale, berufliche Kompetenz erhöhen. Insofern wird die Fachperson, welche das Supervisionsgeschehen leiten soll, meist sehr stark nach subjektiven, individuellen, bewußten, aber auch unbewußten, unbemerkten, nicht reflektierten Bedürfnissen, Interessen, Vorlieben der Supervisanden ausgewählt. Handelt es sich um eine Gruppe von Helfern, die Supervision in ihrer Einrichtung etablieren wollen, so spielen auch noch diverse gruppenspezifische Faktoren bei der Auswahl des Supervisors eine Rolle. Mit anderen Worten: die supervidierende Fachperson wird mit unterschiedlichsten Erwartungen betraut, welche trotz guter Vorabsprachen nicht vollständig am Beginn der Supervisionsreihe offengelegt und abgeklärt sein können. Im Gegenteil: es gehört zur

Aufgabe der psychotherapeutisch angelegten Supervision, immer wieder neu herauszufinden, welche Anliegen, Absichten und hintergründigen Motive den Mitarbeiter bewegen, wenn ein Thema (ein Problem, ein Konflikt, ein Betreuungsfall) im Rahmen der Supervision bearbeitet werden soll.

Dabei ist es durchaus denkbar, daß - völlig unbewußt und bewußt unbeabsichtigt - Rahmenbedingungen vereinbart werden, die einer psychologischen Konfliktaufarbeitung und Klärung direkt im Wege stehen, und daß eine Fachperson ausgewählt wird, von der gemutmaßt bzw. angenommen wird, daß sie nicht in der Lage sein dürfte (z.B. eine zu schwache und ängstliche Persönlichkeit), die anstehenden, aber unbearbeiteten Schwierigkeiten in der Institution (z.B. auf einer bestimmten Station einer psychiatrischen Klinik oder innerhalb eines bestimmten Teams) offen und konfrontativ anzugehen, geschweige denn, zu lösen.

Grundsätzlich muß davon ausgegangen werden, daß folgende Rahmenbedingungen auf seiten der Teilnehmer gewünscht werden:
a) die Supervision wird vom Träger der Institution finanziert;
b) die Supervision findet regelmäßig in den Räumen der Einrichtung oder im Arbeitsraum des Supervisors statt;
c) es wird eine Fachperson ausgesucht, die sowohl gruppendynamische Konflikte als auch fallspezifische Probleme supervidieren kann;
d) das schließt ein, diese Fachperson muß über bestimmte psychologische, psychotherapeutische, psychoanalytische und kommunikative Fähigkeiten theoretisch und praktisch verfügen, muß ein möglichst großes Ausmaß an Erfahrungen auf dem Gebiet der seelischen Betreuung von gestörten Menschen mitbringen und muß in der Lage sein, diese Fähigkeiten und Erfahrungen angemessen verbal zu verwenden;
e) die Supervision und die supervidierende Fachperson werden von der Leitung der Institution akzeptiert.

Sollte eine dieser Bedingungen nicht mit dem realen Arrangement zur Supervision übereinstimmen, kann das nachfolgende Supervisionsgeschehen selbst bereits mit einem unverrückbaren Defizit belastet sein.

Anders als in der Supervision zur Psychotherapieausbildung gibt es in der institutionellen Supervision (meist Teamsupervision) ein Machtgefälle zu ungunsten des Supervisors: zum einen wählen Teilnehmer und Institution aus, prüfen also, welchen Fachmenschen sie, meist per Honorarvertrag, für ihre Supervisionsveranstaltung wollen; zum anderen kann der Supervisor jederzeit aus seiner Aufgabe entlassen werden; nur wenige Personen, die sich für institutionelle Supervision anbieten, sind von ihrer Reputation und ihrem finanziellen Auskommen unabhängig genug, um solche potentiellen Kündigungen bzw. Trennungen riskieren zu können. Unabhängigkeit und Neutralität des Supervisors aber würde idealtypisch verlangen, daß seine Arbeitsweise keine Konzessionen an die Teilnehmer oder den Träger der psychosozialen Einrichtung nötig macht. Weniger erfahrene Supervisoren werden dieses Machtgefälle ständig als Druck spüren, daß nämlich die Supervisanden (Teilnehmer der Supervision) über sie (die Supervisoren) zu Gericht sitzen könnten und beurteilen, ob die eigene supervidierende Tätigkeit (also die des Supervisors) ausreicht und für gut befunden, d.h., ob die Supervision als nützlich und als ein Erfolg für die Mitarbeiter gewertet wird.

Dazu kommt, daß dem Supervisor keinerlei Sanktionen zur Verfügung stehen, um seinerseits das eigene Konzept von Supervision mit Nachdruck vertreten zu können. Angestellte Helfer in der Institution vermögen also, wenn sie wollen, das Innenleben des supervidierenden Raumes mit Widerstand zu besetzen und den Supervisor nach allen Regeln der psychologischen Kunst zu kränken und ins Leere laufen zu lassen, so daß kein vernünftiges konflikt- und problemlösendes Ergebnis zu erzielen ist. Nicht selten scheitern institutionsinterne Supervisionsveranstaltungen deshalb (in einem übertragenen Sinne gemeint), bevor sie angefangen haben.

Um dieses Machtgefälle zugunsten des Supervisors zu entschärfen, sollte dieser, wenn erfahren und selbstbewußt genug, optimale Rahmenbedingungen fordern, Bedingungen, die abprüfen können, wie ernst es den Teilnehmern und der Institution wirklich ist, wenn sie Supervision einrichten wollen. Neben einem angemessenen Honorar sollte unbedingt eine Probezeit vereinbart werden, wo der Supervisor kritisch herauszukristallisieren versucht, ob seine eigenen Ziele für die Supervision in Deckung zu bringen sind mit dem, was er in dieser psychosozialen Einrichtung an Zielen für die Supervision vorfindet. Dabei ist von solcher Supervision abzuraten, wo im Vorhinein *unverrückbare* Defizite und Konflikte erkennbar werden. Will beispielsweise ein Team seine Konflikte mit der Klinikleitung klären und *beseitigen*, ohne daß die Anwesenheit der Klinikleitung gewünscht wird, oder die Klinikleitung selbst die Teilnahme an der Supervision ablehnt, sollte der Supervisor tunlichst davon Abstand nehmen, hier in dieser Institution und für dieses Team Supervision aufzunehmen. Das kann nur zur Enttäuschung führen, weil das Ziel der Supervisanden unerfüllbar bleibt (wie bei einem Paarkonflikt etwa, wo der eine Partner die Mitarbeit für die gemeinsame Beziehung verweigert und nicht mit zur Paartherapie geht).

Nach der Probezeit für Supervision sollte der Supervisor ziemlich genau beurteilen können, ob er mit den Konflikten, Problemen bzw. Themen, die in dieser Einrichtung behandelt werden, umzugehen versteht und ob die Helfer, welche an der Supervision teilnehmen und das Supervisionsgeschehen gestalten, solche Menschen sind, die er supervidieren kann. Das muß feststehen, bevor eine längerfristige Zusammenarbeit beschlossen werden kann. Umgekehrt müssen auch die Teilnehmer wissen, daß sie gut und gerne mit diesem bestimmten Supervisor arbeiten können/wollen. Das heißt: nach der Probezeit (ich schlage 6 Supervisionssitzungen vor) wird zwischen Teilnehmern und Institution auf der einen Seite und Supervisor auf der anderen Seite ein Arbeitsbündnis verabschiedet, was die Prüf- sowie Kündigungshoheit der Supervisanden und der Institution gegenüber dem Supervisor erheblich einschränkt.

Manche Supervisoren fühlen sich veranlaßt, bevor ein solches Arbeitsbündnis zwischen den beteiligten Parteien geschlossen wird, das Machtgefälle vor Beginn der Supervision zu manipulieren, indem sie beispielsweise versuchen, das eigene Wissen über die bevorstehende Aufgabe und über die bevorstehenden Konflikte durch Vorinformation anzureichern, um mit größerer Sicherheit im Supervisionsgeschehen auftreten zu können. Diese Vorinformationen werden etwa dadurch gesammelt, daß die an der Supervision teilnehmenden Personen in Einzelgesprächen oder Telefonaten dem Supervisor berichten sollen, was sie über die beteiligten Personen und die zu klärenden Schwierigkeiten denken und welche Befindlichkeit das in ihnen auslöst. Die Supervisanden werden meiner Meinung nach durch ein solches Arrangement direkt aufgefordert, sich vor Beginn des Supervisionsprozesses in übler Nachrede zu ergehen, d.h., über zweite und dritte Personen in vorurteilsvoller Weise herzuziehen, um im Verlauf der Supervision dann jede Offenheit dieser Art vermeiden zu können. Ganz abgesehen davon, daß alle Beteiligten, die sich auf solche Vorbedingungen einlassen, indirekt erklären, daß sie sich nicht in der Lage sehen (aus welchen Gründen auch immer), einen Gruppenprozeß mitzugestalten, der es ihnen nach und nach erlaubt, jene Offenheit zu praktizieren, die nötig ist, um tiefsitzende Vorurteile und beleidigende, ungerechte, kränkende Gedanken über andere zu äußern. Auch die supervidierende Fachperson disqualifiziert sich im Vorhinein und erklärt sich für unfähig, zu schwach und zu unerfahren, um ein gemeinsames Supervisionsgeschehen in Gang zu bringen, was an den Kern zwischenmenschlicher Ängste und Freund-Feind-Schemata führt, ja, es läßt sich sogar spekulieren, die betroffene Supervisionsperson habe selbst Angst davor, Konflikte offenzulegen und einer direkten Konfrontation der beteiligten Parteien zuzuführen. Ergo: Supervisoren, die glauben, durch solche manipulativen Eingriffe vor Beginn der Supervisionsveranstaltung (in der Institution) das Machtgefälle zwischen Teilnehmern und Financier der Supervision einerseits sowie Supervisor andererseits zu ihren Gunsten abwenden zu können, um durch Vorinformationen die Beteiligten machtvoll "in der Hand zu haben", sind auf einem Irrweg und strukturieren den möglichen Verlauf der Supervision in eine falsche Richtung, denn größtmögliche Offenheit zerstrittener Menschen und Parteien will als gemeinsamer Prozeß erarbeitet und erkämpft werden. Das läßt sich nicht vorweg ertuscheln.

Einzig die fachliche und persönliche Autorität sowie die existentielle bzw. finanzielle Unabhängigkeit (gegenüber der bevorstehenden Supervisionsarbeit) sowie eine solide/gute Reputation und ein möglichst großes Ausmaß an Erfahrung in Psychotherapie und Supervision können die betroffene Fachperson davor schützen, schon im Vorhinein zum Spielball nicht kalkulierbarer Interessen der Institution einerseits und der an der Supervision teilnehmenden Helfer andererseits zu werden. Tricks und Manöver, wie vorher geschildert (Ausfragen der Teilnehmer vor Beginn der Supervisionsreihe), nützen nicht, sie schaden nur dem Supervisionsprozeß selbst. Das Machtgefälle zwischen Supervisor und Teilnehmern kann allein dadurch langfristig egalisiert werden, daß es dem ausgewählten Supervisor gelingt, das Vertrauen der Helfer, die den Supervisionsprozeß gestalten, zu gewinnen und ihnen das sichere Gefühl sowie eine sichere Einschätzung dafür zu geben, daß ihnen die gemeinsame Arbeit berufliches und persönliches Wachstum ermöglicht.

2.1.3. Das Arbeitsbündnis

Fassen wir zusammen: Wie aufgezeigt, realisieren Supervisanden und Supervisor, indem sie miteinander in Beziehung treten, verschiedene Formen gegenseitiger Abhängigkeit (nur einige, formal erfaßbare wurden benannt), wobei meines Erachtens zwischen Teamsupervision (bzw. Supervision in der Institution) und Supervision in der Psychotherapieausbildung erhebliche Unterschiede bestehen. Ist in der Psychotherapieausbildung der Lehrtherapeut als die unabhängige Variable zu betrachten, muß bei Supervision in Institutionen eher der Supervisor als austauschbare Größe gesehen werden. *Balint*-Gruppen oder Praxensupervision bilden eine Mittelstellung, wobei in bestimmten, vor allem ländlichen Regionen gute und ausgebildete Supervisoren eine Seltenheit sind. Deshalb werden sich hier, aber auch in städtischen Regionen beruflich attraktive Leiter solcher Gruppen über genügend Zulauf und Nachfrage erfreuen können, um sich weitreichende Unabhängigkeit - persönlich und finanziell - gegenüber ihren Teilnehmern zu sichern.

In der Praxis von Supervision ergibt sich häufig eine widersinnige Verteilung von Supervisionsaufträgen: Die erfahrenen, versierten und die finanziell unabhängigen Fachleute können sich vielversprechende und "leichte" Arbeit heraussuchen, weil sie überreichlich mit Angeboten versehen werden, während Anfänger der Supervision selbst schwierigste Supervisionsaufträge mit schlechten Rahmenbedingungen annehmen müssen, weil sie die Erfahrung und das Geld brauchen. Jedoch sollte es umgekehrt sein: Die erfahrensten und besten Supervisoren übernehmen die schwierigste Supervisionsarbeit.

Wenn wir also über Arbeitsbündnisse zur Supervision nachdenken und einen Leitfaden für die jeweilige Supervisionsform entwickeln wollen, müssen die bisher gemachten Ausführungen berücksichtigt und auf weiterführende Hinweise untersucht werden (gegenseitige Erwartungen und Bedürfnisse; Rollengefüge und Machtgefälle; Rahmenbedingungen; oben erwähnte Paradoxie). Wir haben am Anfang dieser Überlegungen unter anderem als zentrale These festgestellt (vgl. 2.1. Faktoren der Organisation), daß das Phänomen der Supervision im psychosozialen Feld (vermutlich) ganz überwiegend dadurch zustande kommt, daß seitens der Betroffenen ein elementares Bedürfnis nach Hilfe vorliegt, und zwar zur Verbesserung der beruflichen Kompetenz sowie zur Erleichterung der beruflichen Arbeit und Verantwortung (zumal bei Psychotherapieschülern). Über diese Bedürfnisse hinaus aber kann davon ausgegangen werden, daß viele andere unbewußte, geahnte, noch-nicht-bewußte Erwartungen im Spiel sind, welche aber das gemeinsame Arbeitsbündnis beeinflussen werden.

Ich will nur zwei extreme Beispiele nennen, die aus meinem beruflichen Umfeld stammen.

Die Mitarbeitergruppe eines Rehabilitationswohnheims stellt einen Supervisor ein, der unerfahren und sehr manipulierbar ist. Im Laufe der Supervisionsarbeit wird allen nach und nach bewußt (nur dem Supervisor nicht), daß er - der Supervisor - gedrängt wird, den Leiter der Einrichtung öffentlich zu kompromittieren, ihm Geständnisse abzunötigen und ihn dazu zu veranlassen, "freiwillig" wegen mißratener, moralisch höchst fragwürdiger Amtsführung zu kündigen. Das Team hat den Supervisor - volkstümlich gesagt - vor die eigenen Karren gespannt und ihn stellvertretend ein noch-nicht-am-Anfang-der-Supervision-bewußtes Ziel ausagieren lassen. Danach wird dem Supervisor ebenfalls gekündigt (vom Team); er hat seine Aufgabe erfüllt?!

Eine Gruppe von Diplom-Psychologen und Therapeuten in Ausbildung, welche bemüht sind, jede kritische Selbstreflexion zu vermeiden, suchen sich für die Supervision in der Psychotherapiezusatzausbildung einen schwachen, ängstlichen und finanziell abhängigen Ausbilder (d.h., er ist auf die Unterweisung dieser Gruppe durchaus angewiesen, finanziell), also einen Ausbilder, der es nicht wagt, die betroffenen Helfer zu konfrontieren und sich mit ihrer Selbstherrlichkeit beschäftigen zu lassen. Außer dem bewußten Bedürfnis nach Hilfe und Lernen ist ein abgewehrtes Bedürfnis für die Wahl des Supervisors ausschlaggebend, nämlich das eigene berufliche Können (bzw. Nicht-Können) unangetastet wissen zu wollen, die eigene Persönlichkeit zu schonen sowie auf keinen Fall in Frage gestellt und kritisiert zu werden. Damit das eigene Selbst-Ideal in voller Größe und Einbildung bestehen bleiben kann, wird jede mögliche narzißtische Kränkung prophylaktisch, zielsicher im Vorhinein umgangen.

Soll ein Arbeitsbündnis formuliert werden, um zu erfassen, welche Aufgaben und Ziele in der Supervision behandelt werden, müssen also auch - wie die Beispiele zuvor aufweisen sollten - unbewußte, aber gerade deshalb oft agierte Faktoren einkalkuliert werden. Insofern bleibt festzuhalten, daß bereits vor Beginn einer Supervision unterschiedliche, individuelle und interindividuelle Beweggründe vorhanden sind, neben den bewußten (wie etwa das elementare Bedürfnis nach Hilfe), welche die teilnehmenden Personen und Parteien veranlassen, miteinander arbeiten zu wollen.

Das läßt sich nicht, wie vielleicht wünschenswert, durch ein noch
so gut ausgehandeltes Arbeitsbündnis aus der Welt schaffen.

Im Gegenteil, dies ist Stoff, auf den der Supervisor, welcher
psychotherapeutisch angelegte Supervision betreibt, in ganz besonderer Weise zu achten hat. Hier wird eine *weitere Paradoxie*
deutlich. Einerseits muß der psychotherapeutisch denkende und
handelnde Supervisor bemüht sein, mit den Teilnehmern der Supervision ein klares und möglichst eindeutiges Arbeitsbündnis für
die folgenden Supervisionsveranstaltungen im Vorgespräch bzw.
im Erstgespräch festzulegen, was Aufgaben und Ziele, aber auch
was sonstige Modalitäten der Supervision angeht. Andererseits
weiß die so eingespannte Fachperson zur Supervision, daß viele
noch-nicht-bewußte Erwartungen, Wünsche, Bedürfnisse, Ziele
während des Supervisionsgeschehens zutage treten werden, die
nicht im Erstgespräch zum Arbeitsbündnis aufgelistet sind und die
nicht während der Probezeit deutlich werden. Er muß sich also an
das vereinbarte Arbeitsbündnis halten und zugleich nicht daran
halten, d.h., er muß sich im und durch das Arbeitsbündnis die
Freiheit zusichern lassen, nach anderen, tieferliegenden Vorgängen während der Supervision schauen und auf tieferliegendere,
noch-nicht-bewußte innerseelische Vorgänge eingehen zu dürfen
als vor Beginn der Supervision oder während der Probezeit vereinbart!

Das Arbeitsbündnis wird für den Supervisor in bezug auf den
Inhalt der Supervisionssitzungen insofern nur vorläufigen Charakter haben können. Wenn Teilnehmer sowie (möglicherweise) die
veranstaltende Institution also psychotherapeutisch angelegte Supervision wollen (was für die Psychotherapeutenausbildung selbstverständlich ist), müssen sie akzeptieren, und zwar im Vorhinein,
daß die supervidierende Fachperson ganz eigene Zielsetzungen
verfolgt, die vorher nicht abgesprochen werden können und ganz
darauf ausgerichtet sind, unbewußte, noch-nicht-bewußte, geahnte
innerpsychische Vorgänge offenzulegen und an der Persönlichkeit
des einzelnen Helfers sowie an der Struktur einer Gruppe zu arbeiten (sofern die Supervision den Verbund in einer Gruppe betrifft). Ein solches Arbeitsbündnis ist riskant und erfordert, daß
der psychotherapeutischen Autorität der supervidierenden Fachperson voll und ganz vertraut werden kann. Dieses Vertrauen
kann sich aber frühestens nach einer gewissen Probezeit bzw. einer längeren gemeinsamen Supervisionsarbeit einstellen. Das bedeutet einerseits: psychotherapeutisch angelegte Supervision ist

immer ein Bündnis auf Zeit; sowie andererseits: hat sich die Zusammenarbeit bewährt (beispielsweise während der Probephase), wird dem Supervisor ein Autoritätsvorsprung zugestanden, welcher es der Fachperson erlaubt, in der Supervisionssitzung selbst tiefere Schichten der teilnehmenden Persönlichkeiten und der Gruppe anzugehen, ohne sich streng an die ersten, im Arbeitsbündnis formulierten Aufgaben und Ziele halten zu müssen. Kommt ein solcher Prozeß zustande, wird das wichtigste Ziel der Supervision erreicht, nämlich psychotherapeutisch zu wirken. Das ist eine Wirkung, die über bloße Lernerfolge für bestimmte Fertigkeiten hinausweist und für den einzelnen Helfer nachhaltigere Konsequenzen hinterlassen wird als die Erweiterung der beruflichen Kompetenz (der Leser möge sich hier noch einmal die Definition der psychotherapeutisch angelegten Supervision von Abschnitt (1) vergegenwärtigen).

Meiner Erfahrung nach wird diese Wirkung vielfach nicht erreicht und nicht zu erreichen sein, wenn zu viele Hindernisse - bildlich gesagt - im Weg liegen, was für den Supervisor kein Grund sein darf, vorzeitig zu resignieren; dieses wichtigste Ziel *anzustreben*, ohne es zu erreichen, ermöglicht dennoch diverse Prozesse in der Supervision, Prozesse, welche kleine Schritte und vorläufige Schritte zur Selbstexploration und Selbstauseinandersetzung, zur Selbstanalyse und Veränderung der eigenen Person in Gang setzen, einleiten, vielleicht nur anstoßen (aber immerhin). Immerhin auch insofern, als vieles vorweg passiert sein wird zur Veränderung des Helfens, zur Veränderung beruflicher Gewohnheiten, zur Veränderung eingefahrener Wahrnehmungs- und Sichtweisen, zur Veränderung von Denkschablonen, was allein sich lohnt.

Wir können davon ausgehen, daß Supervisionsteilnehmer und Supervisor etwa folgenden *Kontrakt* als Sollvorstellung abschließen (ein solches Arbeitsbündnis gilt sowohl für die Supervision in der Psychotherapieausbildung als auch für eine Supervisionsveranstaltung in einer psychosozialen Institution):

1a) Die Teilnehmer der Supervision verpflichten sich, ihre Probleme und Konflikte, welche in der Supervision bearbeitet werden sollen, *zur Sprache zu bringen.* Sie werden versuchen, diesen Prozeß so *unmittelbar* und so *offen* zu gestalten, wie es ihnen in der jeweiligen Supervisionssituation nur möglich ist.

1b) Um diese Verpflichtung übernehmen zu können, versucht jeder Supervisand zu lernen, sich selbst und seine interaktionellen Verwicklungen (mit Klienten/Patienten, mit Berufskollegen, mit Supervisionsteilnehmern sowie mit dem Supervisor) genau zu *beobachten*. Dabei versucht er hauptsächlich wahrzunehmen, welche *Gefühle, Bedürfnisse* und *Erwartungen*, aber auch welche *Einstellungen* und welche *berufliche bzw. psychotherapeutische Haltung* ihn bewegen bzw. ihn prägen.

2) Der Supervisor übernimmt es als seine Aufgabe, insbesondere solche Geschehnisse in der Supervision zu benennen, welche diesen Prozeß *stören* und *blockieren*. Er übernimmt es auch, einzelnen Teilnehmern bewußt zu machen, wo sie seiner Meinung nach nicht offen, gehemmt und/oder destruktiv reagieren und damit verhindern, daß Probleme und Konflikte zu Tage gefördert werden können. Er wird also dem Supervisanden zeigen, wo dieser - aus welchen Gründen auch immer - zur Verdeckung und/oder Verleugnung von konfliktgeladenen Themen beiträgt. Ferner wird der Supervisor solche Störungen zu benennen versuchen, welche nicht von einzelnen Teilnehmern, sondern von bestimmten Strukturen und Konstellationen der Supervisionsgruppe handeln.

3) Ist der Supervisand (noch) nicht zur Offenheit und Selbstauseinandersetzung in der Lage, versucht er den Supervisionsprozeß immerhin insoweit mitzutragen, daß er die Verpflichtung akzeptiert, sich in der Hauptsache dann zu Wort zu melden, wenn Gefühle von innerer Spannung, Unsicherheit und/oder Angst hervordrängen und geäußert werden wollen, d.h., dieser Teilnehmer akzeptiert die Verpflichtung, das eigene Zumutesein, die eigene *Befindlichkeit* während der Supervision zu beobachten und - wenn möglich - dem Supervisor und/oder den Mitsupervisanden gegenüber auszudrücken, also in Worte umzusetzen.

4) Der Supervisor verpflichtet sich, mit solchen Gefühlen der Angst und Unsicherheit schützend und pfleglich umzugehen, ohne das Ziel aus den Augen zu verlieren, langfristig riskante/riskierte Offenheit zu bewirken.

5) Teilnehmer und Supervisor haben den gemeinsamen Willen, ein Klima der Supervision zu schaffen, in dem jeder Supervisand seine berufliche Arbeit (z.B. den Verlauf einer Psychotherapie) und/oder den Konflikt auf einer Klinikstation bzw. in einem Helferteam *ohne Angst* schildern und auf jede Schönfärberei verzichten kann. Sowohl Schwächen und Hilflosigkeit als auch Fehler und Unzulänglichkeiten können angstfrei dargestellt werden. Der

Supervisand fühlt sich durch das Klima in der Supervision veranlaßt, nicht einmal solche Handlungen und Erlebnisse mit Klienten/Patienten und/oder Mitarbeitern zu verschweigen, welche ihm Schuldgefühle vermittelt und/oder die eigene und/oder fremdbestimmte Verurteilung eingebracht haben, sondern fühlt sich bestärkt, auch äußerst negativ bewertete Verhaltensweisen und Affekte zur Sprache zu bringen. Selbst Haß- und Wutausbrüche des Helfers gegenüber dem betroffenen Klienten/Patienten - ob real geäußert oder nur phantasiert - können frei hervorgebracht und zur gemeinsamen Bearbeitung versprachlicht werden.

6) Der Supervisor versucht seiner Verantwortung dadurch gerecht zu werden, daß er voreilige ideologische bzw. moralische Bewertungen und Verurteilungen unterbindet, indem er den Weg vor allem anderen dafür freihält, die innerpsychischen motivationalen Gründe solchen Fühlens und Verhaltens aufzudecken, *denn das tiefgehende psychologische Verstehen erübrigt moralische Bewertungen.*

7) So gestärkt, versucht der Supervisand im Gegenzug das ihm dargebotene Verständnis durch eigene Schritte weiter zu vertiefen, Schritte, welche vom Supervisor durch neue Fragen oder Interpretationen begleitet werden, um den Teilnehmer der Supervision zur Einsicht zu verhelfen. Diese *Einsicht hat zum Ziel,*

a) die eigenen gewohnten Tätigkeiten und Erlebnisformen zu "entautomatisieren" (*Plessen/Kaatz*, 1985, S. 45),

b) das eigene Verhalten und die eigene Haltung als Helfer zu überprüfen,

c) die eigenen Ideal- und Wertvorstellungen sowie die eigenen naivpsychologischen Einstellungen und Vorurteile (vgl. *Laucken*, 1973) zu hinterfragen, um

d) die Bereitschaft entwickeln zu können, neue Wahrnehmungs- und Handlungsformen auszuprobieren, und um

e) die Fähigkeit auszubilden, beispielsweise Patienten oder Teammitgliedern gegenüber eine neue, aber fundierte, verständnisvolle, tolerante Haltung einzunehmen, eine Haltung, die auf der psychologischen Analyse gewohnter Interaktionen des Helfers mit Berufskollegen oder Klienten basiert, die es teilweise zu überwinden und verändern gilt.

8) Indem Teilnehmer der Supervision und/oder die Teilnehmergruppe in der geschilderten Weise kooperativ mitzuarbeiten versuchen, kann es dem Supervisor gelingen, über das tatsächlich Gesagte, das tatsächlich Kommunizierte hinaus *Problem- und*

Konfliktherde zu erkennen, welche von den Supervisanden *unbewußt verdeckt gehalten* werden und nicht Gegenstand der ersten Zielverabredung zur Supervision waren. Der Supervisor wird dann in feinfühliger Weise herauszufinden bemüht sein, was sich *gemäß der jeweiligen Situation und Entwicklung der Supervisionsarbeit sowie des Supervisanden* und was sich seiner (des Supervisors) eigenen Einschätzung nach sagen läßt, mit dem Ziel, keine unnötigen Abwehrmechanismen bei den Supervisanden zu provozieren.

9) Auf diese Weise soll ein *Lerntransfer* stattfinden: Die Teilnehmer werden - idealtypisch - an der Sprache und am Verhalten des Supervisors modellhaft beobachten und übernehmen können, a) wie wichtig es ist, lange und ausdauernd einem Geschehen aufmerksam und zuhörend zu folgen, b) die Fähigkeit auszubilden und sowohl kognitiv als auch emotional abzusichern, selbst schwierigste und strittigste sowie tabuisierte Sachverhalte, Verhaltensweisen, Erlebnisse, Hintergründe (usw.) derart in Worte zu fassen und derart zu interpretieren (deuten), daß keine innerpsychischen Widerstände gegen das Mitgeteilte, gegen die verbalisierte Botschaft bzw. Erkenntnis seitens der Angesprochenen, seitens der Empfänger aufgebaut werden müssen. Der Teilnehmer versucht dann, diese Fähigkeit in seine therapeutischen Beziehungen zu übertragen.

Ein Arbeitsbündnis scheitert, wenn die Supervisanden das Verhalten des Supervisors und insbesondere seine Verbalisierungen (Fragen, Interpretationen etc.) als Modell für die eigenen therapeutischen Beziehungen sowie generell für die eigene berufliche Haltung und Einstellung ablehnen. In diesem Fall wird es dem Supervisor nicht gelingen, auf das innerpsychische Bezugssystem (*Rogers*, 1972) seiner Teilnehmer einzuwirken und ihnen wünschenswerte Veränderungen der beruflichen Identität bzw. ihrer therapeutischen Haltung zu ermöglichen.

2.1.4. Beispiele mißglückter Arbeitsbündnisse

Wenn der Supervisor mit seinen Supervisanden ein Arbeitsbündnis abschließt, dann geschieht das fast immer, um unnötige Mißverständnisse zu vermeiden und um dafür zu sorgen, daß man an einem Strang zieht, etwa gleiche Absichten verfolgt und möglichst kooperativ zusammenarbeitet. Vielfach, besonders in der Supervision zur Psychotherapieausbildung, wird allerdings vorausgesetzt (meist ohne Absprache), daß jeder Betroffene in seiner spezifischen Rolle weiß, worum es geht und was so ungefähr passieren wird. Auch zur Teamsupervision werden in aller Regel kurz und knapp Ziele und Aufgaben festgelegt. Supervisor und Betroffene sind sich, wenn das Erstgespräch gegenseitiges Einvernehmen und eine gewisse gegenseitige Sympathie brachte (das gilt auch für die Psychotherapieausbildung), schnell einig in dem Gefühl bzw. in dem Eindruck, man sei (jetzt) gut genug über den zu bearbeitenden Stoff in der Supervision informiert. Wie es dann konkret zugehen soll, bleibt offen und der Phantasie des einzelnen überlassen. Deshalb habe ich auf den Seiten zuvor ein kontraktähnliches Arbeitsbündnis vorgestellt, was zum Ziel hat, genau dieses wenig vorweg eingegrenzte *Wie* zu konkretisieren und zu präzisieren.

Daß das nötig sein kann, zeigen die nun folgenden Beispiele. Sie geben Auskunft darüber, wie Teilnehmer und Supervisor von Beginn der Supervision an glauben, sie seien sich einig, man wisse die gemeinsamen Linie, und doch nicht merken, wie man sich Schritt für Schritt voneinander entfernt, wie das angeblich Gemeinsame im Verlauf der Supervision eine Fata Morgana wird und wie immer mehr stille, aber spürbare gegeneinander gerichtete Ressentiments wachsen, bis die Supervision zerbröckelt.

Beispiel 1: Sechs Teilnehmer (fünf Frauen; ein Mann) finden sich mehr oder weniger unfreiwillig zur Supervision in der Psychotherapie-Zusatzausbildung der Gesellschaft für wissenschaftliche Gesprächspsychotherapie zusammen, um eine Gruppe zu bilden, einen Supervisor bezahlen und um ihre Psychotherapieausbildung weiterführen sowie langfristig beenden zu können. Unfreiwillig heißt hier, die Personen mögen sich nicht besonders, haben sehr unterschiedliche berufliche Hintergründe und brauchen sich aber insofern, als sie alle die gleiche Psychotherapierichtung gelernt haben und am Ort keine Auswahl für eine andere Gruppe oder eine alternative Psychotherapieschulung existiert. Vier der teilnehmenden Frauen sind Diplom-Psychologen, davon drei ohne feste Anstellung; eine Psychologin arbeitet in einer Erziehungsberatungsstelle. Der männliche Teilnehmer ist von Beruf Diplom-Sozialpädagoge und übt die Funktion des Bewährungshelfers aus (er hat etwa neunzig Strafgefangene nachzubetreuen). Die fünfte Supervisandin betätigt sich zum Zeitpunkt der Supervision als Hausfrau und Mutter von zwei kleinen Kindern, hatte vor Jahren mal kurzfristig in ihrem Beruf als Diplom-Pädagogin gearbeitet und möchte sich langfristig wieder pädagogisch und dazu psychotherapeutisch in einer psychologischen Praxis oder öffentlichen Beratungsstelle für Kinder und Eltern engagieren. Alle Teilnehmer haben ihre Grundausbildung zur Gesprächspsychotherapie (synonym: klientenzentrierte

Psychotherapie) an Hochschulen oder Universitäten absolviert. Der von ihnen ausgewählte Supervisor kann zu Beginn der gemeinsamen Arbeit feststellen, daß die Supervisanden das Therapiekonzept, welches von einem amerikanischen Psychologieprofessor namens *Carl Rogers* begründet wurde, intellektuell verstanden haben und in ihrer zukünftigen praktischen Tätigkeit als professionelle Betreuer schwieriger Menschen verwirklichen wollen.

Der erste entscheidende Dissens wird dadurch in Szene gesetzt (unbemerkt), daß die Betroffenen kein Arbeitsbündnis absprechen, sondern von der Illusion ausgehen, jeder in seiner Rolle wisse genau, wie die Supervision von psychotherapeutischen Einzelgesprächen verlaufe. Der Supervisor und Lehrtherapeut fragt nicht weiter nach, d.h., er klärt die Ausgangsbedingungen der Teilnehmer nicht genug ab, weil er Arbeit und Geld braucht. Er glaubt zu wissen, daß die Teilnehmer Anfänger der Psychotherapie sind und in der Hauptsache lernen müssen, selbstreflexiv die Beziehung zwischen der eigenen Person und dem Klienten wahrzunehmen, zu analysieren und sich zu fragen: "wie wirkt sich meine Person, mein Denken, Fühlen und Sprechen als Agens auf die Person des Klienten aus?", und umgekehrt, "wie wirkt sich die Person des Klienten auf mein Denken, Fühlen und Sprechen als gezielte Einflußgröße aus?". Er glaubt ferner, daß die Psychotherapeuten in der Ausbildung lernen sollten, eigene Reaktionen bzw. eigene Projektionen während der Ausübung psychotherapeutischer Einzelgespräche zu kontrollieren, um eine therapeutische Beziehung mit all ihren Besonderheiten aufbauen zu können.

Sämtliche Teilnehmer dagegen sind der Auffassung, Fortgeschrittene zu sein; der Supervisor habe ihnen lediglich Tips und Ratschläge zu geben, wie sie günstigenfalls in der jeweiligen Einzelsitzung handeln, d.h., verbalisieren sollten; Lob, so wird deutlich, ist ihnen recht, wobei kritische Bemerkungen des Lehrtherapeuten als Besserwisserei zurückgewiesen werden. Darüber hinaus aber die eigenen Aktionen und Reaktionen (also die Aktionen und Reaktionen der Teilnehmer in der von ihnen durchgeführten Psychotherapiesitzung) auf unbewußte Erlebnisanteile abzusuchen, scheint ihnen kontraindiziert.

Der Leser muß sich nun vorstellen, daß dieser Dissens zunächst unbemerkt und ohne jede Diskussion ausgetragen wird. Die Teilnehmer bieten von Supervisionssitzung zu Supervisionssitzung verschiedene Detailprobleme zur Bearbeitung an, welche aus ihren psychotherapeutischen Einzelgesprächen stammen. Dabei wird der Supervisor im unklaren gelassen, wo und wie die therapeutischen Betreuungen stattfinden. Jedoch stellt sich nach und nach heraus, daß die meisten Teilnehmer genau genommen gar kein Praxisfeld haben, wo sie sich psychotherapeutisch ausprobieren könnten, denn:

a) Gespräche in der Bewährungshilfe können nicht als Psychotherapie umdefiniert werden; solche Gespräche unterliegen einem völlig anderen Design und Kontext und haben einen völlig anderen Charakter, weil sie auf einer abhängigen, rechtlich angeordneten Beziehung von Häftling und Sozialarbeiter basieren. Da nützt es auch nichts, wenn der Bewährungshelfer annimmt, er führe mit einzelnen ausgewählten Probanden psychotherapeutische Gespräche.

b) Drei Supervisanden dieser Arbeitsgruppe bieten, wie sie meinen, psychotherapeutische Gespräche mit entfernten Bekannten und/oder Berufskollegen und/oder entfernten Freunden zur Bearbeitung in der Supervision an. Sie übersehen dabei (was immer dort in den Gesprächen auch stattgefunden haben mag), daß wesentliche Merkmale fehlen, die eine Psychotherapie kennzeichnen (z.b. Anonymität und Neutralität zwischen Klient und Therapeut zum Zeitpunkt der ersten Begegnung; das anamnestische Gespräch; die Bezahlung etc., um nur einige formale Merkmale zu nennen). Nur weil die Gespräche auf Tonband aufgezeichnet vorliegen, ist noch kein psychotherapeutisches Kriterium erfüllt.

c) Selbst die beruflichen Gespräche der Psychologin aus der Erziehungsberatungsstelle - voller Ratschläge, Informationen und Belehrungen - haben nur entfernt etwas mit Psychotherapie zu tun.

Der Supervisor kann also sehr bald resümieren, daß die Grundlagen für ein gemeinsames Arbeitsbündnis zur Supervision in der Psychotherapieausbildung von Anfang an gefehlt haben und die Teilnehmer die Illusion hochhalten wollten, in dieser Psychotherapiemethode sei so viel Menschlichkeit angelegt, daß man Psychotherapeut werden könne ohne Praxisfeld, ohne einen Arbeitsplatz dazu, ohne berufsbezogene Reflexion und ohne den Willen zur persönlichen Veränderung. Wäre zu Beginn der Supervision sorgfältig durchdiskutiert worden, ob die notwendigen basalen Faktoren (Rahmenbedingungen) für ein gemeinsames Arbeitsbündnis vorhanden sind, wäre diese Arbeitsgruppe erst gar nicht zustandegekommen, was auch bedeutet: der Supervisor hätte solvent und abgesichert genug sein müssen, um auf eine solche Supervision zur Psychotherapieausbildung, eine solche Supervisionsgruppe verzichten zu können. - Psychotherapieverbände, welche Supervision unter finanziell wackligen Bedingungen anbieten lassen und mit Psychotherapeuten in der Ausbildung arbeiten wollen, welche in Wahrheit gar kein Praxisfeld und keine berufliche sowie persönliche Stabilität aufbieten können, sind, wie das obige Beispiel zeigt, schlecht beraten.

Beispiel (2): In diesem Beispiel geht es um das mißglückte Arbeitsbündnis für die Supervision in einer psychosozialen Einrichtung, und zwar einem Übergangswohnheim für alkoholkranke Männer. Alle Bewohner müssen eine Entzugskur hinter sich haben und trocken sein (also keinen Alkohol mehr trinken). Ihre mittlere Verweildauer beträgt ein Jahr. Die Mitarbeiter, welche die sozialtherapeutische Betreuung leiten, haben Sozialpädagogik studiert und werden vom Trägerverein als Sozialarbeiter tariflich bezahlt. Man kennt sich lange, duzt sich und arbeitet gleichberechtigt zusammen (drei Frauen/drei Männer). Querelen kommen durch neue Einflüsse auf. Zunächst wird einer der männlichen Mitarbeiter formal vom Trägerverein zum Leiter der Einrichtung bestellt. Zwei Frauen lassen sich psychoanalytisch zum Suchttherapeuten fortbilden. Zwei Männer dagegen wählen eine verhaltenstherapeutische Qualifikation. Ferner kündigt eine langjährige wichtige Mitarbeiterin; eine neue Sozialpädagogin kommt.

Kurz bevor alle professionellen Helfer dieser Einrichtung auseinanderdriften, wird im Team Supervision beschlossen. Gemeinsam werden verschiedene Fachleute aufgesucht, bis man sich auf einen bestimmten Supervisor einigen kann. Die Einigung erfolgt noch unter Einbeziehung des Leiters; die erste Supervisionssitzung allerdings findet schon ohne ihn statt: er lehnt die Teilnahme an der Supervision sowie die Bezahlung durch den Trägerverein ab. Folglich muß die Supervision in den Räumen des Supervisors vorgenommen und von den Teilnehmern privat finanziert werden. Scheinbar unberührt von diesen Fakten wird in den Supervisionssitzungen zunächst Balint-Arbeit durchgeführt, das bedeutet hier: Fallbesprechungen von betreuten suchtkranken Heimbewohnern und der jeweils mit ihnen verflochtenen therapeutischen Interaktion. Dabei tauchen erste Konflikte zwischen den Sozialarbeitern auf, weil ganz unterschiedliche bis gegensätzliche therapeutische Strategien eingeschlagen und durchgesetzt werden. Was in der vierzehntägigen Supervision, welche nebenberuflichen-privaten Fortbildungscharakter annimmt, erarbeitet wird, wird in den Montagsfallbesprechungen des Wohnheims wieder zerstört, entweder durch die Agitation des Leiters der Einrichtung oder durch die betroffenen Sozialpädagogen selbst. Kann in der Supervision (also außerhalb des Wohnheims) ein angstfreies Klima ohne Bewertungen und ein therapeutischer Konsens noch mit Mühe hergestellt werden, wird unter Beteiligung aller durch die aggressive, rivalisierende Atmosphäre innerhalb der Einrichtung alles Erarbeitete wieder zunichte gemacht (jeder gegen jeden, gegen den Leiter usw.). Auf diese Weise gerät immer mehr jenes Thema in den Vordergrund der Supervision, was genau hier in dieser Veranstaltung nicht ausreichend "beackert" werden kann: das vergiftete Klima aller Suchttherapeuten untereinander im Übergangswohnheim und die unter ihnen laufenden Machtkämpfe. So kommt es, daß zwei weitere Mitarbeiter kündigen, die Supervision aufgeben und somit eine instabile verfahrene Teamsituation hinterlassen. Kurz darauf muß die Supervision mangels Interesse eingestellt werden.

Da die an der Supervision beteiligten Helfer in der Hauptsache zum Ziel hatten, das therapeutische Klima innerhalb ihrer psychosozialen Einrichtung zu verbessern, hätte ein Arbeitsbündnis abgeschlossen werden müssen, was die Supervision zum Bestandteil der Mitarbeiterbesprechungen *innerhalb* des Wohnheims erhoben und was den Supervisor durch den Arbeitgeber ermächtigt hätte, auf das Klima unter den Suchttherapeuten und auf die therapeutischen Bemühungen selbst *direkt* Einfluß zu nehmen, und zwar durch seine supervidierende Tätigkeit.

2.2. Psychologische Faktoren der Supervision

Zur Theorie der Supervision gehört, Wirkungsfaktoren zu benennen. Verschiedene Andeutungen dazu konnte der Leser dem vorliegenden Text bereits entnehmen. Was jetzt zusammengestellt wird, um die Wirkungsweise der Supervision zu erklären, stammt aus mehreren unterschiedlichen wissenschaftlichen Quellen, ist also interdisziplinär zugänglich, sowie aus der eigenen Erfahrung.

Das soll auch heißen: alles dieses beansprucht keine Neuheit zu sein; lediglich die Anwendung auf Supervision mag erstmalig erfolgen. (Ich verweise auf folgende Quellen zum Vergleich: *Yalom*, 1974; *Slavson*, 1977; *Rogers*, 1976; *Schulz von Thun*, 1981.)

2.2.1. Faktor I: Die persönliche Entlastung des Helfers durch Introspektion

Es mag für Außenstehende kaum faßbar sein, welchem enormen Druck und welchen enormen emotionalen Belastungen Helfer in der Psychiatrie ausgesetzt sind. Ebenso gilt das für Psychotherapeuten, die sehr schwer gestörte Menschen betreuen. Ich glaube kaum, daß sich ein Nicht-Betroffener vorstellen kann, was ein Helfer in vier, fünf, zehn oder mehr Jahren psychiatrischer Arbeit aushalten muß. Dagegen läßt sich einwenden, daß jeder Betroffene diesen Arbeitsplatz schließlich frei gewählt habe und, so gesehen, kein Anlaß zum Bedauern bestehe. Häufig wird auch spekuliert, daß die Helfer in der Psychiatrie und/oder die Psychotherapeuten schwache Persönlichkeiten, d.h., Menschen mit einem schwach ausgeprägten Ich sein müssen, weil sie es nicht wagen, sich mit sogenannten normalen/gesunden Zeitgenossen auseinanderzusetzen, mit der Welt "da draußen" zu kämpfen und es nicht schaffen, sich in der gesellschaftlichen Realität der Starken durchzusetzen. Die Betreuung der gestörten Menschen - was immer das auch bedeuten mag -, wäre demnach ein sozialer Schutzraum. Der Helfer, so auch *Schmidbauer* (1977, 1983), kann stark sein und sich stark fühlen, indem er die Schwächsten und die Ärmsten der Armen versorgt.

Ich frage mich immer mehr, ob diese Spekulationen nicht auf einer ganz fragwürdigen Definition von Stärke bzw. Schwäche der Persönlichkeit beruhen. Dreht sich der Spieß nicht vielfach um, wenn der psychisch oder psychosomatisch Kranke, womöglich gegen seinen Willen in einer Behandlung untergebracht, mit ihm unbewußter Macht und Stärke auslebt, was ihm von seinen Gefühlen und Wünschen diktiert wird? Was ist beispielsweise, wenn auch aggressive, bösartige, sadistische, unbeeinflußbar masochistische und/oder sexuelle Impulse ausagiert werden, die den Helfer total in die Defensive treiben? Sind Zwangsjacken und Elektroschockbehandlung - ohne diese unmenschliche Behandlung rechtfertigen zu wollen - nicht eher Ausdruck von Hilflosigkeit, eine genuine

Hilflosigkeit der Betreuer, die dann umschlägt in Wut und Bestrafung gegen den Patienten? Selbst der von starren Zwängen gebeutelte und leidende Mensch hat seinen Therapeuten voll und ganz im Griff: will der Therapeut heilen, indem er Druck gegen die Zwänge setzt, um sie zu beseitigen, siegt immer die Kontrolle des Klienten. Er - der Therapeut - kann nichts ausrichten, solange er die Zwänge nicht akzeptiert.

So ist der Helfer ständig einem Druck von mehreren Seiten ausgesetzt: Zunächst will der Patient/Klient geheilt werden, obwohl er oft unbewußt und hartnäckig an seinen Symptomen und seiner Krankheit festhält, was hauptsächlich bedeutet, daß es der Betroffene darauf anlegt, passiv sein zu können, und daß der Betreuer ihn gesund zaubern möge. Wohlgemerkt, das geschieht nicht aus böser Absicht. Wieder andere Patienten werden in psychotherapeutische Behandlung gebracht, ohne jede Motivation, ohne sichtbaren/spürbaren Leidensdruck. Sie boykottieren bewußt und gewollt jeden Versuch, ihnen zu nützen. Das sind also Widerstände, die vom Klienten ausgehen und für den Helfer zum Druck werden, weil er gezwungen ist, qua Amt und Auftrag die innerpsychische Abwehr des Patienten zu überwinden. Nur wenige Klienten (im Vergleich zur Menge aller Klienten/Patienten) sind hoch motiviert und zur Zusammenarbeit sowohl bewußt als auch unbewußt mit dem Therapeuten bereit. Das heißt allerdings noch lange nicht, daß beide an einem Strang ziehen. Helfer operieren häufig mit einem diffusen Druck zur Verantwortung herum, ohne daß ihnen genau klar ist, welche konkrete Verantwortung für den Patienten ihnen wirklich zukommt. Das schält sich oft erst durch die Supervision in erkennbaren Konturen heraus.

Ein weiterer Druck geht von der Gesellschaft (vielleicht von der Familie des Betroffenen), der Krankenkasse, dem Kostenträger, dem Klinikchef und/oder der Leitung der Institutionen bzw. aller beteiligten Stellen aus. Das abweichende Verhalten soll so schnell wie möglich beseitigt werden. Mit abweichendem Verhalten ist zunächst alles das gemeint, was den Patienten/Klienten einen Störfaktor im reibungslosen Ablauf gesellschaftlicher Vorgänge sein läßt. Dazu zählt natürlich auch der reibungslose Ablauf in einer Rehabilitationseinrichtung, einer psychiatrischen Klinik oder beispielsweise auf einer psychotherapeutischen Station. Die Erfolglosigkeit bzw. die Ohnmacht des Helfers steht oft in krassem Widerspruch zu dem pädagogischen Druck, den kranken Menschen verändern, bzw. ihn "reibungslos" machen zu wollen.

Dieser Druck zur Veränderung belastet den Betreuer oft ebenso sehr wie den Klienten. Dabei wird vom Helfer meistens nicht reflektiert, wie sehr ihn persönlich dieser Druck (letztlich in doppelter Hinsicht) trifft: er muß (a) selbst angepaßt und reibungslos funktionieren, also eigene psychische Störfaktoren unterdrücken, und (b) diesen Druck weiterleiten als Forderung an den betreuten Menschen, etwa nach der Formel: "Entweder Du änderst Dich in der gewünschten Weise, oder es passiert was ..."

Ferner erzeugen professionelle Helfer untereinander durch Konkurrenz und Rivalität, aber auch durch individuelle Wünsche nach Erfolg und Prestige Druck zur Veränderung, Motto: Jeder will der beste Helfer sein; jeder will den besten Zugang zum Patienten haben; jeder will den Betroffenen am besten verstehen; jeder will den heilsamsten Einfluß zur Veränderung ausüben (und dergleichen mehr). Das allerdings mag für den resignierten und abgestumpften Betreuer nicht mehr gelten. Aber es scheint mir im Konkurrenzdruck unserer Gesellschaft nur natürlich, daß viele psychiatrische und/oder psychotherapeutische Betreuer ihre Fähigkeiten optimal zur Anwendung bringen und beweisen möchten. Der Patient/Klient wird auf diese Weise - einmal kraß formuliert - zum Spielball helfender Interessen. Dabei besteht die Gefahr, daß die Ohnmacht des Helfers umgewandelt wird in die Macht der Institution.

Damit das nicht passiert, ist Supervision wichtig. Der Helfer, der Therapeut kann sich in der Supervisionssitzung psychisch entlasten, indem er hier alles das sagt und ausdrückt, was normalerweise der Moral des helfenden Berufes zum Opfer fällt. "Der Mensch sei edel, hilfreich und gut", darf hier aufgegeben werden. Damit sei nicht angedeutet, daß alle Helfer in der Supervision zu reißenden Hyänen würden. Aber die Stärke des Patienten, die in seiner Schwäche und Krankheit verborgen liegt, darf in der Supervisionssitzung vom Betreuer aufgenommen und bewertet werden, gefühlsbetont bewertet und kommentiert werden, um moralische Verurteilungen zu überwinden! Was dem Helfer krumm und quälend im Magen liegt, wird hier versprachlicht, dem wird hier ein Ventil geboten, das wird bearbeitet und besprochen mit dem Ziel, es loszuwerden. Ein schönes Zitat von Sigmund *Freud*, in diesen Kontext eingepaßt, mag den Leser überzeugen: "Wo sich die Tat zum Wort ermäßigt", sei Hilfe gegeben. Genau das ist hier der Fall: indem der Helfer das ausdrückt, was ihn stört, was ihn quält, was ihn wütend und abweisend macht dem Patienten/Klienten gegenüber, überwindet er die aggressive Tat. Er überwindet eigene Störfaktoren schon dadurch, daß ein legitimierter Schutzraum "Supervision" geboten wird, wo es gewünscht ist, die innerpsychischen Verspannungen durch Introspektion zu lösen und das Helfergewissen durch Offenheit zu mäßigen. Auch individuelle Geheimnisse und kollektive Gerüchte, sei es gegen Klienten, sei es gegen Helferkollegen, können hier enttabuisiert werden. Ja Offenheit, die zum Streit führt, hat hier ihren Platz. Der Streit unter Supervisanden ist zur Bearbeitung da. Kurzum, wo es gelingt, daß Helfer unterdrückte Gefühlspotentiale und Bewertungen zur Sprache bringen, in Worte umsetzen, brauchen diese Impulse nicht mehr gegen Klienten ausgelebt zu werden.

Sowohl Psychotherapeuten in der Ausbildung als auch Helfer einer psychiatrischen Station beispielsweise nehmen darüber hinaus, ohne es zu merken, im Verlauf ihrer Arbeit diverse Projektionen und Übertragungserwartungen der betreuten Klienten in sich auf, sammeln Strömungen und Streßerlebnisse, ohne zu murren und sich beschweren zu können, stauen in sich selbst Enttäuschungen, Ärger und Wut, Überanstrengungen und häufig ein Übermaß an Verantwortung auf, verstecken ihre Resignation und Erfolglosigkeit. Wen wundert es, daß auf diese Weise bei den betreffenden Therapeuten bzw. professionellen Helfern eine intrapsychische Bereitschaft zur Flucht und/oder zur Krankheit entsteht. Diese Tendenz wird dadurch gefördert, daß viele Betreuer aus sich heraus schon dazu neigen, Probleme und Konflikte herunterzuschlucken und mit sich herumzutragen. Das bedeutet vor allem, daß Aggressionen und unsoziale, archaische Impulse unterdrückt werden müssen. Die Supervision soll nun, darauf bezogen, prophylaktisch bewirken, daß die Helfer - im wahrsten Sinne der Worte - sich Luft machen können, verdrängte Erlebnis- sowie Gefühlspotentiale zur Sprache bringen und sich auf diesem Wege bewußt erklären und bewußt erkennen, was sie sonst hinuntergeschluckt hätten und was sonst in ihnen unerkannt weitergewirkt, ein Eigenleben geführt hätte. Dafür einige Beispiele:

Therapeutin in der Ausbildung: "Ich bin so genervt und sauer auf meine Klientin, weil diese Frau immer nur nörgelt und meckert. Beschwert sich, beschwert sich und beschwert sich, klagt und klagt und klagt. Und wenn sie das alles abgelassen hat, jammert sie um ihr Schicksal und bemitleidet sich. Außerdem klagt sie die Therapie an, daß es nicht weitergeht und nichts nützt. Ich fühle mich so unter Druck gesetzt und kann deren Nörgelei nicht mehr aushalten. Allmählich fange ich an, die Frau auf den Mond zu wünschen: ich mühe mich ab und die will einfach nicht sehen, wie gut es vorangeht. Ich kriege schon einen Schreck, wenn's klingelt und die Frau vor mir steht. Im Grunde genommen möchte ich die mal so richtig anschreien, sie solle doch ihren Dreck alleine machen und nicht immer andere für sich arbeiten lassen. - (Pause) - Wenn ich das so sage, merke ich, wie peinlich mir das ist, solche Gefühle der Klientin gegenüber zu haben."

Arzt auf einer sozialpsychiatrischen Station: "Ich finde diese Aufnahmestation ist wie ein Bunker. Alle die Patienten und wir (die Helfer) sind eingeschlossen und wir fühlen uns wie Gefängnisinsassen, die ab und zu ins Freie gelassen werden. Das bedrückt mich und macht mich ganz fertig. Ich bin froh, wenn ich ab und zu in mein Arztzimmer und auf andere Stationen ausweichen kann. Am liebsten würde ich die Türen aufsperren und alle entlassen. Deshalb verstehe ich letztlich die Kollegen nicht, die das anders empfinden und immer so eifrig ihre Pflicht tun. Bei dieser Zwangsbehandlung da kriege ich nochmal einen Koller. Ich glaube, daß ich, weil ich das hier so schrecklich finde, auch langsam die ganze Schuld den Patienten gebe. Denn nur wegen deren Verrücktheit schließlich muß ich hier arbeiten. Wenn die sich ordentlich betragen würden, bräuchte das hier alles nicht sein. Scheiße, ich komme so richtig in einen Strudel, für alles die Patienten verantwortlich zu machen, genau wie draußen in der Gesellschaft auch. Vielleicht wäre es besser, ich würde das Klima auf der Station verändern ...."

Supervisand zu Supervisand: "Mir geht Deine mütterliche Art voll auf den Zeiger. Dauernd mischst Du Dich überall rein: das ist nicht richtig und das ist nicht richtig und so wird's gemacht und dies darf sein und das darf nicht sein usw. Alles weißt Du besser. Nichts kann man ohne Dich alleine machen. Du behandelst uns andere wie Kleinkinder. Außerdem nimmst Du den Patienten alles ab, so werden die niemals selbständiger."

Dieses sind Beispiele für Gefühle, Gedanken, Bewertungen und Erfahrungen, welche in der Supervision zu Tage gefördert und geäußert werden. Dabei bedarf es oft vieler Sitzungen, in denen gegenseitige Akzeptanz und gegenseitiges Vertrauen aufgebaut werden müssen, bevor solche Selbstäußerungen möglich sind. Es gibt sogar Supervisionsveranstaltungen, wo sich genau jenes Klima nicht schaffen, nicht erreichen läßt, was solche, zur Selbstreflexion hinführende Mitteilungen hervorbringt, statt dessen wird dort gemauert oder heftig gestritten, ohne daß Einsicht ins Innere der Seele denkbar wäre. Andererseits darf das Supervisionsgeschehen bei Ehrlichkeit und Offenheit allein auch nicht stehenbleiben, weil sonst die Hintergründe solcher Empfindungen verdeckt und eventuelle, subjektiv bedingte Wahrnehmungsverzerrungen beim Helfer unbearbeitet gelassen würden.

Kurzum: Supervision ohne Selbstöffnung bewirkt zu wenig, aber Supervision, die nur aus Selbstöffnung besteht, läßt es auch an einem ganz wichtigen Faktor fehlen: dem der psychologischen Bearbeitung und der Kartharsis (Selbstreinigung).

2.2.2. Faktor II: Der Supervisor als akzeptierendes Gewissen der Helfer

Bevor der psychologischen Bearbeitung in der Supervisionssitzung Raum gegeben werden kann, hat der Supervisor bereits - oft für alle Beteiligten unbemerkt - eine bedeutsame Funktion übernommen, nämlich das Gewissen der Gruppe zu sein, bzw. dem einzelnen Therapeuten gegenüber stellvertretend eine neue Gewissensinstanz zu bieten (das Gewissen der Helfer, das Gewissen der Eltern wird durch eine neue Instanz - der Instanz des Supervisors - ersetzt). Diese Funktion muß der Supervisor als Person glaubhaft verkörpern und ausstrahlen können. Er bietet dem Supervisanden und er bietet der Supervisionsgruppe von der ersten Sitzung an ein bestimmtes mitmenschliches Klima der gegenseitigen Akzeptanz und des gegenseitigen Respekts. Er achtet darauf, Vorbild zu sein dafür, jeden Helfer in seiner Einmaligkeit und in seinen ganz individuellen Schwierigkeiten zu verstehen. Er ist bemüht, jede Selbstäußerung, jede Selbstöffnung - *Yalom* (1974) spricht sogar von Selbstoffenbarung - zu bestärken und positiv zu bewerten. Aus der Einstellung, Haltung und der Verhaltensweise des Supervisors soll sich eine Supervisionsnorm, ein Gruppengewissen bzw. ein entlastendes Helfer-Über-Ich entwickeln, nicht generell und generalisiert, sondern zunächst nur für den Schutzraum "Supervision".

Wir wissen aus der *Freud*schen Psychoanalyse (z.B. *Freud*, 1915, 1916/17, 1930), wie sehr das Gewissen der Kinder bzw. das Über-Ich der Kinder - wenn diese Gleichsetzung erlaubt ist - von der Erziehung durch die Eltern, von Maßstäben und Werturteilen, von Grundsätzen und ideologischen Einstellungen, aber auch von unbewußten Wünschen und unbewußten Idealen der Eltern, wie *H.E. Richter* (1963) betont, geprägt wird. Wir wissen ferner, wie sehr die emotionalen Entbehrungen, Versagungen und wie sehr unterdrückte Persönlichkeitsanteile der Eltern im "unbewußten Dialog" (*H.E. Richter*, 1963) an die Kinder weitergereicht werden, das Kind stigmatisieren und/oder unter Druck setzen, so zu werden, wie die Eltern nicht geworden sind, zu leisten, was die Eltern nicht erreichen konnten. In diesem Zusammenhang weist *A. Miller*

(1981) die Gefahr auf, daß sich Psychotherapeuten gegen den Patienten mit dem erwachsenen, lustfeindlichen und/oder strafenden Über-Ich der Eltern verbünden, um das Kind-Ich im Klienten/Patienten zu entmachten und endgültig abzuschaffen. Ähnlich läßt sich *Schmidbauer* (1977, 1980) interpretieren, der den Helfer als Opfer seines strengen Gewissens einerseits und als Opfer unrealistischer Ideale andererseits betrachtet, wobei diese Ideale dadurch entstünden, daß frühkindliche Defizite an Liebe und Zuwendung ausgeglichen werden müssen. *Schmidbauer* glaubt wie *Miller*, daß die Heilung eines psychisch gestörten Menschen vor allem durch die Entlastung seines Gewissens und durch die Entlastung von übertriebenen Forderungen an die eigene Leistungsbereitschaft bzw. von übertriebenen Wünschen nach eigener Größe und Macht erfolgen müsse, zumal solche quälenden Selbst-Ideale nur von schwachen Selbstwertgefühlen sowie von einem schwach ausgeprägten Selbstbewußtsein abgestützt seien.

Aber nicht nur die eigenen Wertvorstellungen und Normen, aus der Erziehung hervorgegangen, bestimmen den Menschen. Auch jene Einstellungen und Haltungen, welche von Personen gezeigt werden, die uns umgeben (außerhalb des Elternhauses), und besonders von solchen, auf deren Freundschaft oder Bekanntschaft wir Wert legen, haben einen starken Einfluß. Speziell Gruppen, in denen sich ein Mensch bewegt und zu denen er sich zugehörig fühlt, setzen Wertmaßstäbe und Normen. Aber nicht nur das: es werden im Wechselspiel des Verhaltens mit Personen der eigenen Gruppe bzw. der eigenen Schicht verschiedenste psychische Erfahrungen gemacht und - vielfach unbewußt - ausgewertet. So entwickelt der Betreffende beliebte und/oder unbeliebte, angepaßte und/oder unangepaßte, temperamentvolle und/oder apathische, altruistische und/oder egoistische Persönlichkeitszüge, Rollenmuster, Gefühle und Sensibilitäten dafür, *was* in seiner Gruppe und *wie* in der Gruppe gelebt werden soll (vgl. *Sullivan*, 1950; *Yalom*, 1974). Insbesondere hat sich die Sozialisationsforschung mit diesen Beeinflussungen und Prägungen beschäftigt (vgl. *Gottschalch* et al., 1971; *Oerter, Montada* et al., 1982).

Auf unseren Arbeitsgegenstand übertragen, heißt das: der Psychotherapeut in der Ausbildung lebt und arbeitet genauso wie der Betreuer in einer psychosozialen Institution eingebunden in den Codex der Helfer, eingebunden in die Normen seiner Psychotherapiemethode sowie seiner Psychotherapieschule, eingebunden in die Ideologie seiner psychiatrischen Ausrichtung sowie seiner psychiatrischen Verbündeten, aber auch eingegrenzt von Ideologien seiner psychiatrischen und/oder psychotherapeutischen Konkurrenten, eingebunden durch die Moral und Ausrichtung seiner Chefs, Lehrtherapeuten, Ausbilder, Arbeitgeber und/oder seiner Kollegen und nicht zuletzt seiner Supervisionsgruppe. Hinzu kommt, daß Therapeuten bzw. Betreuer ständig den moralischen Zwängen und/oder krankheitsbedingten moralischen Enthemmungen ihrer Patienten/Klienten ausgesetzt sind, auf welche immer wieder reagiert werden muß, und zwar in einer Weise, daß der Klient/Patient sowohl zu einer stabilen als auch zu einer flexiblen Orientierung findet. Die soeben aufgeführten Einflüsse, welche den psychosozialen Therapeuten beständig ausrichten und eingrenzen, sind als normativer Druck zu werten. In der Supervision wird es deshalb ein unabdingbares Ziel sein, gegenzusteuern und einen Schutzraum zu schaffen, so daß Helfer lernen können, negativ beurteilte Persönlichkeitsanteile zu reflektieren und in die Gesamtpersönlichkeit zu integrieren. Dadurch wird persönliches Wachstum im Sinne ganzheitlicher Reife gefördert (ohne Abspaltung negativ beurteilter Gefühle, Erlebnisse, Wahrnehmungen, Gedanken, Handlungen usw.). Hier hat sich *Carl Rogers* (z.B. 1973, 1974, 1976) große Verdienste erworben, indem er minuziös und differenziert nachwies, wie menschliche Beziehungen gestaltet werden sollten, um persönliches Wachstum im Sinne ganzheitlicher Reife des Organismus zu ermöglichen. Dabei spielt ein psychologischer Faktor die Hauptrolle: *Akzeptanz* bzw. menschliche/ humane *Wertschätzung.*

Das bedeutet für den Kontext der Supervision, wenn man die bisher gemachten Ausführungen dieses Abschnitts mit einbezieht, daß der Supervisor für seine Supervisanden bzw. für die Supervisionsgruppe eine elternähnliche Funktion übernehmen muß, indem er ein akzeptierendes, wertschätzendes Normensystem für die Supervision verkörpert. Mit anderen Worten: Die ganze Persönlichkeit des Supervisors hat den Teilnehmern averbal wie verbal zu vermitteln, was in der Supervisionssitzung gewünscht und erlaubt sein soll und welche Grenzen (Eingrenzungen) menschlicher Äußerungsformen sowie welche Grenzen menschlicher Streitigkeiten bestehen bleiben müssen. Ich meine, der Supervisor wird auf die genannte Weise zum *akzeptierenden/wertschätzenden Gewissen* der Supervision bzw. der Supervisionsgruppe.

Es ist schwer zu sagen, was zuerst da sein muß: die Selbstoffenbarung des Helfers oder die Akzeptanz des Supervisors für die unterdrückten Gefühle, Gedanken, Bewertungen und Erlebnisse der Supervisionsteilnehmer. Dennoch kann mit Sicherheit behauptet werden, daß ein Helfer nur dann die Bereitschaft zur Selbstöffnung und Selbstanalyse entwickeln kann (ohne etwas vorzutäuschen), wenn es dem Supervisor gelingt, ein Klima der Supervision zu schaffen, wo persönliche, gegenseitige, mitmenschliche Toleranz und wo gegenseitige Achtung dominieren. Der Supervisor muß also soviel persönliche und berufliche Autorität (Reife, Erfahrung, Stärke) in Anspruch nehmen und ausstrahlen können, daß ihm die Supervisionsteilnehmer bereitwillig zugestehen, sowohl eine elternähnliche als auch eine kollegiale als auch eine psychotherapeutische, psychologische Über-Ich-Funktion für die Supervision vorzugeben, und zwar ein kognitives und emotionales, für alle bestimmendes Maß der gegenseitigen Akzeptanz und des gegenseitigen Verstehens.

Diese Haltung des Supervisors soll aber - paradoxerweise - gerade jene Äußerungen ermöglichen, welche von der Person des Helfers selbst als unstatthaft zensiert und ins eigene Innere zurückgewiesen werden. Diese innerpsychische Zensur wird nicht nur von Phantasien gespeist, die mittelbar oder unmittelbar aus der Erziehung der Helferpersönlichkeit stammen, sondern auch, wie oben erwähnt, von den Bezugsgruppen der Therapeuten kommen. Zum Teil sind es nicht nur Phantasien, im Gegenteil, vielfach ermahnen sich Psychotherapeuten in der Ausbildung oder allgemein Helfer untereinander und/oder therapeutische Leiter, "fehlerlose/vollkommene" Leistungen in der Versorgung von Patienten zu erbringen. Dahinter verbirgt sich das *Helfer-Ideal, perfekt sein zu wollen/zu müssen*, etwa nach der Formel: Alles, was dem Klienten problematisch und/oder ein Konflikt ist, muß ich - als Betreuer - längst überwunden und gelöst haben. Diesem perfektionistischen Druck muß in der Supervisionssitzung eine Atmosphäre psychischer Duldsamkeit entgegengesetzt werden.

Auf diese Weise soll der Psychotherapeut in der Ausbildung ebenso wie allgemein der psychosoziale Helfer in den Stand versetzt werden - jedenfalls für die Zeit der Supervision -, sein eigenes unbeugsames Gewissen gleichsam an die Gewissensinstanz des Supervisors zu übergeben, zu delegieren, um den Druck der Über-Ich-Verantwortlichkeit, des Perfektionismus während der Supervision abbauen zu können. Damit werden Energien freigesetzt für die psychologische Bearbeitung von innerseelischen Hintergründen. Um diesen Prozeß nicht zu stören, sei immer dann davon abgeraten, die Leiter von psychiatrischen und/oder psychosozialen und/oder psychotherapeutischen Institutionen in die Supervisionsveranstaltung einzubeziehen, wenn es einer solchen Persönlichkeit nicht gelingt, ihre Über-Ich-Funktion bzw. Eltern-Funktion während der Supervision vollständig aufzugeben und dem Supervisor zu überlassen. Leiter-Persönlichkeiten, die ihre Führungs- und Machtposition während der Supervisionssitzung behalten wollen und die eigene Selbstöffnung (vor Untergebenen) als Verlust ihrer Autorität erleben, müssen mit dem Supervisor rivalisieren. Häufig sind es auch die Supervisanden, welche nicht in der Lage sind, sich frei und ungehemmt vor den Ohren/den Augen ihres Vorgesetzten/Chefs/Leiters zu äußern. Zumindest muß gewährleistet sein, daß Führungskräfte einer Institution, welche in eine Teamsupervision einbezogen sein wollen, sich sowohl der verständnisleitenden (vgl. *Scobel*, 1983) als auch der gewissensleitenden Funktion des Supervisors unterordnen. Ist das nicht der Fall, entsteht zwangsläufig eine verwirrende Konkurrenz um die Schlüsselposition des Supervisors. Möglicherweise fühlen sich Teilnehmer verunsichert, weil sie nicht wissen, ob die Akzeptanz des Supervisors gilt, wenn sie sich offene und riskante Äußerungen erlauben über das, was sie während der Betreuung erleben und normalerweise ungesagt verschlucken würden, oder ob sie mit ermahnenden Werturteilen ihres Leiters zu rechnen haben.

Ein anderes Problem sind solche Helfer, die gegen den Druck ihres Gewissens eine absolute Gültigkeit der Lust, des "Bauches", des "Es", des "Bock-Prinzips" setzen (oder wie immer das genannt wird), die also aus dem Druck des Selbstideals die Flucht ins Lustprinzip antreten und nur noch gelten lassen wollen - auch in der Betreuung von Probanden -, was ihnen gefällt und was das eigene Ich streichelt. Solchen Helfern gegenüber hat der Supervisor die Aufgabe, eine *gewissensbildende Funktion* zu übernehmen. Ebenso kritisch sind solche Haltungen von Helfern zu sehen, die ausschließlich von Routine und einer menschenverachtenden Distanz zu den Klienten gekennzeichnet sind, wo folglich nach dem Grundsatz gearbeitet wird: "Hauptsache, die Lohntüte stimmt und man hat nicht soviel Arbeit mit den Betroffenen". Solchen Einstellungen gegenüber muß der Supervisor deutlich abgegrenzt sein; er muß eindeutig vermitteln, daß er weder mit der menschenverachtenden noch mit einer Haltung zu kollaborieren bereit ist, welche allein die Lust des Helfers gelten läßt. Wichtig ist, wenn der Supervisor solche Einstellungen und Haltungen bei Betreuern und/oder Psychotherapeuten feststellt, daß er nicht mit moralischen Ermahnungen oder mißbilligenden Vorhaltungen reagiert, sondern zu verstehen sucht, wie sich diese Einstellungen und Haltungen intrapsychisch entwickeln konnten: an die Stelle von Kritik wird also die verstehende Analyse gesetzt (dazu mehr in den Abschnitten danach). Was hier in diesem Kontext besonders bedacht werden muß, ist jedoch nicht allein die psychologische Bearbeitung derartiger Phänomene, sondern welche Haltung der Supervisor selbst einnimmt und ausstrahlt.

Meines Erachtens muß der Supervisor vorleben und glaubhaft durch Interventionen oder eigene Statements unterstreichen können, daß man jenen Menschen, die man betreut, mit persönlicher Wertschätzung und Akzeptanz begegnen kann, ohne sich emotional und/oder körperlich ausbeuten zu lassen. Er muß in der Supervisionsarbeit, wenn Supervisanden Widerstand leisten oder Druck ausüben, etwa in der Richtung, der Supervisor möge sie verwöhnen, sie mit Zufriedenheit und Entlastung beseelen, möge sie vor ernsthafter Arbeit schützen, deutlich machen, daß solche Einstellungen zwar belasten und ärgern können, aber dennoch mit Toleranz, Humor und Verständnis zu überwinden sind. Er muß demonstrieren, daß Flucht ins Lustprinzip oder Flucht in Menschenverachtung unnötige Abwehrhaltungen darstellen. Spiegelbildlich zur Therapiesituation wird der Supervisor zu zeigen versuchen, daß seine Supervisanden/Teilnehmer nicht dazu da sind, ihm - dem Supervisor - zu schmeicheln und sein Selbstwertgefühl aufzubauen; mit anderen Worten, der Supervisor nutzt seine Supervisionsteilnehmer nicht für eigene innerpsychische Defizite aus, sondern vertritt ernsthafte psychologische Arbeit, und zwar eine Arbeit, die zufriedenstellt und ihn durch sich selbst innerlich ausfüllt. Er versucht verbal und averbal auszudrücken, daß Enttäuschungen, Spannungszustände, Aggressionen sowie Unzufriedenheiten zur psychosozialen Betreuung von Menschen gehören und ausgehalten werden können, "ohne das Kind mit dem Bade auszuschütten", also ohne mit Flucht oder anderen Abwehrhaltungen reagieren zu müssen.

Supervisanden sollten durch das Modell des Supervisors (aber auch durch die Konfliktbearbeitung, siehe die nächsten Abschnitte) lernen können, daß man Patienten/Klienten nicht willkürlich - je nach der eigenen psychischen Verfassung - benutzen und unbewußt ausbeuten darf, indem man verlangt, daß die Patienten in der Art zu sein und sich in der Art zu verstehen und sich in der

Art zu verändern haben, wie die Helfer es wünschen. Fast immer entwickeln Menschen, die psychisch beeinträchtigt und/oder schwer gestört sind, Mechanismen der Abwehr und des Widerstandes gegen Veränderung und gegen die jeweiligen Betreuer. Helfer müssen lernen, damit umzugehen und das zu verstehen, ohne - im übertragenen Sinne gemeint - um sich zu schlagen oder eigene Abwehr-Flucht-Mechanismen während der Arbeit auszuagieren. Der Supervisor ist nun insofern ein Vorbild, als er durch seine psychotherapeutische Haltung bewußt und/oder unbewußt demonstriert, wie er mit Pressionen, Widerständen, Abwehrmechanismen seitens der Supervisanden umgeht und innerlich damit fertig wird. Insofern läßt sich die Gleichung aufstellen, je wertschätzender/akzeptierender der Supervisor auf Druck und Abwehr seiner Teilnehmer einzugehen in der Lage ist, desto mehr werden Supervisanden lernen, diese Haltung/Einstellung für ihre therapeutische Arbeit zu übernehmen.

Ich weiß aus eigener Erfahrung nur zu genau, daß sich diese Gleichung sowie die gewissensleitende bzw. gewissensbildende Funktion des Supervisors selten ohne Störfaktoren in der beschriebenen Weise verwirklichen läßt. Ebenfalls aus Erfahrung heraus kann ich feststellen, daß die Teilnehmer von Supervisionen vielfach jenes Maß an Druck, Widerstand und Unwillen, welches sie durch die Klienten (bzw. Bewohner, Besucher, Patienten) und durch die eigene Arbeitsstelle aufnehmen und aushalten müssen, an den Supervisor gefiltert und ungefiltert weitergeben. Und je stärker dieses Maß an Ärger, Unzufriedenheit, Enttäuschung, Resignation, kurzum Destruktion ist, desto schwieriger wird es für den Supervisor, damit tolerant und warmherzig umzugehen. Bei Psychotherapeuten in der Ausbildung wirkt oft noch die Eigentherapie bzw. Lehranalyse mit, dieses Maß an Destruktion zu verstärken oder mitunter auch abzusenken.

2.2.3. Faktor III: Die psychologische Konfliktbearbeitung

Wie bereits angedeutet, wird in vielen Supervisionssitzungen über Monate oder Jahre hinweg umsonst versucht, sinnvolle Initialbedingungen zu schaffen, weil das spezifische Ausmaß an mißglückter Organisation und an Widerstand seitens der Betroffenen durch den Supervisor nicht erkannt wird und damit nicht überwunden werden kann. So unterbleibt die wichtige Konfliktbearbeitung.

Dabei muß hinzugefügt werden, daß manche Helfer unbewußt genau dieses Ziel ansteuern: Sie wollen Supervision, aber sie wollen auf keinen Fall eine Arbeitsatmosphäre der Supervision entstehen lassen, welche zeigen würde, daß sie sich letztendlich weigern, Konfliktbearbeitung zu betreiben und dabei die eigene Person und das eigene Handeln in Frage stellen zu lassen.

Meiner Erfahrung nach scheint hier ein Grundproblem menschlicher Existenz und des menschlichen Charakters vorzuliegen, was besonders im Bereich Psychotherapie und Supervision berührt sowie aktualisiert wird, nämlich die Weigerung der meisten Menschen, den Ursprung interpersoneller Konflikte sowie generell psychologischer bzw. kommunikativer Konflikte im Wesen der eigenen Persönlichkeit zu suchen und nicht nur auf den anderen oder die anderen zu verweisen.

2.2.3.1. Ein typisches Konfliktmuster: Schuld und Rechtfertigung

Viele Helfer, auch Psychotherapeuten, befragen das System der Supervision von Anfang an, ob ihnen Gefahr droht und ob sie sich schützen müssen. Eine phantasierte Gefahr dabei ist, durch gewagte Selbstöffnung sowie kritische Auseinandersetzung mit der eigenen Person und eigenen mitmenschlichen Beziehungsformen vor dem Supervisor, aber auch vor den Mit-Supervisanden *schuldig gesprochen* zu werden. Fühlt man sich erst einmal als schuldig abgestempelt, kommt das einer Verurteilung gleich und beeinträchtigt das eigene Selbstbewußtsein und das Selbstwertgefühl empfindlich. Häufig beginnen Helfer sich in der Supervision bereits heftig aufzuregen und zu verteidigen, bevor überhaupt irgendein Angriff erfolgte. Das wirkt dann wie Schattenboxen. Bereits harmlose Fragen des Supervisors oder der "Supervisionsgeschwister" genügen dann, um eine unnötige Verteidigung zu einer undurchdringlichen Schutzmauer werden zu lassen. Nicht die Aussenstehenden haben in einem solchen Falle den betroffenen Helfer stigmatisiert, sondern der Betroffene sich selbst, von innen heraus, aus der eigenen Psyche heraus, aber ohne das wahrnehmen oder reflektieren zu können bzw. zu wollen.

Auf diese Weise werden die Supervisionsteilnehmer und der Supervisor als Aggressoren erlebt, d.h., der betroffene Helfer hat sein innerpsychisches Problem von innen nach außen verlegt - un-

bewußt - und somit aus einem zunächst nicht vorhandenen Konflikt ein erstes, wie ich glaube, ganz typisches *Konfliktmuster der Supervision* geschaffen. Und zwar hat er folgende Themen eingeführt, welche eine fließende, freie Kommunikation stören und mit großer Wahrscheinlichkeit gesellschaftliche sowie familiäre Konfliktmuster wiederholen:
1. Schuld und Anklage (Schuldzuweisung)
2. Minderwertigkeit und Rechtfertigung
3. Freund-Feind-Schemata
4. Fragen, Informationen, Statements als destruktive Aggression.

Ich fasse zusammen: Ist es gelungen, konkrete Rahmenbedingungen und ein positiv zu bewertendes Arbeitsbündnis zu vereinbaren, ist es ferner gelungen, durch die Supervisanden und die Über-Ich-Funktion des Supervisors ein Klima der Supervision zu schaffen, wo Selbstoffenbarung und Selbstanalyse durchführbar erscheinen, stellt sich häufig ein erstes typisches Konfliktmuster der Supervision ein, und zwar ein Konfliktmuster, über das ein einzelner Helfer oder mehrere Teilnehmer der Supervision geregelt wissen wollen, wem die Schuld für ein zu analysierendes Problem zukommt, bzw. wie überhaupt in der Supervision und speziell vom Supervisor mit dem Thema der Schuldzuweisung umgegangen wird. Sowohl in der Supervisionsgruppe zur Psychotherapieausbildung als auch in der Teamsupervision richten sich in dieser Situation gespannt alle Sinne der Teilnehmer der Reaktion des Supervisors zu, um beispielhaft zu erleben, ob es in Zukunft in der Supervision einerseits Schuldige oder andererseits Ankläger geben darf. Auch wird jetzt implizit die Frage gestellt, ob der Supervisor selbst die Rolle des Richters (Schiedsrichters) einnehmen will sowie "ex cathedra" beurteilen und rechtsprechen wird, wer schuldig ist, also beispielsweise schlechte, fehlerhafte, unzulängliche Betreuung geleistet hat, und wer sich von den Supervisanden als Ankläger in Szene setzen darf. (Vgl. *Frankenberg*, 1976: Der Autor beschäftigt sich mit dem Thema des Vorwerfens und Rechtfertigens in der Kommunikation.)

2.2.3.2. Die Neutralität und Objektivität des Supervisors

In dieser Situation muß der Supervisor unbedingt in der Lage sein, eine eigene, von den Teilnehmern unabhängige, möglichst souveräne Position zu beziehen. Er wird überzeugend handeln und darlegen müssen, daß die Schuldfrage während des Supervisionsprozesses nicht interessiert und keine weiterführende Konfliktlösung enthält, sondern ganz im Gegenteil, nur die Lösung eines Konflikts erschwert, wenn nicht sogar verhindert. Die Begründung scheint mir unzweideutig und einfach zu sein:

Ist erstmal ein Schuld-Anklage-Rechtfertigungs-System zugelassen, verständigen sich die Betroffenen, wie aus ihrem familiären und gesellschaftlichen Alltag bekannt und eingeübt, auf belastende und entlastende Freund-Feind-Schemata, welche psychische Energien binden und ein analysierendes psychologisches Verständnis oft undurchlässig verbarrikadieren (Beispiele aus der Politik sind jedem Leser hinreichend zugänglich). Fühlt sich ein Supervisand schuldig gesprochen und negativ zensiert, sinkt automatisch sein Niveau an Selbstachtung, Selbstwertgefühl empfindlich ab, so daß psychische Kräfte aufgebracht/mobilisiert werden müssen, um diesen Verlust an Identität und Ich-Stärke wieder auszugleichen. Der typische Mechanismus dafür besteht aus Rechtfertigung, Gegenangriff sowie dem Versuch, jede Aktion der anderen - sei es eine Frage, eine Information oder sei es eine Behauptung - als ungerechtfertigte Aggression, die der eigenen Person gilt, auszulegen und somit zurückzuweisen. Kurz: Setzen also in der Supervision solche destruktiven Prozesse ein, die der Supervisor womöglich nicht abzuwenden vermag, wird viel Zeit für Rituale mitmenschlicher Verfeindung vergeudet werden, ohne Konfliktlösungen auch nur annähernd zu erreichen. Auch in der Einzelsupervision zur Psychotherapieausbildung ist nichts gewonnen, wenn der lernende Therapeut bei Fehlern oder fragwürdigen Aktionen seinen Probanden gegenüber ein schlechtes Gewissen entwickelt und der Supervisor es zuläßt, daß sich der Betroffene als schuldig abstempelt und den Supervisor als ideales Modell bewundert. Hier wird im Mikrokosmos der Zweierbeziehung zwischen Supervisand und Supervisor ebenfalls ein Ritual etabliert, was die Etiketten "schlecht" und "gut" rollenspezifisch verteilt und eine selbstkritische, verstehende Analyse untergräbt (d.h.: der Supervisor macht alles richtig, der Supervisand macht "nur Fehler"). Ganz abgesehen davon, daß solche Aufspaltungsprozesse vielfach innerpsychisch fortgesetzt werden, und der Betroffene lernt, immer neue (berufliche) Areale seiner eigenen Persönlichkeit in akzeptable und nicht akzeptable Anteile zu zerlegen.

Um solche Systeme als Konfliktlösungsmuster zurückweisen zu können, muß der Supervisor versuchen, allen Beteiligten so neutral wie möglich gegenüber aufzutreten. Er muß versuchen, zu jedem Helfer bzw. Psychotherapeuten einen *konstanten Sicherheitsabstand* aufzubauen und zu bewahren. Nähe-Distanz-Schaukeleien sind zu vermeiden. Die beste Schulung für eine solche Haltung und eine solche Beziehungsregelung ist eine solide Psychotherapieausbildung des Supervisors sowie eine Ausbildung zum Lehrtherapeuten. Grundsätzlich muß der Supervisor davon ausgehen, wenn ein Konflikt in der Supervision zur Bearbeitung ansteht, daß die darin verwickelten Helfer, vielleicht auch der sich für die Bearbeitung anbietende Supervisand und/oder die sich streitenden Parteien unbewußt wichtige psychologische Hintergründe verdekken wollen, um Schuld und Anklage, um Verurteilung zu erschweren. Der nicht geübte Supervisor kann sich in dieser Situation eine Eselsbrücke bauen, indem er sich als Hilfsregel ständig sagt: "keiner hat Recht", "Hintergründe muß ich erst erforschen", "ich darf am Anfang einer Konfliktbearbeitung auf keinen Fall die geschilderte Darstellung derart übernehmen, wie sie mir aufgetischt wurde", "erst müssen Wahrnehmungsverzerrungen offengelegt werden". Befolgt er diese Regeln, hat er sich mit großer Wahrscheinlichkeit ein Stück Sicherheitsabstand, Neutralität und Objektivität verschafft. Sein Motto sollte lauten, daß eine Problemschilderung, sei es bei einem Psychotherapiefall oder sei es bei einem Teamkonflikt, erst dann akzeptiert werden kann, wenn er, der Supervisor, alle Einzelheiten sorgfältig und gewissenhaft nachvollzogen, geprüft und sich letztgültig abgesichert hat, daß ihm darauffolgend eine eigene Meinungsbildung und eine eigene Einsicht in das vorgetragene Problem möglich ist, ohne von den psychischen Energien der Betroffenen allzusehr in Beschlag genomen worden zu sein.

Der Leser könnte nun fragen, wie läßt sich dieser Sicherheitsabstand, wie läßt sich dieser Versuch, Menschen gegenüber neutral und objektiv aufzutreten, mit einer generell akzeptierenden, toleranten, wertschätzenden Grundhaltung des Supervisors vereinbaren? Antwort: Erst der Sicherheitsabstand zu allen beteiligten Supervisanden, erst der Versuch, allen Betroffenen neutral und objektiv zu begegnen, ohne positive und/oder negative Vorurteile, ohne freundschaftliche und/oder aggressive/feindliche Gefühle, erlaubt es dem Supervisor verläßlich, eine grundsätzlich akzeptierende Haltung zu jedem Supervisanden einzunehmen und während des Supervisionsgeschehens beizubehalten. Geht dieser Sicherheitsabstand verloren, büßt der Supervisor an Neutralität und Objektivität ein, gelingt es den Supervisanden, den Supervisor emotional und kognitiv in die Mitte eines Konflikts hineinzuziehen, ihn zu verwickeln, wird genau dieser Supervisor anfangen, Sympathiebündnisse zu schließen, Supervisanden vorzuziehen oder abzulehnen, "Lieblingskinder" auszusuchen sowie Bösewichte/Aggressoren zu bestimmen etc. Er wird also von einer akzeptierenden, gleichbleibenden Haltung überwechseln in eine zu-positive und eine zu-negative Haltung gewissen Helfern/Therapeuten gegenüber. Er wird unübersehbar anfangen, Nähe-Distanz-Schwankungen zu zeigen; er wird nicht länger verbergen können, wie sehr er einen bestimmten Helfer mag und wie sehr er einen anderen Helfer "verwünscht". Er wird als elternähnliche Figur, d.h. in seiner Über-Ich-Funktion abhängig von Sympathie und Antipathie, er wird durchlässig für eigene innere Unzulänglichkeiten und somit angreifbar, kränkbar, parteiisch und kann, wenn man so will, voll und ganz "hinter's Licht" geführt werden.

2.2.3.3. Strategie: Fokussierung des Problems bzw. des Konflikts

Es wurde im Abschnitt zuvor ein Ideal der Beziehung zwischen Supervisor und Supervisand beschrieben. Die psychische und interpersonelle Unabhängigkeit des Supervisors ist eine Voraussetzung dafür, daß eine neutrale und objektive Konfliktbearbeitung geleistet werden kann.

Ich möchte nun in wenigen Zügen erklären, welche praktischen Schritte zur psychologischen Konfliktbearbeitung gehören. Zu Beginn einer Supervisionssitzung wartet der Supervisor ab, welche Anliegen von den Teilnehmern vorgebracht werden und welche Arbeitsaufgaben sich daraus entwickeln lassen. Die Supervisanden beschließen, welchem Problem man sich zuerst zuwenden will. Wird kein Problem vorgebracht, sollte der Supervisor deutlich und beharrlich fragen, was das in bezug auf die Supervisionsarbeit und in bezug auf das Klima in der Supervisionsgruppe zu bedeuten hat. Vielfach werden dann atmosphärische Störungen in der Gruppe zutage gefördert, welche man nicht wahrhaben und nicht besprechen wollte. (Es gibt auch harmlose Gründe.)

Ist aber ein Problem ausgewählt worden, muß klar erkennbar gemacht werden, welche Teilnehmer unmittelbar und/oder mittelbar von diesem Problem betroffen sind. Das läßt sich nicht immer ganz einfach herausfinden. Besonders bei Teamsupervisionen oder noch anders gearteten Supervisionsformen in psychosozialen, psychosomatischen und/oder psychiatrischen Institutionen ist es für den Beginn einer Supervisionsarbeit außerordentlich wichtig, daß der Supervisor durch Fragen, Nachfragen und, wenn nötig, durch provozierende Bemerkungen so lange "bohrt" und/oder geduldig abwartet, bis die Supervisanden sich darauf eingelassen haben, festzustellen, wer sich in das vorliegende, zu besprechende Problem verwickelt fühlt. Ohne daß sich die betroffenen Akteure erkennbar machen und zudem einwilligen, sich selbst und das ausgewählte Problem zum Gegenstand der Supervisionsarbeit bestimmen zu lassen, braucht gar nicht erst angefangen zu werden. Bleiben wichtige Akteure, die von den "Supervisionsgeschwistern" benannt wurden, der Supervisionssitzung oder mehreren Sitzungen fern, was immer wieder vorkommt, muß dieses Faktum als Problem durchgesprochen und irgendwie gelöst werden. Dafür hat der Supervisor zu sorgen. (Viele andere Merkwürdigkeiten sind denkbar.) Läßt sich in solchen Fällen keine Lösung erarbeiten (z.B. ein betroffener Teilnehmer fehlt ständig, obwohl ein Problem immer wieder angesprochen wird, was unmittelbar mit dieser, seiner Person in Beziehung steht), sollte der Supervisor nicht davor zurückschrecken, die Supervision dieses Problems abzulehnen und solange zurückzuweisen, bis alle Betroffenen sich voll und ganz bereit erklären, die Bearbeitung ihres Problems während der Supervisonssitzungen in Angriff zu nehmen und vollständig anwesend zu sein.

Das bedeutet: Konnte abgeklärt werden, *wer* in einer spezifischen Supervisionssitzung oder einer spezifischen Supervisionssituation *welches* Problem erörtert wissen will, so muß als nächster Schritt vom Supervisor darauf geachtet werden, daß der Betroffene oder die Betroffenen relativ störungsfrei das zu bearbeitende Problem und Umfeld darlegen können. Störungsfrei meint hier, nur Zwischenfragen zum Verstehen und Nachvollziehen sind erlaubt, aber keine weiterführenden Interventionen der Mit-Teilnehmer. Erfahrung ist aber, daß jede Supervisionsarbeit und jede Supervisionsgruppe dafür gewisse Rituale entwickelt, die sehr nützlich und arbeitserleichternd wirken können, wenn sie dem zu verhandelnden Gegenstand gegenüber sinnvoll angelegt sind, von allen Supervisanden gemeinsam entworfen wurden und von allen gleichermaßen respektiert werden.

Ist also die Darstellung des Problems erfolgt, was der Supervisor zu garantieren hat (egal welche "Tumulte" oder "Sensationen" dabei entstehen), wird eine weiterführende Phase eingeleitet, wo nämlich allen Teilnehmern freier Raum gegeben wird, sich mit dem vorliegenden Material/Stoff und/oder den beteiligten Personen zu beschäftigen. Hier sind Assoziationen, Nachfragen, Einfälle und Interpretationen erwünscht, wobei der Supervisor zurückhaltend Wucherungen und Auswucherungen der Kommunikation eingrenzen sollte. Meines Erachtens ist diese *Phase der freien Kommunikation*, wenn man so will, besonders geeignet, dem Supervisor die verschiedenen Seiten/Aspekte des zu bearbeitenden Problems vor Augen zu führen und durch sensible Beobachtung der Supervisanden (insbes. jener Person bzw. jenen Personen, die das Problem vorbrachte/vorbrachten), erste Hypothesen vorzudenken und zu formulieren, was der Kern dieses Problems sein könnte und auf welchen Konflikt und/oder welche Konflikte, wenn überhaupt, diese Supervisionssitzung bzw. dieser Supervisionsprozeß (Verlauf) zuführen wird.

Grundsätzlich kann davon ausgegangen werden, daß solchen Konflikten, welche durch die Dynamik der Supervisionsarbeit entstehen, eine bedeutsame Schlüsselfunktion zukommt. Sie verweisen vielfach ganz hundertprozentig genau auf jene intrapsychischen und interpsychischen Quellen, wo der Herd (Fokus) und die Lösung des Konflikts (evtl. der Konflikte) zu suchen sind. Die Aufgabe des Supervisors ist während dieser Phase, durch seine bewußte Zurückhaltung, durch seine akzeptierende und neutrale Haltung, einerseits das Geschehen zu forcieren, andererseits sich aber - durch die Aktivität der Supervisanden geschont und geschützt - innerlich Abstand und Zeit zum aktuellen Geschehen einzuräumen, um in Ruhe und im Geiste sozusagen vordenken, voraussehen, spekulieren zu können und um unabhängig von den Supervisanden Ziele der weiteren Supervisionsarbeit sowohl inhaltlich/thematisch als auch auf der Beziehungsebene vorzuformulieren. Am Ende dieser freien Kommunikationsphase *fokussiert* er, indem er gezielt mit verbalen Interventionen eingreift und den Verlauf der Supervision dahingehend steuert, daß die sich anbietenden Konfliktpotentiale eingekreist und genauestens verbalisiert werden.

Der Supervisor versucht zu diesem Zeitpunkt in Formulierungen, die für alle Beteiligten und alle unmittelbar Betroffenen emotional und gedanklich annehmbar sind, seine Hypothesen zum

Supervisionsprozeß, zum vorgelegten Problem und den daraus entstandenen Konflikten darzustellen. Er bietet sein eigenes Verständnisangebot an, und zwar so genau, so umfassend und kurz gebündelt wie möglich. Dies sollte Stoff sein für die beteiligten bzw. direkt betroffenen Personen, über das bisher Verstandene hinaus an sich zu arbeiten.

Wird diesem Fokus des abgelaufenen Dialogs Widerstand und Abwehr entgegengesetzt, versucht der Supervisor jene Stellen zu benennen, wo der Fluß der Kommunikation und Einsicht *blockiert* wird. Meines Erachtens sollte sich der Supervisor nicht scheuen, je sicherer er sich im Besitz weiterführender Hypothesen weiß, die betroffenen Supervisanden zu konfrontieren und eindringlich darauf hinzuweisen, welche Erkenntnisse durch die Supervision erarbeitet und durch die Betroffenen hartnäckig abgelehnt wurden. Er sollte fragen, wie das kommt und was das zu bedeuten hat, also durch den betroffenen oder die betroffenen Teilnehmer zu ergründen versuchen, welchen Sinn und welchen Zweck eine solche Blockade verfolgen mag. Sind die Antworten oberflächlich und weisen auf Ausreden hin, muß das zur Sprache und mit einer plausiblen Erklärung auf den Punkt gebracht werden. Fehlt es dem Supervisor dagegen an Mut und Durchsetzungsvermögen, will er möglichst Ärger und Streit vermeiden, um sich nicht unbeliebt zu machen, kann an einer solchen Nahtstelle zur Einsicht Entscheidendes versäumt werden.

Zum Schluß sei noch erwähnt, daß die jeweils verwendeten Interventionsmethoden häufig durch Rollenspiele, psychodramatische Szenen oder durch kurze Aktionen wie "Statue-Bauen" ergänzt werden können, auch um ganzheitlich eindrucksvoller auf die Teilnehmer zu wirken. Allerdings möchte ich unerfahrene, ungeübte Supervisoren sehr vor der Anwendung solcher erlebnisaktivierenden und -intensivierenden Methoden warnen, weil es manchen Supervisionsgruppen und einzelnen Supervisanden auf diese Weise hervorragend gelingen kann, den Supervisor auszuschalten, seine neutrale, vermittelnde, nach allen Seiten akzeptierende Kraft zurückzudrängen und eigene Systeme der Kommunikation durchzusetzen, einschließlich der Sündenbockstrategie und ähnliches, d.h., es werden destruktive, aggressive, selbstsüchtig-narzißtische Kräfte in Szene gesetzt, welche unüberwindbare psychische Wunden und Traumata hinterlassen können und sich der psychologischen Konfliktbearbeitung unkorrigierbar entziehen. Hier wird dann nach dem Motto gehandelt: lieber handgreifliche

Aktionen statt Verständnis und Selbstanalyse. Ein kurzes *Beispiel* mag das zeigen:

Das Team einer kinder- und jugendpsychiatrischen Abteilung in einem Landeskrankenhaus lehnt den vom neuen Chefarzt eingesetzten Oberpfleger als unnötige Hierarchisierung der Station ab. Ärzte und Pflegepersonal verbünden sich gegen diesen Pfleger, der keine Hierarchie will, sondern gleichberechtigte Kooperation und ein gemeinsames Betreuungskonzept. Dennoch, die feindliche Haltung ihm gegenüber bleibt. Nun wird eine Gestalttherapeutin für eine ganztägige Supervision dieses Konflikts herangezogen, welche an diesem Supervisionstag diverse gestalttherapeutische Übungen und Szenen durchführen läßt, wo es der Stationsgruppe in destruktiver Aggression Genugtuung verschafft, den verhaßten Oberpfleger als Sündenbock auszuspielen und - im vollen, aber übertragenen Sinne des Wortes - zu schlachten (ein Ausdruck, der mir von beteiligter Seite zugetragen wurde). Diese "Hinrichtung des Sündenbocks", bildlich gesagt, wird dann von der besagten Supervisorin und Gestalttherapeutin als voller Erfolg ihrer Arbeit gewertet, ohne daß es ihr und den anderen gelungen wäre, zu reflektieren, wie *E. Bloch* sagen würde, daß der Sack geschlagen wurde, aber der Esel gemeint war. Also: gemeint war nicht der Pfleger, sondern der neue Chefarzt, welcher Hierarchie einführen wollte; ihm galten die "Prügel", nur er wird als so mächtig wahrgenommen, daß man nicht wagt, ihn anzugreifen.

2.2.3.4. Ergänzungen: Spezielle Aspekte der Supervision

Fassen wir zusammen: Gelingt es zwischen Supervisanden und Supervisor, ein konstruktives Arbeitsbündnis abzuschließen (s.o.), gelingt es weiter, eine angstfreie und akzeptierende/wertschätzende Arbeitsatmosphäre der Supervision aufzubauen, so wird ein erster, ganz wesentlicher Effekt dieser Supervision sein, daß die Teilnehmer sich öffnen können und unterdrückte innerpsychische Vorgänge, welche durch die Helferarbeit zur Schwingung gebracht werden, hervorholen, wahrnehmen und erleben können. Dabei ist ein wichtiges Ziel, daß die Supervisanden den Mut finden, möglichst alles zu äußern, d.h., in Worte zu fassen und zu veröffentlichen, was in ihnen vor sich geht, und zwar ohne innere Zensur.

Wird diese Selbstöffnung bzw. "Selbstoffenbarung" *(Yalom)* positiv beantwortet, sowohl von den Teilnehmern als auch vom Supervisor, erfolgt eine gewisse psychische Erleichterung, eine Art innerseelischer Reinigung (Katharsis) für die betroffenen Helfer, zumal deshalb, weil man sich von abgewehrten Kräften in sich selbst befreien kann, ohne sanktionierende Gegenmaßnahmen (wie etwa Verurteilungen oder Strafen) befürchten zu müssen.

2.2.3.4.1. Gruppendynamik

Ein wichtiger Nebeneffekt, der bisher nicht erwähnt wurde, kommt durch die Gruppe, bzw. durch die Gruppendynamik zustande. Werden beispielsweise von mehreren Teilnehmern (abwechselnd) Gefühle der Wut, des Ekels, der Ablehnung gegen Patienten/Klienten ausgesprochen und darüber hinaus Gefühle eigener Unsicherheit, Angst, Schwäche und/oder Hilflosigkeit zugegeben, stellt sich für den einzelnen und für alle gemeinsam ein Gruppengefühl her, was mehrere Aspekte hat und sehr entlastend wirkt:

1. "Ich, als Helfer, bin mit solchen unterdrückten Erlebnissen und Empfindungen *nicht allein*. Die anderen (Helfer) haben das genauso." (Analog *Yalom*, 1974, "Universalität des Leidens")

2. "Ich bin nicht abnorm, krank oder ähnliches, wenn ich diese Gefühle in mir habe." (Analog *Yalom*, 1974, "Universalität des Leidens")

3. "Es *gehört zu mir* und *meinem Beruf* dazu, sich ab und zu - wie bei den anderen auch - unsicher, schwach, ängstlich und/oder ohnmächtig zu fühlen. Das brauche ich nicht zu verstecken, dafür *brauche ich mich nicht zu schämen*. Auch Wut, Ablehnung und Ekel gegen Patienten/Klienten darf ich empfinden, ohne mich dafür schuldig sprechen zu müssen."(Analog *Yalom*, 1974, "Universalität des Leidens" und "Interpersonelles Lernen")

4. "*Ich lerne durch die anderen und mit den anderen*, wie man mit solchen Gefühlen und Erlebnissen offen und ehrlich sich selbst gegenüber fertig werden kann, ohne daß ich das alles an den Patienten/Klienten oder sonstwem auslassen muß. Die anderen helfen mir dabei, indem sie mir zeigen, wie sie es machen oder wo sie noch am Suchen sind." (Analog *Yalom*, 1974, "Interpersonelles Lernen")

5. "Wir tauschen uns aus, wir setzen uns mit unseren Problemen und Konflikten auseinander, wir streiten uns auch und rücken so allmählich zu einem *Wir-Gefühl* zusammen. Wir haben ähnliche Gefühle, Erlebnisse, Probleme und Konflikte. Es lohnt sich, unsere Schwierigkeiten *solidarisch* zu bewältigen." (Ana-

log *Yalom*, 1974, "Interpersonelles Lernen" und "Gruppenkohäsion")

Diese gruppendynamischen Aspekte des individuellen und interpersonellen Lernens werden noch erheblich verstärkt, wenn der Selbstöffnungsphase eine sinnvolle psychologische Problem- bzw. Konfliktbearbeitung in der Supervision und durch die Supervision folgt. Das Leiden des Helfers an seiner Arbeit und die sich daraus evtl. entwickelnden Schäden wie etwa Depressivität, Süchtigkeit und/oder Suizidalität können nur dadurch hinreichend bekämpft werden, daß der Betroffene lernt, sich selbst und das Konfliktpotential seines Berufes besser zu verstehen, zu analysieren und neue Handlungsstrategien zu entwerfen.

Für den Kontext der Gruppenpsychotherapie hat *Yalom* (1974) die oben aufgeführten Effekte als wichtige Heilfaktoren gekennzeichnet; analog dazu könnte man die Punkte (1 - 3) unter den Faktor "Universalität des Leidens", die Punkte (3 - 5) unter den Faktor "Interpersonelles Lernen" und den Punkt (5) zusätzlich unter den Faktor "Gruppenkohäsion" einordnen. Diese Parallelisierung von Effekten in der Supervision und Heilfaktoren in der Gruppenpsychotherapie ist sicher nur bedingt zulässig. Dennoch möchte ich betonen, daß diese Phänomene in der Supervision nicht unterschätzt werden dürfen, sondern als eine bedeutungsvolle Wirkung bzw. Nebenwirkung der Supervision bedacht und vom Supervisor, wenn man so will, gepflegt werden müssen. Wenn nämlich Teilnehmer während der Supervisionssitzung endlich wagen, lange verdrängte Inhalte und bewußt zurückgehaltene Themen zu offenbaren, und es dem Supervisor in diesem Moment nicht gelingt, beleidigende/kränkende/aggressive Reaktionen der Mit-Supervisanden zu neutralisieren, werden wichtige potentielle gruppendynamische Effekte vereitelt und die Supervisionsarbeit würde einen schweren Rückschlag erleiden. Jene Teilnehmer, welche sich ehrlich gezeigt haben, würden sich verletzt und gewarnt in ihr "Schneckenhaus" zurückziehen, andere wiederum würden verschlossen bleiben und die Angreifer würden - möglicherweise - triumphieren. Sie hätten mit Erfolg die ehrliche Selbstauseinandersetzung verhindert und die Gruppendynamik als Hilfsmittel der Supervision vorübergehend "vergiftet". Die Gruppe bzw. die Reaktionen der anderen wären zum Angstfaktor geworden.

2.2.3.4.2. Kommunikationsebenen

Ein Aspekt der psychologischen Problem- bzw. Konfliktbearbeitung, der noch nicht ausdrücklich erwähnt wurde, ist dabei der Unterschied von *Sachebene und Beziehungsebene*. Der Supervisor sollte immer zu erforschen versuchen, auf welcher Ebene der Hintergrund sowie der Ursprung eines vorgetragenen Problems bearbeitet werden muß. Vielfach werden Beziehungsschwierigkeiten hartnäckig über ein Sachthema ausgetragen. Ebenso häufig ist das Gegenteil: man fällt auf der zwischenmenschlichen Ebene übereinander her, obwohl die Klärung einer inhaltlichen Differenz erforderlich wäre und genügen würde. Als Supervisionsregel kann man mit ziemlicher Sicherheit erwarten, daß zunächst die oberflächlichere, unwichtigere ("falsche") Ebene zur Bearbeitung angeboten wird. Mir erscheint das leicht erklärbar, insofern, als die meisten Menschen sich einem Problem lieber erst einmal von seinen Randzonen her nähern, bis sie sich in der Lage fühlen, den Kern/die Mitte des Problems (häufig der entschlüsselnde Konflikt) anzugehen. Wird dagegen das "heiße Eisen" gleich zu Beginn der Supervision "auf den Tisch gelegt", hat der Supervisor alle Hände voll zu tun, das Geschehen im Griff zu behalten und unkorrigierbare gegenseitige Verletzungen der Teilnehmer (psychologisch gemeint) zu verhindern.

Beispiel: In einer Teamsupervisionsgruppe streiten sich zwei Teilnehmer (Sozialarbeiterin vs. Sozialarbeiter) über das Thema "Konfrontation in der Betreuung" *(Sachebene)*: darf Konfrontation sein, welchem Probanden, welchem Betroffenen gegenüber muß davon abgesehen werden (usw.)? Dieser Streit wird ergiebig geschürt, jeder zitiert für seine Meinung passende Fallbeispiele und keiner merkt, daß in dieser allgemeinen Form das angeschnittene Thema nicht zu lösen ist. Dem Supervisor fällt auf, daß diese beiden Personen sich schon häufiger in der Supervision über wichtige Sachfragen gestritten haben, ohne daß sie sich je einigen konnten. Er fragt die beiden, was ihnen zu dieser Beobachtung einfällt. In der festen Überzeugung, zu antworten, setzen beide ihren Streit auf der vorher gewählten Sachebene fort, ohne die Zwischenfrage irgendwie zu berücksichtigen. Folglich wird das Thema "Konfrontation" einen tieferen Sinn für die beiden streitenden Supervisanden haben. Zudem fordern sie auf der Beziehungsebene eine Konfrontation heraus, denn anders läßt sich scheinbar nicht in ihr (Paar-) Beziehungsgefüge eingreifen. Der Supervisor kann aus dieser Überlegung ableiten, daß die beiden Sozialarbeiter einen Machtkampf austragen *(Beziehungsebene)*, wer die kompetentere Einschätzung zur Strategie der Betreuung liefert und wer denn letztendlich die kompetentere Sozialarbeit zu leisten vermag. Er unterbricht daraufhin den Dialog der beiden und bietet seine Hypothese zum Verständnis an. Beide werden nachdenklicher, geben ihren Sachstreit zu diesem Zeitpunkt auf und bejahen die vorgebrachte Hypothese. Dennoch ist beiden Personen anzumerken, daß sie diesen Machtkampf weiter ausfechten wollen und keiner nachgeben wird. Beide bleiben bei ihrer Überzeugung: "Ich bin der bessere/geeignetere Helfer; der andere/die andere ist zu schwach, zu inkompetent".

2.2.3.4.3. Blinde Flecken und Verzerrungen der Wahrnehmung

Mit diesem Beispiel läßt sich überleiten zu der noch nicht ausreichend beantworteten Frage, was denn durch die psychologische Bearbeitung von Helferproblemen und -konflikten bewirkt werden soll. Ein wichtiges Ziel bei der selbstreflektorischen Analyse des eigenen beruflichen Handelns und der Auseinandersetzung mit den Interaktionen der anderen Supervisionsteilnehmer und denen des Supervisors ist es, die sogenannten *blinden Flecke* sowie die *Verzerrungen der eigenen Wahrnehmung* festzustellen (dingfest zu machen). Meines Erachtens läßt sich eine Regel zu diesen Unzulänglichkeiten der menschlichen Wahrnehmung aufstellen:

Jeder Mensch wünscht ein Problem und/oder einen Konflikt in der Weise betrachten zu können, daß das eigene Selbstwertgefühl und das eigene Selbstbewußtsein unangetastet bleiben. Folglich wird nur jene Wahrnehmung zugelassen, welche den anderen und/oder die anderen beschuldigt und das eigene Ich in tadelloser Einstellung und Handlung abzusichern weiß (kraß gesagt). Insbesondere Helfer haben gelernt (häufig geschult durch Psychotherapie und Supervision), die eigene Unantastbarkeit zu inszenieren und durch die eigene Wahrnehmung von Problemen/Konflikten zu bestätigen. Blinde Flecken und Verzerrungen sind dabei nur allzu häufig und allzu hartnäckig anzutreffen.

Um Mißverständnissen vorzubeugen, sei hinzugefügt, daß Helfer in psychiatrischer, psychotherapeutischer und/oder psychosozialer Arbeit ständig mit der eigenen Person als Agens (als Werkzeug) handeln/umgehen müssen und deshalb, wie ich glaube, besonders harten Belastungsproben des Ichs, d.h. der subjektiven/individuellen Wesensart, ausgesetzt sind. Sowohl die Patienten/Klienten als auch die Sitzungs- und Gremienarbeit der Helfer untereinander (z.B. institutionelle Gremien wie Vollversammlungen, Leitungs- und Organisationssitzungen, Kommitees für therapeutische Konzepte usw.) setzen die Bereitschaft und Fähigkeit der Helfer voraus, sich ständig mit der eigenen Persönlichkeit und der Rückmeldung durch Kollegen (feed-back) auseinanderzusetzen.

Ich vermute, daß die Konfrontation auf dieser ganz direkten persönlichen Ebene in keinem anderen Berufszweig so intensiv wie in Psychiatrie, Psychotherapie, psychosozialer Betreuung stattfindet. Da verwundert es nicht, daß Helfer bzw. Psychotherapeuten in der Ausbildung während der Supervision, wo es wieder um die Reflexion des eigenen Selbst und der ganz eigenen Handlungskompetenz geht, unbewußt zunächst Schutzmechanismen benutzen. Besonders erfahrene, lang gediente Helfer, aber auch solche, die viel eigenpsychotherapeutisches und/oder Fortbildungs- und/oder Supervisions-Training mitgemacht und gespeichert haben, sind wie kaum andere Menschen - gewollt und/oder ungewollt - mit einem Fundus an Möglichkeiten ausgerüstet, sich gegen psychologische Bearbeitungsstrategien zu wehren, ohne daß das sofort erkennbar wäre. Das ist die Kehrseite der ständigen Konfrontation auf der Beziehungsebene.

Schutzmechanismen: Abwehr und Widerstand

Viele Helfer sind sich selbst dieser Abwehr nicht bewußt. Versucht der Supervisor, diesen Abwehrmechanismus bewußt zu machen, kann er damit unter Umständen starke, narzißtisch motivierte Aggressionen hervorrufen, denn letztlich ist etwas Befremdliches (vermutlich unbeabsichtigt) passiert: Der betroffene Helfer hat viele, sehr viele menschliche/zwischenmenschliche Verhaltens- und Handlungsformen beobachtet, kennengelernt, erfahren/erlebt sowie in Erinnerungsspuren gespeichert. Manche Helfer haben dazu durch Psychotherapien und/oder Fortbildungsveranstaltungen gelernt, menschliches Erleben, Fühlen, Wahrnehmen, Denken zu analysieren, haben Projektions- und Übertragungsmechanismen studiert, haben verbale sowie averbale Kommunikation und beispielsweise Gruppendynamik durchgearbeitet, haben Handwerkszeug gelernt, wie man durch verbale Strategien und/oder dramatische, erlebnisträchtige Spiele einem psychischen Problem bzw. psychisch bedingten Konflikten auf den Grund kommt, haben sich selbst im weitesten Sinne erforscht und ausprobiert, haben sich systematisch mit der eigenen Biographie und der fremder Menschen beschäftigt, haben neuere psychologische Konzepte wie beispielsweise die Narzißmus-Theorie durchdacht und angewendet. Kurzum: Diese Helfer sind ebensosehr zur Selbstreflexion und zwischenmenschlichen Konfrontation einerseits wie andererseits zur Abwehr dieser Auseinandersetzung gerüstet.

Da aber Sinn und Zweck aller Selbst-Übungen in Supervision, Fortbildung und/oder Psychotherapie eindeutig das Verstehen/ die Analyse/die Reflexion ist, kann die Abwehrfunktion dem eigenen Selbst-Konzept gegenüber nicht mehr zugelassen werden. Man müßte vor sich selbst und/oder anderen erkennen, daß man sich verhärtet, verschließt, die eigene Neurose einrahmt, statt sich zu verändern. Manche Helfer merken deshalb nicht und wollen es auch nicht merken, daß sie mit allen Wassern psychologischer Tricks ausgestattet sind, um jede kritische Selbstauseinandersetzung während der Supervision zu vermeiden. Grundsätzlich sind sie in der Lage, im übertragenen Sinne gemeint, anderen den Spielball zuzuwerfen und/oder andere an den Pranger zu stellen, ohne auch nur ein einziges Stückchen Selbsteinsicht dabei in Aussicht zu stellen. Das Dickicht ihrer Abwehr ist fast undurchdringbar.

Was bedeutet das nun für die Supervision? Generell müssen Supervisoren damit rechnen, daß die Teilnehmer einer Supervisionsveranstaltung ein sehr schwieriges Kommunikationsgeflecht aufbauen können, was zunächst eher verwirrt und verunsichert. Es gehört "unendlich" viel Geduld dazu, bis ein Klima der Supervision gemeinsam entwickelt wird, das den Teilnehmern das Gefühl vermittelt, daß niemand sich mehr schützen muß. Selbst wenn Teilnehmer immer wieder bezeugen, daß sie sich - wie es heute oft heißt - "einbringen" wollen, z.B. die eigenen psychotherapeutischen Handlungen ungeschminkt darstellen und zur Diskussion anbieten wollen, gehen in aller Regel noch viele Supervisionssitzungen ins Land, bis das wirklich passiert. Der Supervisor muß ferner darauf eingestellt sein, daß die Abwehr von Helfern gegen Selbsteinsichten, welche er genauestens spürt und erkennt, schwer zu überwinden ist, daß die Versprachlichung, d.h. die Benennung und Analyse derselben kurzfristig wenig bewirkt, stattdessen bei den Gemeinten oft spontan Wut auslöst (s.o.). Es ist vorstellbar, daß der Supervisor mit der Zeit anfängt, die Geduld zu verlieren und ärgerlich zu werden auf die Personen, deren Abwehr er besonders listig, durchtrieben, aufbrausend und/oder unkorrigierbar findet. Hier gilt es, den vorher beschriebenen Sicherheitsabstand wieder herzustellen und sich zu sagen, daß es das gute Recht des Supervisanden ist (wie der Klienten/Patienten in der Therapie), mit Widerstand und Abwehr auf das Supervisionsanliegen zu reagieren. Es bleibt dem Supervisor daraufhin nichts anderes, als die Entschlüsselung und Offenlegung der Abwehr vorzunehmen und mit Geduld abzuwarten, bis die Teilnehmer irgendwie Bereitschaft zeigen, sich damit zu befassen.

Ferner muß unbedingt darauf hingewiesen werden, daß unbewußte, geahnte oder bewußte Schutzmechanismen seitens der Supervisanden als Signal gedeutet werden können, daß in der Art der Durchführung der Supervision etwas Wichtiges falsch gemacht wird. Beispielsweise wollen Teilnehmer auf diese Weise vielleicht Schutz suchen vor zuviel Selbsterfahrung in der Supervision; ihnen kommt die arbeitsbezogene Prozeßanalyse (von Betreuung) zu kurz und sie fürchten sich vor den Folgen einseitiger Selbsterfahrung in der Gruppe der Helfer. Andererseits kann aber auch ein Zu-wenig an Selbsterfahrung in der Supervision zur Abwehr und mangelhafter Mitarbeit führen, weil die Teilnehmer glauben, zu wenig für sich persönlich, d.h. für die eigene Persönlichkeit und Individualität, zu wenig für das eigene Ich zu profitieren. Auf jeden Fall wäre es ein Indiz dafür, daß die Durchführung der Supervision "Schlagseite" hat.

Deshalb ist zu empfehlen, sorgfältig auf ein ausgewogenes Maß an Selbsterfahrungsanteilen und arbeitsbezogener Problem- bzw. Konfliktbearbeitung in der Supervision zu achten. Extreme Schwerpunkte zur einen oder anderen Seite weisen immer auf unreflektierte Schwierigkeiten hin. Widerstand gegen Supervision wird z.B. auch dann geübt, wenn die Teilnehmer nur noch Selbsterfahrung, also nur noch selbstbezogenen (süchtigen) Profit wollen, unter Einbeziehung von Körperarbeit und Animation womöglich, und jede berufsbezogene Reflexion unterlaufen, also nicht Schutz vor zuviel Selbsterfahrung suchen (wie oben geschildert), sondern die Flucht antreten in reine Selbstbeschäftigung, eben nur mit der eigenen Person arbeiten wollen, völlig abgelöst von ihrer Arbeitssituation.

Gleichermaßen läßt sich denken, daß dem Supervisor beispielsweise durch Verschwiegenheit, Oberflächlichkeit und/oder Destruktivität mitgeteilt wird, daß die Arbeitsatmosphäre nicht stimmt, daß er es nicht fertiggebracht hat, ein angstfreies Supervisionsklima zu schaffen, oder daß er einzelne Personen vorzieht (vermutlich die Braven, Ängstlichen, Schwachen, die, die sich unterordnen) und andere Supervisanden, welche aggressiver, angriffslustiger, renitent wirken, spüren läßt, was er an ihnen ablehnt. Mit anderen Worten, diesem Supervisor wird gezeigt, daß er seine Grundhaltung den Teilnehmern gegenüber verändern muß, daß er eine neue Nähe-Distanz-Regelung braucht, daß er ein akzeptierendes, wertschätzendes Klima der Supervision ohne negative Bewertungen, welche von ihm ausgehen könnten, neu herstellen, daß er bewußte bzw. unbewußte Sympathie- und Antipathiebündnisse aufgeben und daß er lernen muß, z.b. mit aggressiveren Persönlichkeitsanteilen von Helfern tolerant und geduldig umzugehen.

Um falsche Interpretationen des Gesagten auszuschließen, möchte ich noch einmal akzentuieren, daß unbewußte Schutzmechanismen, welche von Supervisanden gebraucht und - meist unbemerkt - angewendet werden, zum Alltag der Supervision gehören und die Funktion haben, überwunden zu werden, wobei der Unterschied von Abwehr und Widerstand - welcher bisher nicht definiert wurde - meines Erachtens hauptsächlich durch das Maß an Intensität und Bewußtheit gegeben ist: Widerstände sind von ihrer kommunikativen Kraft her heftiger, hartnäckiger und bewußter/gewollter als sonstige Abwehrmechanismen und deshalb schwerer zu überwinden.

Schutzmechanismen: Projektion und Übertragung

Die Arbeit des Supervisors, also die Art des Supervidierens besteht immer wieder darin, zum aktuellen Geschehen während der Supervisionssitzung intrapsychisch "mehrere Schritte" Abstand zu suchen, um feststellen zu können,

a) was sich (gerade) ereignet bzw. ereignet hat und
b) wie das zu verstehen, zu erklären sowie psychologisch zu interpretieren ist.

Dabei muß der Supervisor eigene potentielle Fehler und eigene Unzulänglichkeiten, wie zuvor erwähnt, mit ins Kalkül ziehen.

Häufig wird er (über die skizzierten Beispiele hinaus) auf Blockaden in der Kommunikation stoßen, die üblicherweise mit dem Terminus der Projektion bezeichnet werden, Blockaden, die hier manchmal schon gestreift, aber noch nicht ausdrücklich behandelt wurden. Das sei nun in diesem Abschnitt ergänzt, weil Projektionen innerhalb des Supervisionsgeschehens als Widerstands- bzw. Abwehrmechanismen einzuordnen sind. Projektion bedeutet, daß ein seelischer Impuls (vielleicht ein Gefühl, ein Wunsch, ein Gedanke) nicht wahrgenommen werden kann, weil Sender und Empfänger vertauscht werden. Der betreffende

Mensch (Sender) grenzt einen intrapsychischen Vorgang (z.B. ein Gefühl der Unfähigkeit oder Minderwertigkeit), der nicht ins eigene Selbst-Konzept paßt (vgl. Rogers, 1973, S. 417 ff.), unbewußt aus, indem er außerhalb der eigenen Person geeignete Inhalte und/oder Objekte (Empfänger) als Abbildfunktion/Projektionsfläche sucht, welche den eigenen, ausgegrenzten intrapsychischen Impuls/Vorgang aufnehmen müssen. Auf diese Weise gewinnt der Betreffende den Eindruck, daß ein bestimmtes Problem, ein bestimmter Konflikt, ein bestimmter Impuls an ihn herangetragen wird und er Gelegenheit hat, sich damit distanziert und scheinbar unbeteiligt zu beschäftigen.

Für den Supervisor ist es von großer Bedeutung, zu wissen, daß der projizierende Mensch versucht, ein Problem mit Abstand und ohne innere Verwicklung zu behandeln, obwohl er durchaus, wie oben dargelegt, emotional verstrickt ist. Der Versuch, ein Sachthema zu diskutieren und/oder das Problem eines anderen zu analysieren, mißlingt fast immer, insofern, als dem Betreffenden in aller Regel dann unbemerkt die gewollte innere Distanz im Verlauf einer Auseinandersetzung (nach und nach) verlorengeht. Aus dem scheinbar unbeteiligten Empfänger wird dann doch wieder ein höchst beteiligter Sender. In der Supervision nun geht es darum, Projektionen als Abwehrmechanismen frühzeitig zu erkennen und dadurch aufzulösen, daß der Supervisor ihre Funktion entschlüsselt, das Erkannte eindeutig verbalisiert und bei Gegenwehr mit Nachdruck verteidigt; frühzeitig deshalb, weil Projektionen und ihre Rechtfertigungen sehr lange, unnütze, frustrierende Dialoge bewirken können und deshalb so früh wie möglich abgefangen werden sollten.

Supervisanden nun entwickeln, wenn man so will, spezifische berufsbezogene Projektionen in der Supervision, wenn es ihnen aus nicht bewußten seelischen Gründen richtig erscheint, die eigene Helferposition zu schützen und das mögliche Problem derart zu verlagern, daß das eigene Selbstwertgefühl und/oder eigene Selbst-Ideale und/oder Ideale des Helferberufes unangetastet bleiben. Solche Verlagerungen wirken oft künstlich, hergeholt, verkrampft und mit viel psychischem, hier vor allem emotionalem Aufwand heraufbeschworen, so daß sie meist unschwer auszumachen sind. Dazu sei eine Regel angeboten: der Supervisor sollte immer danach suchen, ob es eine Parallele gibt zwischen Projektionsinhalt (Sachebene) und einer nicht erkannten, aber dazu passenden Beziehungsebene.

So haben sich in dem oben zitierten Beispiel der Teamsupervision (S. 75) beide Sozialarbeiter auf einen Projektionsinhalt (unbewußt) geeinigt: und zwar ginge es darum, ob Konfrontation als Mittel in der Betreuung von Klienten zulässig sei, also, ob man Klienten aggressiv konfrontieren dürfe. In Wahrheit aber steht die Beziehung der von einem Streit betroffenen Sozialarbeiterin und des ebenso betroffenen Kollegen zur Disposition. Die Parallele zur Beziehung, welche gesucht werden muß, springt ins Auge: es kann nur die Konfrontation, der Machtkampf zwischen beiden Sozialarbeitern gemeint sein; zudem bahnt sich eine Konfrontation zwischen Supervisor und ihnen (den Kontrahenten) an, weil sie (die Kontrahenten) einen völlig undurchlässigen Dialog austragen.

Mit anderen Worten: der Supervisor übersetzt/transformiert den Inhalt der Projektion ins aktuelle Geschehen des Jetzt und Hier der Supervision; er findet heraus, welche Beziehungsebene bei den beteiligten Helfern gemeint ist, aber aus unbewußter Abwehr heraus nicht reflektiert und nicht angesprochen werden kann. Ist die Projektion aufgelöst, hat der betreffende Supervisand oder haben die betreffenden Supervisanden gelernt, daß sie mit unangemessenen Erwartungen und/oder Einschätzungen ein eigenes Problem verdeckt hielten.

Aus meiner Sicht sind unangemessene Erwartungen von Teilnehmern in der Supervision immer dann außerordentlich schwer zu handhaben, wenn sie der Person des Supervisors gelten, also im weitesten Sinne *Übertragungserwartungen* vorliegen (wie an eine Elternfigur). Zunächst ist es oft charakteristisch für solche Erwartungen, daß sie ganz nebulös und ungreifbar erscheinen und der Supervisor trotz Nachfragens keine ausreichende, erhellende Antwort erhält. Man weiß gar nicht, was man vom Supervisor erwartet; man weiß aber gleichzeitig, ohne es zu sagen, daß man vom Supervisor alles erwartet. So schiebt man ihm durch Inaktivität z.B. die Initiative des Handelns zu. Oder man macht ihn - auch im negativen Sinne, fast in der Art einer Schuldzuweisung - für alles, was in der Supervision passiert bzw. gerade nicht passiert, verantwortlich und kann sich selbst auf diese Weise aus der Verantwortung herausziehen. Es wird erwartet, daß der Supervisor die Teilnehmer aktiviert, sie zur Selbstöffnung und zur interpersonellen Auseinandersetzung befähigt, daß er mutiger und angstfreier agiert als die Teilnehmer, daß er ihre unterdrückten Gefühle und

Erlebnisse erspürt, erkennt und stellvertretend für sie zur Sprache bringt u.ä.

Beispiel: Da behaupten Supervisanden, man könne sich nicht offen auseinandersetzen und streiten, weil der Supervisor zu ängstlich, zu dünnhäutig, zu verletzbar wirke; man habe den Eindruck von ihm, daß er nicht in der Lage sei, einen aggressiv geführten Streit (mit Hieb und Stich) zu überstehen und die Oberhand zu behalten, im Gegenteil, man könne ihm das nicht zumuten. Hinter dieser Schuldzuweisung wird die Übertragungserwartung sichtbar, etwa nach der Formel: nur eine starke Elternfigur kann uns aggressive Kinder wieder zur Räson bringen und chaotische Gewalttaten (Opfer) verhindern. Gibt der Supervisor, weil er sich in aggressiven Auseinandersetzungen ängstlich kennt, der Einschätzung seiner Teilnehmer Recht, hat er sich emotional ins Geschehen verwikkeln lassen und ist direkt in die Beziehungsfalle der Supervisanden hineingeraten. Denn er hat jetzt implizit akzeptiert, daß seine Persönlichkeitsstruktur den Streit der Helfer unterbindet. Er kann nicht mehr analysieren, daß die betroffenen Supervisanden eine Ausrede gesucht haben, um die eigene Angst vor Aggressionen und Auseinandersetzung zu kaschieren, um das eigene Selbstwertgefühl zu schonen und um jenes Selbst-Ideal zu schützen, was besagt: "Ich bin stark; ich kann kämpfen und, wenn nötig, beleidigen, angreifen, verletzen; ich bin aggressiv zum Aggressiven, aber die Schwachen schütze ich, da kann ich nicht loslegen, wie ich könnte, wenn ...".

Der Supervisor sollte in der Lage sein, zu reflektieren, daß die beteiligten Helfer eine "großartige" Selbstlüge verteidigen und ganz infantile Vorstellungen vom Ausmaß und von der Durchschlagskraft ihrer Wut pflegen, indem sie Mit-Supervisanden und Supervisor soweit verkleinern und verniedlichen, daß die glatt umfallen würden, wenn sie (die betroffenen Akteure) erst einmal richtig das Visier öffnen und den Kampf beginnen würden.

Meistens stimmt das Gegenteil: diese Helfer verzögern schon seit langem den ehrlichen Schlagabtausch und vermeiden mitzuteilen, was sich in ihren Gedanken an Aggressivität zusammengebraut hat; in der Phantasie wird ersatzweise das ausgetragen, was in der Wirklichkeit immer und immer wieder vermieden und hinausgeschoben wird. So lassen sich unaussprechlich kränkende und demoralisierende Wünsche und Bedürfnisse zusammenphantasieren, welche nur ein Zeichen dafür sind, wieviel Angst vor öffentlicher Auseinandersetzung in der Realität den heimlichen, nicht benannten Gegnern gegenüber besteht.

2.2.4. Faktor IV: Einsicht und Veränderung

Wie schon angesprochen, ist unsere Auffassung von psychotherapeutisch angelegter Supervision mit dem Schwerpunkt der Reflexion, der Analyse, des Verstehens eng verknüpft. Nicht Übung von Verhaltensweisen und gutgemeinte Erziehung sollen im Vordergrund stehen, sondern innerpsychische Veränderungen des Helfers, das bedeutet vor allem, seelisch erfaßbare Strukturen sollen berührt und in Bewegung gebracht werden. Solche Veränderungen wachsen allein auf dem Nährboden von Einsicht und sind dann weniger gefährdet, nach Beendigung eines Problems und/ oder einer Beziehung wieder verlernt zu werden. Einsicht und Veränderung gehören deshalb als zwei ineinander verflochtene Schritte zusammen und bilden eine Einheit. Man könnte schlußfolgern: hat Einsicht faktisch/real stattgefunden, wird Veränderung folgen. Der Umkehrschluß ist ebenfalls zulässig: nimmt ein Helfer bzw. eine Helfergruppe nach der Supervision ein Problem, einen Konflikt und/oder die Beziehung zu einem bestimmten Menschen verändert wahr und hat sich seine/ihre Denk- und Erlebnisstruktur verändert, fand Einsicht statt (bzw. konnte Einsicht erarbeitet werden).

Einsicht beschreibt demnach einen Prozeß, der den gesamten Organismus eines Menschen durchdringt. Dabei genügt es nicht, wenn nur der Verstand, das Denken, der "Kopf" erfaßt werden. Einsicht findet meines Erachtens erst dann seinen Niederschlag, wenn auch weitere Bereiche des menschlichen Organismus in Anspruch genommen werden, wie etwa Bereiche des Fühlens und Erlebens, der Empfindung, der Wahrnehmung. Daraus läßt sich ableiten, daß wir nur dann von Einsicht reden können, wenn eine Erkenntnis sowohl den Verstand als auch das Gefühlsleben trifft, beeinflußt, verändert und darüber hinaus die Erkenntnis des Denkens mit der Erkenntnis des Gefühls in Übereinstimmung zu bringen ist. Dagegen läßt sich *nicht* von Einsicht sprechen, wenn nur das Gefühl stimmt, aber der Verstand auf der Strecke bleibt.

Um zur Einsicht und zur Veränderung vordringen zu können, müssen durch die Supervisionsarbeit, wie schon erwähnt, viele individuelle und/oder gruppenspezifische Hindernisse, psychische Blockaden und interaktionelle Verwicklungen beseitigt werden. Deshalb gilt die Anstrengung der Supervision vor allem jenen Aspekten, welche zunächst nicht benannt werden können und zunächst nicht bewußtseinsfähig sind, aber mit der Zeit durch die Arbeit der Supervision (möglicherweise gegen Abwehr und Widerstände direkt betroffener Helfer) ans Tageslicht gefördert werden.

Meiner Auffassung nach beginnt nun der Prozeß der Einsicht und der Veränderung damit, daß ein betroffener Helfer, ein betroffenes Helferpaar und/oder betroffene Konfliktparteien in der Kommunikationsphase der Supervision (wie oben beschrieben) geduldig, engagiert, ohne Gegenspannung *motiviert zuhören,* was die anderen ("Supervisionsgeschwister" und Supervisor) zu sagen haben und welche Rückmeldung sie geben. *Das gegenseitige Zuhören und Aufnehmen legt den Grundstein zur Einsicht.* Die betroffenen Therapeuten müssen lernen, sich gegenseitig - altertümlich formuliert - das Ohr zu schenken und auch das anzuhören und aufzunehmen, was man *nicht* hören will, was man glaubt, *nicht* ertragen zu können.

Der nächste Schritt zur Einsicht setzt voraus, daß der vom Supervisor zutage geförderte Fokus voll und ganz bejaht, akzeptiert und innerseelisch aufgenommen wird, so daß dieser Fokus wie eine Botschaft, wie ein Appell am Empfänger (in dem Angesprochenen) arbeiten kann. Setzen Supervisanden in dieser Phase der Supervision einer potentiellen Einsicht dennoch Abwehrmechanismen entgegen, muß der Supervisor durch Ausstrahlung, Überzeugungskraft, Beharrlichkeit und Festigkeit versuchen, das erarbeitete Terrain der Erkenntnis zu verteidigen und nicht aufzugeben, um einen Rückfall in den Zustand bewußter Uneinsichtigkeit zu verhindern.

Wenn es gelungen ist, das zu Beginn der Supervisionssitzung ausgewählte Problem zu bearbeiten, neue/andere Aspekte hinzuzugewinnen, d.h. hauptsächlich, unbewußte, noch-nicht-bewußte Kräfte offenzulegen und die Betroffenen davon zu überzeugen, es lohne sich und brächte der Lösung näher, das Erarbeitete - den Fokus - zu akzeptieren, rückt ein weiterer Aspekt zur Einsicht in den Vordergrund: die gemeinten, angesprochenen Helfer (evtl. Psychotherapeuten) müssen bereit sein, sich von alteingefahrenen Denk- und Handlungsschablonen zu lösen, naivpsychologische Einstellungen aufzugeben und sich von moralisch-ideologischen Einengungen ihres Über-Ichs zu trennen. Das bedeutet auch, daß falsche Vorstellungen vom Menschen - wie der Mensch "zu sein hat" - und falsche, destruktive Ideale (vgl. *Schmidbauer,* 1980) überwunden werden müssen, weil diese Vorstellungen und Ideale letztendlich immer wieder und viel zu schnell in die Resignation treiben. Viele verbitterte Helfer sind Opfer irrealer Wunsch-Traum-Schlösser. Keine Realität, schon gar nicht die Realität des psychiatrischen/psychotherapeutischen Raumes hält Vergleichen stand, die aus revolutionär humanistischen Überzeugungen/Ideen gespeist werden. Für den Erfolg der eigenen psychosozialen Arbeit kann es von alles entscheidender Relevanz sein, daß das Maß der Möglichkeiten vom kleinsten gemeinsamen Nenner her festgelegt, vom kleinsten möglichen Erfolg her aufgebaut wird. Jede Schwierigkeit, jeder Konflikt führt in tief verwurzelte Schichten der eigenen Persönlichkeit, der eigenen Sozialisation, des selbst erlebten und selbst erfahrenen Materials zurück und weckt - vielfach unbewußt - die Bereitschaft, nach altüberlieferten naivpsychologischen Mustern zu reagieren. Supervision hat hier die Aufgabe, hilflos aggressive und/oder überbeschützend entmündigende und/oder verunsichernd verwirrende Verhaltensbereitschaften von Helfern abzufangen, indem reflektiert und genauestens ausgeleuchtet wird, was in der Interaktion zwischen Helfer und Patient vor sich geht, was an naivpsychologischen Sprüngen von antrainierter, überzeugt richtiger Haltung zu elternähnlichen und überzeugt abgelehnten Reaktionen entsteht und wodurch. Mit elternähnlichen Handlungen, die von der Sollvorstellung des Helfers überzeugt abgelehnt werden, sind genau jene gemeint, die der betroffene Betreuer an sich selbst durch seine Eltern schmerzlich erfahren hat und - eigentlich - nicht wiederholen will.

Beispiel: Ein Patient, welcher eine akute psychotische Phase hinter sich hat, wird von einer psychiatrischen Klinik aus in eine Übergangseinrichtung überwiesen und zeigt sich hier unentwegt passiv, desinteressiert, unkooperativ und uneinsichtig; er läßt sich auch nicht zu einem Gespräch bewegen. Ferner scheint dieser Bewohner zu verwahrlosen; er möchte sich in einem fort berauschen durch Fernsehen, Rauchen und Alkohol-Trinken. Die Mitarbeiter reagieren zunächst verständnisvoll, geduldig, vorsichtig, bis sie selbst das Verhalten des Patienten nicht mehr aushalten können und mit Ärger und Wut kontern, drohen, agieren müssen: Gegenmaßnahmen, Sanktionen und Trennungsabsichten werden beschlossen und durchgesetzt. Manche Helfer glauben, es wäre für den Patienten mal richtig gut, ihm offen aggressiv zu begegnen. Das sei doch nur natürlich. - Soweit das Beispiel. Gezielt wird nicht reflektiert, daß das Helferverhalten genau dem Verhalten von hilflosen Eltern entspricht: Zunächst versucht man es mit Verständnis und Geduld, führt das nicht zum erwünschten Erfolg, d.h. zum erwünschten Verhalten des Kindes, wird unverhohlen zur Aggressivität und Machtausübung übergegangen.

Häufig hängen im psychotherapeutischen, psychiatrischen und/ oder psychosozialen Milieu - wie im Beispiel oben - Aggressivität der Helfer, Machtausübung und Hilflosigkeit einem Problem gegenüber ganz eng zusammen. Durch die Supervision lassen sich alteingefleischte Vorstellungen zur Hilfe freilegen, so zum Beispiel, daß Hilfe auf jeden Fall die Tat, die Handlung, die Aktion einschließen müsse; oder daß es immer auf Veränderung, Besserung und/oder Heilung ankomme. Deutlich wird dabei, daß Vorstellungen, wie man Menschen helfen sollte, aus kulturell überlieferten sowie religiös untermauerten Normen resultieren, wie etwa, "Hilfe ist gegeben, wenn man von sich selbst etwas abgibt, d.h. hauptsächlich, selbstlos gibt"; auch entstammen solche Erwartungen dem jeweils gültigen Zeitgeist, wie etwa heute bei uns, "Leistung ist der beste Weg zur Besserung".

Übereinstimmend wollen diese Vorstellungen suggerieren, daß man (a) ungefragt hilft, daß (b) Hilfe gleichzusetzen ist mit "Zupacken", tätiger Veränderung, daß man (c) als Helfer die eigene Person als Gabe, als Pfand und/oder als Opfer einzubringen bereit sein muß, und (d) daß in der Hilfe und durch die Hilfe etwas geleistet werden sollte, z.B. Erfolge zu erbringen sind, also eine Leistungsbilanz der Hilfe vorweisbar sein sollte. Diese Botschaften sind doppelbödig und in sich widersprüchlich.

Einerseits wird die selbstlose Hilfe - die fordert, der betroffene Klient/Patient wird seiner kranken, schwachen Person zuliebe betreut und darf bleiben, wie er ist - als moralisch ethisches Postulat gepredigt und gepflegt, andererseits wird Leistung als agile Veränderung verlangt, wobei allein der sichtbare Erfolg, die abrechenbare Bilanz der Leistung auf beiden Seiten zählt: Patient und Helfer haben eine vorzeigbare Veränderung zu erbringen. Professionelle Hilfe zumal beruht auf der Bezahlung von Handlung und Erfolg; Ethik hin, Ethik her, auch Profit hat hier seinen Platz. Auf diese Weise entstehen - gerade im Feld der Betreuung von behinderten und psychisch gestörten Menschen - in sich widersprüchliche Helferpersönlichkeiten.

Supervision wird also einerseits dafür sorgen müssen, daß der Druck der Hilfe, der Druck der Helfer zur Veränderung aufhört, daß Helfer ablassen und loslassen können von "blindwütig-gutgemeinter-Tat", daß Raum frei wird für tieferes Ausatmen, Besinnen, Reflektieren, Verstehen. Oft wird dieses Ablassen und Loslassen erst den Weg für wichtige mitmenschliche Gefühle eröffnen, z.B. Gefühle der Solidarität und Toleranz, Akzeptanz und Wertschätzung. Besonders solche Klienten/Patienten, die unbewußt oder gewollt voller Abwehr und Widerstand gegen Hilfe sind, brauchen zunächst Solidarität und Mitgefühl von ihren Helfern. Gewinnt der jeweils betroffene Helfer Verständnis für seinen Patienten, wird eine therapeutische Beziehung möglich, und auch Abwehr und Widerstand verlieren ihre trennende Bedeutung.

Andererseits sollte Supervision die selbstlose Aufopferung mancher Therapeuten einer scheinbar schwachen Persönlichkeit zuliebe hinterfragen. Nicht selten verbirgt sich hinter einer solchen fast absoluten Bereitschaft zur Hingabe für die Patienten eine persönliche Dynamik beim Helfer, welche häufig zur Folge hat, daß solche Therapeuten auf die Dauer sich an ihrem eigenen Verhalten verzehren, ausbrennen und selber krank werden. Das Zuviel an Hingabe kann ebenso falsch sein wie die Strategie des Den-Klienten-um-jeden-Preis-verändern-Müssens.

Mit anderen Worten: Ein wichtiger Aspekt zur Einsicht und Veränderung erfolgt aus der ganzheitlichen Einsicht des Helfers (sowohl der Verstand als auch das gefühlsbetonte Erleben werden erfaßt), daß jene Mechanismen versagt haben, die zur Beseitigung von Schwierigkeiten und/oder Konflikten beim Patienten, unter Kollegen sowie in der Institution aufgewendet wurden und die nicht selten das Gegenteil bewirkt haben: nämlich die Aufrechterhaltung der Probleme, ihre Manifestierung (vgl. *Watzlawick* et al., 1974). Das bedeutet: Therapeuten werden in und durch die Supervision zunächst davon abgebracht, derart weiter zu verfahren wie bisher, d.h., zunächst muß das therapeutische Alltagshandeln für den Zeitraum der Supervision zum Stillstand gebracht werden (im übertragenen Sinne gemeint); automatisierte Betreuung wird ent-automatisiert; Widersprüche des Handelns und Erlebens werden aufgedeckt.

Beispiel: Die Patientin in einer sozialpsychiatrischen Klinik weigert sich, ihre dreimonatige stationäre Betreuungszeit als Erfolg wahrzunehmen, obwohl die Helfer fest davon überzeugt sind, daß diese Frau große Fortschritte gemacht hat und fähig wäre, entlassen zu werden. Die Patientin aber nimmt die Hilfe der Station als Druck zur Reintegration in ihr familiäres Umfeld wahr: sie soll in ihre Familie und in ihren alten Beruf zurückgeführt werden, was sie selbst gerne vermeiden möchte. Unbewußt wird der Patientin der Weg gewiesen, auf die Hinweise der Mitarbeiter, wie gut es ihr schon gehen würde, mit Gegendruck zu antworten, indem sie - unbewußt - eine Verschlechterung ihres Zustandes bewirkt. Je mehr die Mitarbeiter dieser Station also ihrem sozialpsychiatrischen Auftrag folgen, diese Patientin ins häusliche Milieu integrieren zu wollen, desto mehr steigt der Widerstand dieser Frau gegen das "Gesundwerden" bzw. gegen das Sich-Helfen-Lassen.

So schmerzlich es für diese Teammitglieder sein mag, sie müssen die eigene Lösungsstrategie (zur Heilung dieser Patientin) als das Agens erkennen lernen, was diese Patientin dazu bringt, weiterhin krank sein zu wollen und Rückfälle zu produzieren.

Von diesem Beispiel läßt sich zu einer anderen Nuance der Einsicht weitergehen. Helfer werden oft "tatkräftig" aufgeben müssen, ihren Klienten/Patienten alles das vermitteln zu wollen, was sie selbst - die Helfer - für richtig halten. Vielfach ist bei Helfern an diesem Grenzbereich menschlicher Begegnung (wie bei anderen Menschen auch) mit besonders unbeugsamen Einstellungen zu rechnen, etwa nach der Formel: meine Ziele und Überzeugungen haben auch für alle anderen zu gelten, für Klienten ebenso wie für Kollegen. So wird unter Therapeuten in bezug auf Klienten/Patienten allzuoft auch nur das zugelassen, was der eigenen Einschätzung und Überzeugung entspricht, es wird folglich bewußt und/oder unbewußt krankmachende Kommunikation gepflegt, nach dem Motto: "Ich, der Helfer, weiß, wie der Klient/Patient sich in seiner Lage fühlen muß, und gebe deshalb die richtigen Aufgaben (Leistungen) und die richtigen Zielvorstellungen vor; ich weiß, was für den Betroffenen gut ist". Genau dieses Kommunikationsmuster konnten Wissenschaftler innerhalb schizophrener Familien nachweisen (als einen Bestandteil unter anderen), wo Mutter und/oder Vater genauer als das betroffene Kind "wissen", was es, dieses Kind, fühlt, erlebt, wahrnimmt und will (vgl. *Bateson* et al., 1969; *Watzlawick* et al., 1969; *Scobel*, 1983), ergo, das Kind wird durch diese bevormundende Kommunikation der Mutter und/oder des Vaters in seiner Selbst-Wahrnehmung und Identitäts-Bildung erheblich gestört und beeinträchtigt. Natürlich können familiäre und soziotherapeutische Beeinflussungen nicht einfach gleichgesetzt werden, aber es muß doch befürchtet werden, daß Helfer durch ihre therapeutisch gemeinte Sprache derart auf Klienten/Patienten einwirken können, daß krankmachende Kommunikationsstrukturen der Herkunftsfamilie bzw. von Ersatzfamilien (auch Heime) unbewußt bestärkt und unterstützt werden.

Ich bin davon überzeugt, daß hier und heute "Kreuzzüge" der richtigen Einstellung ausgefochten werden, auch und gerade auf den Gebieten Psychotherapie und Psychiatrie. Meine Supervisionserfahrung zeigt mir, wie *wenig weise und tolerant* vielfach gerade jene Helfer und Leiter von Institutionen sind, die im Namen der gerechten Sache (des Fortschritts oder der Bewahrung des Alten) angetreten sind. Von diesen Erfahrungen her könnte man auf die Idee kommen, daß sich Weisheit und Toleranz nicht mit machtvollem Ehrgeiz und Engagement verbinden lassen. Kurzum, Helfer werden durch die Supervision insofern und nur dann wirklich offen für Neues, wenn sie aufhören, ihre Kollegen und Klienten/Patienten vor den Wagen der eigenen Einschätzung und der eigenen Ziele spannen zu wollen. Fast in jeder Supervisionsgruppe habe ich auf unterschiedliche Weise das immer gleiche Phänomen zur Kenntnis nehmen müssen: die eigene Sichtweise, die eigene Einschätzung, das eigene Urteil, die eigene Haltung und Einstellung, das eigene Handeln wird als wünschenswertes Ziel vorgegeben; Unterschiede werden als konfliktträchtig und trennend wahrgenommen; Einigkeit (wie und wo auch immer) muß erreicht werden.

Besonders in der Teamsupervision wird oft dem Ideal gehuldigt, Einigkeit müsse herrschen, Gleichheit und Gleichrangigkeit müssen herstellbar sein. Unterschiede zwischen den Helfern, ihren Charakteren und Temperamenten, ihrer beruflichen Ausbildung und ihren Erfahrungen werden nicht als Bereicherung und Chance zur Vielfalt ausgewertet, nein, alles soll zum Gleichmaß zurechtgestutzt werden. Kaum jemand ist souverän genug, die Andersartigkeit des Helferkollegen als wertvolle Ergänzung der eigenen Möglichkeiten zu nutzen. Aus Konkurrenzneid und Rivalität, die oft dahinterstehen, wächst unter Helfern ein kleinliches, kleinkariertes, schabloniertes, zweiseitiges Denken und Wünschen: "Entweder ich bin der Beste oder aber keiner soll mehr können, wissen und sein als ich". Dies ist oft der tiefere Sinn der Gleichrangigkeitsforderung.

Ein weiterer Aspekt zur Einsicht, der sich ganz zwangsläufig aus den zuletzt genannten Bemerkungen ergibt, verweist auf die Bereitschaft des Helfers, sich mit der eigenen Biographie zu beschäftigen, genauer gesagt, sich damit zu beschäftigen, wie bestimmte eigene Haltungen, Einstellungen, Wahrnehmungen, Gefühls- und Erlebnisdispositionen sowie Handlungsbereitschaften entstehen konnten, durch welche Einflüsse in der Kindheit und Jugend eigene naivpsychologische Verhaltensmuster gewachsen sind. Der Helfer überprüft dann mit Hilfe des Supervisors und der übrigen Supervisionsteilnehmer, (a) welche Gefühle, Assoziationen und Beziehungswünsche der Klient/Patient im eigenen Selbst auslöst, (b) welche Handlungen normalerweise unbedacht die Folge wären, (c) woher solche inneren Ströme und Impulse kommen, also durch welche mitmenschlichen Einflüsse aus der eigenen Vergangenheit solches Fühlen und Erleben und Handeln-Wollen erklärt werden kann, und (d) welche neuen reflektierten Aktionen und Reaktionen des Helfers gegenüber seinem Klienten sinnvoll

wären. Handelt es sich dagegen um Teamschwierigkeiten und/
oder Teamkonflikte, wird darauf zu achten sein, daß die aufzu-
deckenden Hintergründe in ganz ähnlicher Weise wie bei der
Fallsupervision auf die betroffenen Konfliktparteien individuell
und persönlich bezogen werden. Eine Gruppenkonfliktanalyse allein genügt nicht, wenn beispielsweise festgestellt wird, welches
Mitglied in einer Gruppe die Führerpersönlichkeit darstellt, die
beliebteste Person ist oder welches Mitglied einer Gruppe die
Sündenbockfunktion übernommen hat, sondern darüber hinaus
muß ergründet werden, wie institutionelle Bedingungen, gruppenspezifische Faktoren und biographische Prägungen der betroffenen Helfer zusammenspielen konnten. Erst das Zusammenspiel
der verschiedenen Faktoren - eben auch der biographischen Hintergründe von Helfern - erklärt einen Konflikt.

Grundsätzlich kann davon ausgegangen werden, daß in jeder
Supervisionsgruppe Schwierigkeiten und Konflikte der Gruppenmitglieder offenbar werden, sei es in einer Balint-Gruppe, in einer
Ausbildungsgruppe zur Psychotherapie, in einem institutionellen
Gremium, in einer psychiatrischen Abteilung oder in einem irgendwie gearteten funktionellen Team. Dabei muß der Supervisor
entscheiden, sicher auch durch Befragen der Supervisanden, inwieweit er auf gruppendynamische Phänomene eingehen und
Probleme der Supervisanden untereinander behandeln will. Ferner sollte der Supervisor bedenken, welche dieser potentiellen
gruppendynamischen Störungen durch seine eigene Art des Auf-
tretens und Handelns erst hervorgebracht werden. Letztlich wird
es sich nicht umgehen lassen, in regelmäßigen Abständen den
gruppendynamischen Zustand einer Supervisionsgruppe zu analysieren und zu bearbeiten. Häufig läßt sich auf diese Weise unbe-
wußtes Material der Gruppe gegen den Supervisor (evtl. gegen
die Supervisionseltern) aufdecken und in seiner destruktiven
Kommunikationswirkung entschärfen. Der Supervisor sollte wil-
lens sein, vermeidbare Fehler und Störfaktoren, welche von seiner
Person ausgehen, zu bearbeiten und abzuändern. Nicht immer nur
die Supervisanden müssen verändernde Einsicht zulassen und in
sich aufnehmen, auch Supervisoren können vielfach von ihren Supervisanden dazulernen.

Als letzter Aspekt von Einsicht und Veränderung muß jetzt genannt werden, daß in der Supervision (wenn man nicht bei An-
fangsschwierigkeiten, Abwehrmechanismen und Widerständen
steckenbleibt) neue und bisher nicht praktizierte Schritte der Hel-

fer erarbeitet werden: dabei ist der erste Schritt, welcher scheinbar gar nichts mit einer Tat, also mit einer Veränderung gemeinsam hat, die veränderte, differenzierte Wahrnehmung und Einstellung des Helfers einem Problem, einem Konflikt, einem Mitarbeiterkollegen, einem Klienten/Patienten und/oder sich selbst gegenüber. Erst diese Differenzierung und Veränderung der Wahrnehmung - man sieht vielfältiger, genauer und mehrschichtiger - ermöglichen ein anderes, ein neues Verhalten. Mit neuem Verhalten ist nicht gemeint, daß der betroffene Therapeut bzw. das betroffene Team nach der Supervision wie ausgewechselt dastünden, sondern es ist lediglich gemeint, daß Nuancen im Verhalten der Helfer erdacht und im Rollenspiel oder in der Phantasie ausprobiert werden. Es bleibt offen, wieviel der erdachten Veränderungen vom Team, vom Helfer bzw. von einem Gremium dann tatsächlich in die Realität der Arbeit transformiert, hineinverpflanzt werden können. In aller Regel erlebt der Supervisor an dieser Stelle seine größten Enttäuschungen, nämlich, wie wenig doch Menschen in der Lage sind, sich zu verändern und das Neue in die Tat umzusetzen. Meist werden nur Bruchteile des Erarbeiteten realisiert.

Von daher muß dem Supervisor dringend angeraten werden, seinen eigenen Erfolg *nicht* an der Veränderung der Helfer zu messen. Gelingt es dem Supervisor andererseits, ein sehr feingliedriges Raster zu entwerfen, um veränderte Haltungen, Einstellungen, Wahrnehmungen, Gefühlsdispositionen, Handlungen zu registrieren, bleibt die Arbeit lohnenswert.

Auch der Supervisor sollte immer wieder reflektierend an den eigenen Idealvorstellungen der Hilfe und der Helferpersönlichkeit rütteln, sollte sich immer wieder fruchtbar erschüttern lassen, sollte lernen, eigene Idealvorstellungen nicht als Maßstab für andere zu nehmen. Solche Ideale können verhindern, daß er Helfer und Helfersnöte akzeptiert, daß er tolerant und wertschätzend reagiert und daß er Fehler von Therapeuten versteht.

Insofern wird der Prozeß von Supervision auf beiden Seiten vollzogen: wie die Supervisionsteilnehmer lernen, sich in kleinen Schritten zu verändern und Abstand beispielsweise von falschen Vorstellungen zu nehmen, wird auch der Supervisor zu allererst bereit sein müssen, sich von eigenen Soll-Vorstellungen und falschen autoritären Wünschen zu trennen. Der Supervisor wird in seiner Aufgabe "an Gestalt" wachsen, wenn er aufhören kann,

Helfer und Helfergruppen in ihrem (tiefsten) Wesen ändern zu wollen. Das wäre Größenwahn.

Ich möchte mit diesen Bemerkungen den theoretischen Teil des Buches abschließen und dem Leser ankündigen, daß er die realen Vollzüge von Supervision im Rahmen einiger besonders bedeutsamer Anwendungsfelder im nun folgenden Praxisteil ausgiebig unter die Lupe nehmen kann.

3. Supervision im sozialpsychiatrischen Team

Im folgenden sollen Bereiche des psychosozialen, psychiatrischen und/oder psychotherapeutischen Helfens geschildert werden, in denen Supervision gebraucht und angewendet wird. Als erstes Beispiel wird Supervision in sozialpsychiatrischen Einrichtungen vorgestellt und als Teamsupervision definiert.

In der wissenschaftlichen Literatur gibt es nur wenige Modelle für Teamsupervision und vor allem nur solche, die sich kaum verallgemeinern lassen, so zum Beispiel Teamsupervision in der Heimerziehung von *Conrad* und *Pühl* (1983), Supervision im Kindergarten von *Fischer* (1976) oder Supervision des Teams in einer kinder- und jugendpsychiatrischen Einrichtung von *Bettelheim* (1978, S. 396 ff.). Ausschließlich psychoanalytisch orientierte Supervision von Helfergruppen wird durch Beispiele einerseits und übergreifende allgemeine Überlegungen zur Supervision neuerdings von *Pühl* und *Schmidbauer* (1986) als Thema angegangen. Andere Autoren beschäftigen sich insofern mit Teamsupervision, als sie gruppendynamische Aspekte dieses Verfahrens (*Barthe*, 1985) oder pädagogische Herangehensweisen (*Huppertz*, 1976) darstellen und diskutieren. Im weitesten Sinne könnte man die Arbeit mit *Balint*-Gruppen als eine spezifische Form der Teamsupervision werten, zumal sich hier - wie auch für die Teamsupervision kennzeichnend - zwei Wirkungsgrößen ergänzen: (a) die Gruppe als Korpus (erzeugt Ideen, Material, Assoziationen, Phantasien, Dialoge, Dynamik) und (b) die zielgesteuerte, psychotherapeutisch angelegte Leitung der Teilnehmer durch den Supervisor (zur *Balint*-Arbeit vgl.: *Argelander*, 1972; *Balint*, 1984; *Roth*, 1984). Weitere Methoden, wie etwa die "Themenzentrierte Interaktion" nach *Cohn* (1975), oder gruppenpsychotherapeutische Überlegungen (vgl. *Slavson*, 1977; *Yalom*, 1974) kommen höchstens als anregende und orientierende Basisinformationen in Betracht, um die möglichen Strategien und Interventionsmethoden der Teamsupervision zu bereichern. Auch kommunikationspsychologische Erkenntnisse (vgl. *Watzlawick* et al., 1969, 1974; *Schulz v. Thun*, 1977, 1981) sind lediglich als Anregung verwendbar, ersetzen aber eine ganz eigene Methode zur Teamsupervision nicht.

Ergo: es kann davon ausgegangen werden, daß es keine allgemeingültige Handlungstheorie zur Supervision gibt, und daß insbesondere Teamsupervision ein Praxisfeld darstellt, was erst langsam erobert und einer systematischen Beurteilung zugänglich wird. Wie viele andere Supervisoren auch war der Autor deshalb zu Beginn seiner Tätigkeit als Supvervisor in sozialpsychiatrischen Einrichtungen bzw. in sozialpsychiatrischen Teams darauf angewiesen zu improvisieren (aus psychotherapeutischer, psychologischer und psychiatrischer Ausbildung). Die im ersten Teil dieses Buches vorgestellte Systematik und Orientierung zur Supervision war und ist nicht der Anfang, sondern das Ergebnis aus eigenen Bemühungen in der Praxis, Supervision einerseits zu erlernen und andererseits zu gestalten.

Teamsupervision - das zeigt meine Erfahrung - ist in der Psychiatrie bzw. Sozialpsychiatrie eine vielschichtige Aufgabe. Es geht nicht nur darum, die Schwierigkeiten und Konflikte einer Helfergruppe, welche als Team zusammenarbeiten will, zu analysieren und aufzulösen, es geht ganz genauso um die Schwierigkeiten und Konflikte der Helfer mit ihren Patienten/Klienten, mit ihrer Institution, mit ihrer Institutionsleitung, mit Angehörigen der Patienten, mit gesellschaftlich bedingten Widerständen gegen psychisch beeinträchtigte Menschen und ihre Reintegration (Wiedereingliederung), mit Schwierigkeiten psychiatrischer Versorgung insgesamt. Deshalb ist es wichtig für den Leser, zunächst einmal Basisinformationen zur Sozialpsychiatrie entgegenzunehmen, weil hier die ersten Probleme im sozialpsychiatrischen Team ihren Ausgangspunkt haben.

Die Bewegung der *Sozialpsychiatrie* repräsentiert in der Bundesrepublik Deutschland eine spezielle Ausrichtung der Psychiatrie, kurz gesagt, die *Reformpsychiatrie*. Teamsupervision in der Sozialpsychiatrie heißt also: Supervision in einem spezifischen Zweig der Psychiatrie, in reformpsychiatrischen Einrichtungen, die hauptsächlich Institutionen vor den Toren psychiatrischer Anstalten sind im sogenannten extramuralen Raum, wie etwa: Tagesstätten, Tages- und Nachtkliniken, psychiatrische Übergangswohnheime, Wohngemeinschaften, Beratungsstellen und Clubs (vgl. *Finzen*, 1977; *Pörksen*, 1974). Darüber hinaus gibt es aber auch psychiatrische Kliniken und Landeskrankenhäuser, welche sozial-

psychiatrisch/reformpsychiatrisch ausgerichtet sind und sozialpsychiatrisch geleitet werden (vgl. *Finzen*, 1985).

Charakteristisch für Sozialpsychiatrie ist,
- daß das medizinische Krankheitsmodell der Psychiatrie und die
traditionelle psychiatrische Diagnostik kritisiert und in Frage
gestellt werden (vgl. *Dörner*, 1975),
- daß psychiatrische Patienten/Klienten aus der Entwertung des
Verrückten-Status, aus der negativen gesellschaftlichen Stigma-
tisierung (vgl. *Scheff*, 1973) befreit werden sollen,
- daß Helfer in der Psychiatrie ent-hierarchisiert werden und als
gemischt professionelles Team (multiprofessionell) zusammenarbeiten sollen,
- daß eine humane Einstellung/Haltung den Klienten/Patienten
gegenüber herrschen soll und humane Betreuung/Therapie
versucht wird (z.B. soll auf Verwahrung ebenso wie auf
Zwangsmaßnahmen verzichtet werden),
- daß große Anstrengungen unternommen werden, betroffene
Klienten/Patienten soweit wie möglich in ihrem gewohnten sozialen Umfeld zu belassen und nicht zu isolieren (wie etwa
durch weit abgelegene psychiatrische Spezialeinrichtungen).

Humane Betreuung, das muß noch spezifiziert werden, fordert
vor allem eine besondere Umgangsweise mit psychisch gestörten
Klienten/Patienten: der Helfer wird zur aktiven Anteilnahme am
Schicksal, an der Krankheit des Patienten erzogen und dazu veranlaßt, sich intensiv mit dem Klienten/Patienten auseinanderzusetzen, den Patienten zu fördern und auch zu konfrontieren,
Lernprogramme zu entwickeln und gemeinsam mit dem Patien-
ten/Klienten durchzuführen, Gespräche und Gesprächsgruppen
regelmäßig anzubieten, Musik-, Mal- und Beschäftigungstherapie
einzusetzen, Sport und Arbeit zu veranstalten (und vieles andere
mehr), kurz, dem Klienten/Patienten mit wertschätzender, mitmenschlich natürlicher Haltung des Helfen-Wollens und nicht mit
der distanzierten Geste einer höherrangigen Fachperson zu begegnen.

Klaus Dörner und *Ursula Plog* haben das notwendige Lehrbuch
zur sozialpsychiatrischen Ausrichtung geschrieben mit dem be-
zeichnenden Titel: "Irren ist menschlich oder Lehrbuch der
Psychiatrie/Psychotherapie" (1978), in dem ein eigenes sozialpsychiatrisches Krankheitsmodell formuliert (nicht unumstritten),
eine eigene sozialpsychiatrische Therapie und eine eigene sozial-

psychiatrische Haltung/Einstellung der Helfer (besonders ihren Klienten gegenüber) vorgeführt wird.

Die rechtliche und finanzielle Sonderstellung von Ärzten ist auch in sozialpsychiatrisch geführten Krankenhäusern erhalten geblieben: ausschließlich Ärzte besetzen Leitungsfunktionen; ferner mißlang die Abschaffung der Hierarchie im multiprofessionellen Team, zumindestens berufsständisch und finanziell (das wird später noch genauer ausgeführt); ebenso ist es bis heute nicht gelungen, psychiatrische Großkrankenhäuser bzw. Landeskrankenhäuser vollständig überflüssig zu machen; darüber hinaus kann man die Anwendung von Psychopharmaka (vgl. *Finzen*, 1986, 6. Aufl.) und die gelegentliche Anwendung von Gewalt ("Fixieren" genannt) bei schwerstgestörten, akut psychotischen Patienten auch in der Sozialpsychiatrie nicht entbehren. Dennoch sind große Fortschritte auf dem Wege zur Humanisierung, Dezentralisierung und Regionalisierung der Psychiatrie durch die Bewegung der sozialpsychiatrisch engagierten Helfer und Helfergruppen entstanden.

Bei diesen wenigen Bemerkungen zur Sozialpsychiatrie muß ich es hier bewenden lassen und den interessierten Leser auf andere, schon zitierte Quellen verweisen. In unserem Kontext ist lediglich wichtig, den Aufbau und die Besonderheiten eines sozialpsychiatrisch zusammengesetzten Teams genauer kennenzulernen.

Zunächst muß man wissen, daß jedes Team dieser Art multiprofessionell besetzt wird, wie etwa: Krankenschwester, Pfleger (bzw. psychiatrische Fachkrankenschwester, psychiatrischer Fachkrankenpfleger), Arzt (evtl. Facharzt; evtl. mit psychotherapeutischer Zusatzqualifikation), Diplom-Psychologe (evtl. Psychotherapeut), Sozialarbeiter, Sozialpädagoge (evtl. Diplom-Sozialpädagoge; evtl. Diplom-Pädagoge), Beschäftigungs- und/oder Musiktherapeut, Erzieher, Lehrer, Zivildienstleistender, Praktikant. Je nach Institution, Bedarf und finanzieller Ausstattung werden sozialpsychiatrische Teams aus diesen Berufsgruppen gebildet. Man kann davon ausgehen, daß in einer sozialpsychiatrischen Klinikstation fast sämtliche Berufe durch ein oder zwei Vertreter repräsentiert sind, währenddessen extramurale Einrichtungen (wie etwa Wohnheime oder Beratungsstellen) vor allem nichtakademische Berufsgruppen bevorzugen (Sozialarbeiter und Pflegepersonal hauptsächlich).

Wie in anderen medizinischen Einrichtungen - das wurde schon angedeutet - bestimmen auch in der sozialpsychiatrischen Klinik oder im sozialpsychiatrisch geleiteten Landeskrankenhaus ärztliche Verantwortung und Handlungsbefugnis das Terrain; meistens liegt auch die Bezahlung der Ärzte, vor allem von Oberärzten und Chefärzten, über dem Standard anderer Berufsgruppen; jede Leitungsfunktion muß zudem von Ärzten wahrgenommen werden; das hat natürlich Konsequenzen für das Klima einer Helfergruppe in einer solchen Institution, wo Gleichberechtigung der Helfer propagiert, aber durch die finanzielle und rechtliche (juristische) Machtposition des Arztes (der Ärzte) ad absurdum geführt wird. Außerhalb klinischer Mauern allerdings gibt es im sozialpsychiatrischen Team offiziell keine Leitungsfunktion. Dennoch enthält die finanzielle Vergütung nach dem Bundesangestelltentarif (oder evtl. vergleichbaren anderen, z.B. kirchlichen Tarifen) eine deutliche Staffelung der Berufsgruppen, quasi eine finanzielle Rangordnung, wobei Akademiker (hier oft Diplom-Psychologen, Diplom-Soziologen, evtl. Honorar-Ärzte) eine Sonderstellung bzw. finanzielle Besserstellung zugewiesen bekommen.

Ich glaube, aus meiner Erfahrung sagen zu dürfen, daß das oben erwähnte Ideal einer ent-hierarchisierten Teamarbeit in der Sozialpsychiatrie besonders von jenen Berufsgruppen gefördert und am Leben erhalten wird, die in traditionellen hierarchischen Institutionen am unteren Ende der Rangordnung eingestuft werden; ihr Interesse an der Verwirklichung eines solchen Team-Ideals ist deshalb hautnah, echt, vital und wird aus der traditionellen Benachteiligung gegenüber anderen, vor allem ärztlichen Berufsgruppen gespeist. Akademiker dagegen pflegen solche Ideale - wenn überhaupt - eher aus intellektuellen und ideologischen Gründen. Es läßt sich denken, daß hier die ersten Reibungsflächen und Konfliktpunkte für Teamauseinandersetzungen vorprogrammiert sind.

Wenn auch in traditionellen, konservativen medizinischen Instituten/Kliniken/Krankenhäusern Reibungsflächen dieser Art offiziell und gut sichtbar fehlen, weil institutionell und finanziell ganz ausgefeilte hierarchische Strukturen vorgegeben sind und damit die Machtfrage scheinbar geklärt ist (zentriert auf Berufsgruppen), kann dennoch davon ausgegangen werden, daß individualpsychologisch und gruppendynamisch vergleichbare Schwierigkeiten, Konflikte, Vorgänge zu beobachten sind, nur werden sie unterschiedlich deutlich offengelegt. Insoweit lassen sich die nun zu

beschreibenden Supervisionsergebnisse, gewonnen aus der Fall-
und Teamsupervision in sozialpsychiatrischen Einrichtungen sicher für Helfergruppen verallgemeinern, wenn man die jeweiligen
ideologischen und strukturellen Besonderheiten psychosozialer,
psychiatrischer, evtl. psychosomatischer Institutionen "in Rechnung stellt", also "abzieht" oder "addiert" oder "gegenrechnet", - je
nachdem.

3.1. Die erste Begegnung (Vorstellungsgespräch)

Wenn eine Supervision stattfinden soll, wird ein sozialpsychiatrisch zusammengesetztes Team zuvor eine Auswahl von in Frage
kommenden Supervisoren erstellt haben. Mit jedem Bewerber
wird ein Erstgespräch durchgeführt. Dabei können bereits richtungweisende Entscheidungen getroffen werden. Beispielsweise
wird mit der Person des Supervisors häufig die gewünschte Psy-
chotherapieform gewählt. Da sich viele psychiatrisch tätige Helfer
in irgendeiner psychotherapeutischen Fortbildung befinden (bzw.
befunden haben), wird jedes Teammitglied vermutlich die eigene
Psychotherapiemethode favorisieren. Hinzu kommt die Institution, welche je nach Leitung bestimmte Richtungen ablehnt, bzw.
toleriert, bzw. begünstigt.

Mit der Auswahl des Supervisors wird also in vielen Fällen ein
erster Machtkampf entschieden. Jedenfalls kann der jeweilige Supervisor, welcher sich einem Team vorstellt und die erste Begegnung bestreitet, damit rechnen, mit diversen unterschiedlichen
Erwartungen bedacht zu werden, die möglicherweise überhaupt
nichts mit seinem Konzept von Supervision zu tun haben. Im psychosozialen Arbeitsfeld gibt es zudem kaum einen Begriff, welcher dermaßen verschwommen und nebulös mit unrealistischen
Anschauungen und Erwartungen besetzt ist, wie der der Supervision. Vielen Helfern ist zwar bekannt, daß in der Supervision sogenannte Fälle und Teamkonflikte bearbeitet werden sollen, aber
es besteht oft keinerlei Erfahrung und Wissen darüber, *wie* das zu
geschehen hat. Helfer allerdings, welche schon Teamsupervision
mitgemacht haben, wissen je nach Ausrichtung ihrer Vorerfahrung wesentlich genauer, was sie sich unter Supervision vorzustellen haben. Insofern sind ihre Erwartungen der Realität mehr an-
genähert.

3.1.1. Irreale Wünsche der Supervisanden

Trotzdem bleibt immer noch eine unbekannte Größe (Variable) übrig: die unbewußten bis vorbewußten Wünsche und Bedürfnisse der Teilnehmer. Unbewußt bzw. vorbewußt umfaßt hier alles das, was die Supervisanden durch den Supervisor geklärt und zurechtgerückt wissen wollen, aber durch die eigene psychische Zensur unterdrücken, verdrängen, der Sprachlosigkeit zuführen, sowohl individuell als auch gruppenspezifisch. Folgende, unbewußte Wünsche könnten auftauchen:

- Teammitglied (A) möchte, daß durch die Supervision Teammitglied (B) zur Kündigung gebracht wird, also soll (B) aus dem Team "verschwinden".
- Supervisand (C) wünscht sich vielleicht, daß der Supervisor aktiviert, aus der Reserve lockt und provoziert, also Selbstverantwortung und erwachsenes Handeln abnimmt.
- Teilnehmerpaar (D) und (E) wollen durch die Supervision erreichen, daß Harmonie im Team, Ruhe und Geborgenheit entstehen.
- (F) will unbewußt vielleicht das Gegenteil: der Supervisor soll grob, angriffslustig, aggressiv sein, damit man sich im Streit und Streiten zu üben lernt.
- Teammitglied (G) eifersüchtelt um die Gunst des Supervisors und möchte als Liebling, vielleicht als Könner, vielleicht als Kompetenzwunder anerkannt werden. Oder Teammitglied (G) rivalisiert mit dem Supervisor und möchte seine Position okkupieren.
- Supervisionsteilnehmer (H) bedarf oraler Zufuhr, möchte also während der Supvervision vom Supervisor versorgt, gefüttert und gestillt werden, um für die Arbeit auftanken zu können.
- Teilnehmer (J) und (K) wünschen sich, den Supervisor straucheln zu sehen, wünschen sich, daß der Supervisor versagt, damit der lernt zu erfahren, was sie auf der Arbeit tagtäglich mitmachen und einstecken müssen. Der (Supervisor) soll es auch nicht besser haben als sie selbst. Am liebsten würde man tauschen: er soll die "Dreckarbeit" auf der psychiatrischen Station machen, und sie übernehmen seinen "Luxusjob".
- Supervisand (L) fühlt sich gedrängt, dem Supervisor eine psychisch-soziale Probe/Testung aufzuerlegen. Sollte der Supervisor scheitern, ist sein Ansehen herabgesetzt und eine erste Entwertung folgt.

- Supervisand (M) dagegen wünscht sich von Anfang an, im Supervisor übermenschliche, gott-vater-mutter-ähnliche Kräfte zu finden, so daß alles Schwierige und Konflikthafte durch den Supervisor beseitigt wird.
- Wieder andere möchten unbedingt, daß der Supervisor ihre Geschwisterrivalität auflöst, indem er sich als Bündnispartner gewinnen läßt. Wie ein Schiedsrichter soll er entscheiden, wer im Team "gefoult" hat, wer die "rote" und wer die "gelbe Karte" verdient, welches Konzept richtig und welches falsch ist, welche Einstellung zum Patienten stimmt und welche Einstellung abgelehnt werden muß, welcher Mitarbeiter zu den Guten und welcher zu den Schlechten gehört usw.
- Teilnehmer (P) und (Q) erhoffen sich vom Supervisor unbewußt - vielleicht geahnt, aber zensiert -, daß ihr antiautoritärer Kampf unterstützt wird und der Supervisor zum Sturm auf die Institutionsleitung aufruft.
- Wiederum glauben Herr und Frau (X) gegenläufig, weil selbst in einer Leitungsfunktion tätig, der Supervisor möge ausschließlich Ergebnisse produzieren, welche der Leitung nützen und zuspielen, welche *nicht* dazu beitragen, daß die Mitarbeiter wachsen, souveräner, freier und selbständiger werden. Der Supervisor wird als Helfershelfer der Leiter phantasiert. Sollte das Gegenteil eintreten, gilt er möglicherweise schnell als "Feind".
- Die Supervisanden (Y) und (Z) wollen stattdessen individuell geheilt werden von ewiger Unzufriedenheit, Niedergeschlagenheit und Depressivität. Der Supervisor soll Vitalität und Atem spenden, Freude bereiten, zum Ausspannen und zur Erholung verhelfen.

Der Supervisor wird deutlich spüren, wenn man sich gegenseitig vorstellt und ein erstes vorläufiges Arbeitsbündnis formuliert, daß noch andere Kräfte im Spiel sind als das, was zur Sprache kommt bzw. was zu diesem Zeitpunkt in Worte gefaßt werden kann. Immerhin muß sich in dieser ersten Begegnung abklären, ob man sich gegenseitig sympathisch oder unsympathisch findet, ob man vom Lebensalter zusammenpaßt und ob das jeweilige soziale Auftreten, das äußere Erscheinungsbild und ob die jeweilige persönliche Ausstrahlung soweit aneinander angepaßt werden können, daß hier keine unnötigen Störfaktoren entstehen.

3.1.2. Die Realität des Supervisors

Meines Erachtens bleibt dem Supervisor in der ersten Begegnung mit einem Team gar nichts anderes übrig, als ein bewußtes und richtungweisendes Arbeitsbündnis von den potentiellen Supervisanden zu erfragen. Dabei sollte er souverän genug sein, bewußt ausformulierte Zielvorstellungen zur Supervision anzunehmen. Will der Supervisor in dieser Situation bereits zeigen, zu welchen weitreichenden Spekulationen und Deutungen er sich berufen fühlt, können die Teilnehmer nur gekränkt reagieren: ohne daß eine Vertrauensbasis bestünde, beginnt der Supervisor von Anfang zu demonstrieren, wie sehr er den betroffenen Helfern und ihren bewußten Vorsätzen, ihrer bewußten Wahrnehmung mißtraut; statt Akzeptanz zu vermitteln, scheint der Supervisor - so muß es den Betroffenen vorkommen - mit Kritik und Abwertung der Helfer seine Arbeit bestreiten zu wollen.

In der ersten Begegnung wird der Supervisor also versuchen, einerseits sich kongruent und glaubwürdig (identisch) darzustellen, andererseits soweit wie möglich ein zukünftiges Arbeitsbündnis als gemeinsame Supervisionsplattform einzugrenzen und zu beschreiben. Dabei versucht er außerdem auszustrahlen, welches Klima in den Supervisionssitzungen herrschen soll. Einzelheiten können zudem besprochen werden, etwa welche Handlungsmethoden eingesetzt werden sollen (z.B. nur Sprache, oder auch Rollenspiel und Tonbandaufnahmen usw.). Ferner gehört zu diesen Einzelheiten die Absprache von Ort, Raum, Zeit, Rhythmus und Bezahlung der Supervision. Vielfach prüfen Rahmenbedingungen, die der Supervisor erfüllt wissen will, welches Maß an Motivation seitens der potentiellen Teilnehmer vorhanden ist.

Grundsätzlich scheint mir für die erste Begegnung zwischen Supervisand und Supervisor wichtig zu sein, daß der Supervisor durch Engagement und emotionale Stärke glaubwürdig vermitteln kann, daß er sich "der Sache der Supervision" sicher ist, daß er weiß, worauf es ankommt. Dabei sollte er ohne Zögern beginnen, Auffälligkeiten und Strukturen eines Teams zu registrieren sowie dazu erste Fragen zu stellen. Vielfach sind Helfer ganz schnell bereit, den Supervisor abzuwerten, wenn er etwas unterläßt, was sie ganz dringend von ihm erwarten: nämlich *Aufmerksamkeit und Aktivität!* Folglich darf es daran besonders in den ersten Sitzungen nicht fehlen. Der Supervisor wird von Anfang an mit einer elternähnlichen Übertragungserwartung betraut, welche er zunächst ak-

zeptieren (annehmen) und nicht enttäuschen darf, wofür hauptsächlich eine zielgerichtete Aufmerksamkeit und engagierte Aktivität dienlich sind. Alles weitere stellt sich später heraus.

Nicht immer wird der qualifizierteste Supervisor genommen.
Zu viele unbekannte Faktoren sind im Spiel. Beispielsweise kann
ein Team aus Gründen der Konkurrenz und Rivalität verhindern
wollen, daß die psychologische, psychotherapeutische und psychiatrische Kompetenz des Supervisors die Kompetenz der Helfer im
Team übersteigt. Auch ist denkbar, daß nur nach persönlichen
Kriterien gegangen wird: z.B. das Geschlecht des Bewerbers, sein
Temperament, sein Aussehen und Auftreten, sein Lebensalter
und seine politische Gesinnung. Oft werden Bewerber für Supervision einzig und allein danach ausgesucht, ob sie die oralen Bedürfnisse nach Auftanken und "Gefüttert-Werden" der Teammitglieder zu erfüllen versprechen. In wieder anderen Fällen habe
ich erlebt, wie einzelne Helfer ein Team derart dominieren und
unterdrücken (ohne daß dies von den Unterdrückten wahrgenommen und reflektiert wird), daß sie die Supervision und den
Supervisor nach ihrem Gutdünken aussuchen können.

Kurzum: die erste Begegnung zwischen potentiellen Supervisanden und Supervisor, in der ausgewählt wird, ist von vielen
unwägbaren Faktoren gekennzeichnet. Kommt ein gemeinsames
Arbeitsbündnis zustande, wird sich der Supervisor nach und nach
erarbeiten müssen, welche individualpsychologischen und gruppendynamischen Faktoren dafür den Ausschlag gegeben haben.
Deshalb sei Supervisoren empfohlen, grundsätzlich von der ersten
Begegnung an in der Teamsupervision äußerst aufmerksam und
insofern aktiv zu sein, daß nichts, aber auch gar nichts der eigenen
Beobachtung zensiert und - im übertragenen Sinne gemeint -
weggeschlossen werden darf.

Im weiteren Verlauf der Supervision muß der Supervisor berücksichtigen, wie weit die Beziehung zwischen ihm und den Supervisanden in Richtung auf Vertrauen und Verstehen vorange-
kommen ist. Da aber in der ersten Begegnung weder Vertrauen
noch gegenseitiges Verstehen eo ipso vorausgesetzt werden können, darf und muß der Supervisor zwar bemüht sein, durch eigene
Beobachtungen und genaue Fragen zum vor ihm sitzenden Team
sowie durch eigene Statements aus der Supervisionserfahrung die
Genauigkeit des Arbeitsbündnisses zu bereichern, aber gleichzeitig muß er Spekulationen, Empfindungen, Gefühle, Phantasien
und Interpretationen, die über eine exakte Realitätsbeschreibung

hinausweisen, speichern und zu einem Zeitpunkt äußern, wenn der Verarbeitungskapazität der Supervisanden mehr zuzutrauen ist und keine unnötigen Kränkungen befürchtet werden müssen (unnötige Kränkungen bauen unnötige Widerstände auf).

3.1.3. "Stille Schwierigkeiten" nach dem Erstgespräch als Perspektive für den weiteren Verlauf der Supervision

Ich möchte dem Leser anhand eines Beispiels schildern, was meiner Erfahrung nach häufig zurückbleibt, wenn man als Supervisor ein Erstgespräch bestritten und ein neues Team kurzzeitig erlebt hat. Es sind eigene Gedanken und Gefühle, wie sie sich als "stille Schwierigkeiten" jeweils in der Situation danach - im Auto, am Schreibtisch oder wo auch immer - also im Anschluß an die erste Begegnung zwischen Team und Supervisor, quasi im Gespräch mit dem eigenen Selbst äußern und im Inneren des Gedächtnisses absetzen bzw. festsetzen. Oft habe ich mich darüber geärgert, daß ich über diese Assoziationen, Gedanken, Empfindungen und Interpretationen nicht direkt während des Erstgesprächs verfügen konnte, doch begreife ich allmählich, daß die gegenseitige Testung zwischen Helfern und potentiellem Supervisor in diesem Moment so sehr im Vordergrund steht, daß man durch die jeweilige Selbst- und Konzeptdarstellung völlig in Anspruch genommen und kaum in der Lage ist, sich selbst sensibel wahrzunehmen und auf die eigenen, stillen inneren Impulse zu hören. So bleibt mir (und vielleicht geht es vielen Kollegen ähnlich), nach dem Erstgespräch zu sammeln, was mich in bezug auf die neue Aufgabe beschäftigt, um dieses Material später produktiv einzusetzen.

Beispiel: Ich stelle mich in einer sozialpsychiatrisch geleiteten Klinik für die Aufgabe des Supervisors vor, und zwar auf der Aufnahmestation. Gemäß der Tatsache, daß ich aufgeregt und zugleich neugierig bin, geht alles sehr schnell. Etwa nach 45 Minuten ist das Erstgespräch beendet; ferner steht fest - das wird während meiner Anwesenheit entschieden -, daß ich als zukünftiger Supervisor dieses Stationsteams genommen bin; zudem wird das weitere Procedere beschlossen: Ort, Zeit und Verlaufsrhythmus der Supervision. Als ich die Station verlasse und ins Auto steige, um nach Hause zu fahren, bin ich wie benommen. Nur wenige Eindrücke kann ich noch rekonstruieren und bin kaum in der Lage, mein eigenes Auftreten und Handeln zu erinnern. Einige Aussagen, die ich auf Anfragen und Nachfragen der Teilnehmer "zu tätigen gewagt habe", sind mir im Gedächtnis geblieben und ich frage mich, ob diese forschen und mutigen Statements, welche ich nun in Zukunft mit Inhalt füllen und somit rechtfertigen muß, dazu geführt haben, daß ich - für mein Empfinden - so schnell akzeptiert und ausgewählt worden bin. Dennoch freue ich mich zunächst, wie bedingungslos ich aufgenommen wurde und wie kurz und bündig das Erstgespräch verlief.

In den darauffolgenden Tagen melden sich in mir dann aber erste Bedenken: Wie kann es angehen, daß du das Gefühl hattest, mutig sein zu müssen, bzw. ein Wagnis eingehen zu müssen bei dem, was du gesagt hast? Warum ging alles so reibungslos und schnell? Wie ist es möglich, daß du derart benommen und beansprucht warst, daß du kaum nachempfinden kannst, was da in der Sitzung abgelaufen ist? Warum wurde die ganze erste Begegnung von einem einzigen Teammitglied - einem Mann und Psychologen (wie ich dachte) - strukturiert, geleitet, ja, den anderen Helfern des Teams aus der Hand genommen? Wollten das die anderen Helfer in dieser Weise haben? Dann fällt mir etwas ein, was in einem merkwürdigen Gegensatz zum sonstigen Inhalt dieses Erstgesprächs und zu meinem eigenen Selbstdarstellungseindruck gestanden hat, daß ich nämlich gefragt wurde, ob ich in meiner Vorgehensweise des Supervidierens derart massiv und aggressiv werden könnte, daß einzelne Helfer zum "Ausrasten" gebracht würden?! Besonders wird für die Beschäftigungstherapeutin des Teams Stellung bezogen, welche in einer früheren Supervision von einem anderen Supervisor derart in die Enge getrieben worden sei, daß sie habe weinen müssen, und zudem habe sie an diesem Erlebnis außerordentlich "zu knacken" gehabt. Eine solche Konfrontation wünsche man nicht für die zukünftige Supervision.

Ohne das Team weiter zu kennen, formen sich in mir (aufgrund dieser Nachwirkungen) folgende Spekulationen aus: Scheinbar ist dieses Team gewohnt, schnell und ohne große Debatten untereinander zu handeln (Motto: eine Akutstation zögert nicht lange mit einer Neuaufnahme). Insofern wurde ich ohne lange Diskussion genommen, "aufgenommen". Allerdings werden vermutlich durch schnelles Handeln und die tatkräftige Leitung eines Teammitglieds verschiedenartige Spannungen, Aggressionen und Ängste (z.B. bezüglich Konfrontation und "Ausrasten") niedergehalten sowie kanalisiert. (Wie sich später herausstellt, hat ein Krankenpfleger - nicht etwa der Psychologe der Station - die Erstsitzung geleitet, welcher zu dem Zeitpunkt als Koordinator der Station vom Team gewählt und eingesetzt war. Dieser Krankenpfleger war beliebt, weil er sich stark und autoritativ durchzusetzen verstand.) Weiter keimt in mir der Verdacht auf, ich könnte unbewußt auf ein (an sich) schwieriges Klima dieser speziellen Helfergruppe geantwortet haben:
(a) Ich hatte wahrscheinlich gespürt, unter welchem Druck und unter welcher Anspannung dieses Team litt; und ich hatte (b) wahrscheinlich gespürt, daß man einerseits auch geschont und nicht unnötig konfrontiert werden wollte; ja, man hatte mich vermutlich gewarnt, daß man keine Kränkungen und keine psychischen Verletzungen der Schwachen im Team hinzunehmen bereit sei.

Nach dieser Selbstbefragung muß ich mich also mit folgender *"stiller Schwierigkeit"* befassen: Ich soll in einem Team die Supervision übernehmen, das mich mit einer doppelbödigen und widersprüchlichen Forderung betraut, die ich nicht einhalten kann: die Schwachen, Ängstlichen, Unsicheren und auf Harmonie Bedachten im Team werden mich für Vorsicht und Sensibilität loben; die Angreifer und inoffiziellen Leiter der Station werden mich genau dafür - Vorsicht und Sensibilität - kritisieren und mich testen, wie stabil und glaubwürdig ich in dieser Haltung bin; dabei wird man mir vermutlich unterstellen, in Wahrheit sei ich als Supervisor zu ängstlich und zu schwach, so daß sie sich in der Supervision - die Aggressiveren - nicht ordentlich "austoben" können. Ihnen gegenüber also soll ich hart und angriffslustig reagieren. Das wird mir aber schuldhaft übelgenommen, sobald sich jemand dadurch verletzt fühlt. - Soweit die Spekulationen.

Nachspiel: Ich kann dem Leser mitteilen, daß meine gefühlsbetont und von der Vorerfahrung geleiteten Überlegungen tatsächlich sehr weitgehend zutrafen, wobei Einzelheiten sich allerdings dann doch in einem anderen Licht präsentierten. Auf jeden Fall sollte deutlich geworden sein, wieviel sich an Vorbereitung und Prophylaxe für die Supervision aus den "stillen Schwierigkeiten" nach dem Erstgespräch gewinnen lassen, wenn man sie sorgfältig reflektiert, d.h., im Supervisor bilden sich jene Probleme und Konflikte ab, welche zwischen Supervisanden (Team) und Supervisor bevorstehen. Im Verlauf der Supervision wird der Supervisor diese Reflexionen nach und nach zum Verstehen der Gruppe einsetzen und versprachlichen.

3.2. Supervision der Gruppe

Nach dem Vorstellungsgespräch wird der Supvervisor in der ersten regulären Sitzung die Teilnehmer mit einem wichtigen Arbeitsprinzip und einer wichtigen Gruppenregel vertraut machen. *Das Arbeitsprinzip*: Die Teilnehmer sollen in Zukunft entscheiden, und zwar am Anfang jeder Supervisionssitzung, welches Thema, welcher Konflikt oder welcher Fall (welche Therapie) in der vor ihnen liegenden Supervision besprochen wird. Es ist Aufgabe der Gruppe (und nicht des Supervisors), jedesmal aktuell den Arbeisgegenstand der Supervision herauszufinden. Darüber kann man sich vor Beginn der Supervision abgesprochen und geeinigt haben (das wäre ein vorbereitetes Thema), oder aber man einigt sich durch Mehrheitsvotum spontan am Anfang der Sitzung. Reihum sagt jeder Helfer, welches Anliegen er mitgebracht hat, und anschließend wird jenes Anliegen zum Arbeitsgegenstand der Supervision bestimmt, welches die Mehrheit des Teams interessiert. Auf diese Weise gibt die Helfergruppe eine Arbeitsrichtung vor, wodurch definiert ist, daß der Supervisor solange wartet, bis er klar erkennbaren Motivationen der Teilnehmer folgen kann.

Die Gruppenregel: Der Inhalt der Supervision darf *nicht* an un-
beteiligte Personen außerhalb des Teams weitergegeben werden
und unterliegt somit *strengster Schweigepflicht*. Das gilt für die
Teilnehmer ebenso wie für den Supervisor. Außerdem wird die
Gruppe aufgefordert, möglichst alle Themen, Konflikte sowie
Fallbesprechungen *nicht* außerhalb der Supervision ohne Beteiligung des Supervisors fortzusetzen, sondern die Bearbeitung ganz
auf die Supervisionssitzung(en) zu konzentrieren. Es soll der Dynamik der Supervision auf diese Weise so wenig Energie als möglich entzogen werden.

Sind diese Grundsätze akzeptiert, kann die Supervision beginnen. Jeder Arbeitsgegenstand und jede Form der Bearbeitung
durch die Helfer selbst nimmt der Supervisor als Gelegenheit
wahr,
(a) den Ist-Zustand der Gruppe festzustellen,
(b) Hintergründe zur Entstehung zu erfragen und
(c) dem Ist-Zustand eine angemessene Interpretation zu geben
(es sei denn, eine reine Fallbesprechungssupervision ist gefordert). In meiner weiteren Darstellung werde ich genau diesen
Schritten folgen.

3.2.1. Ist-Zustand des Teams: Konfusion oder Ordnung?

Ich beginne mit jenem Themenbereich, welcher in der Sozialpsychiatrie zu den brisantesten gezählt werden muß, und zwar
deshalb, weil weder Kompetenz und Verantwortung der Mitarbeiter eines Teams noch Autorität, Macht und Hierarchie im Team
klar und eindeutig durch eine vorgegebene, formale Ordnung und
Rangskala geregelt sind. Lediglich werden Führungs- und Leitungspositionen innerhalb einer sozialpsychiatrischen Institution -
einem Team übergeordnet - definiert und besetzt. Innerhalb eines
Teams aber - und darum geht es in der Teamsupervision - sind für
den Supervisor, welcher ein ihm unbekanntes Team neu übernimmt, zunächst keine Kompetenz- und Rangunterschiede auszumachen. Einzig die unterschiedliche, abgestufte Bezahlung der
einzelnen, voneinander verschiedenen Berufsgruppen ermöglicht
die Konstruktion einer formalen Struktur in der Helfergruppe,
welche ganz selten mit der realen Kompetenz, Verantwortung, Erfahrung, Autorität und/oder Macht des Betreffenden in seinem
Team übereinstimmt. Man kann also *nicht* etwa definieren, daß

derjenige am meisten Kompetenz bis Erfahrung bis Autorität bis Macht besäße, welcher in der höchsten Lohngruppe eingestuft ist. Stattdessen wird dem Supervisor vielfach durch Helfergruppen im sozialpsychiatrischen Raum der Eindruck vermittelt, daß die bestehenden Status- und Bezahlungsungleichheiten - sofern vorhanden - eher als Relikte einer noch nicht völlig überwundenen, anachronistischen Tradition hingenommen werden müssen, was viele derjenigen, welche diesen Zustand kritisieren, eher mit Bitterkeit erfüllt. Zugleich wird der Supervisor am Anfang seiner Supervisionstätigkeit in einer solchen Helfergruppe konstatieren, daß Kompetenzen und Verantwortlichkeiten sowie Autorität und Macht *scheinbar* völlig diffus verteilt sind und nicht erkennbar ist (jedenfalls nicht auf den ersten Blick), wer die Betreuung der Patienten/Klienten leitet und nach welchem Konzept vorgegangen wird (außer natürlich dem übergeordneten Modell sozialpsychiatrischer Haltung und Betreuung). Darüber hinaus ist mir oft eingeschärft worden, daß man grundsätzlich nicht viel von *professioneller* Kompetenz, Autorität und schon gar nichts von professioneller Hierarchie im Team halte. Letztlich wird Professionalität als Maßstab im Umgang mit Klienten/Patienten abgelehnt, und der Umgang der Helfer untereinander wird vom sozialpsychiatrischen Team-Ideal gesteuert. Meiner Interpretation nach bedeutet das folgendes:

Jedem Supervisor wird, wenn er anfängt, in einem sozialpsychiatrischen Team zu arbeiten, durch die einzelnen Teammitglieder und durch die Gruppe als Korpus bewußt, aber auch unbewußt eine Botschaft bezüglich des Themas "Kompetenz-Autorität-Hierarchie" mitgeteilt. Dabei kann sich für den Supervisor ein Gegensatz zwischen der Realität, wie er sie während der Supervisionssitzung beobachtet und wahrnimmt, und der von den Teilnehmern skizzierten Soll-Vorstellung zeigen. Diese Soll- und Wunschvorstellung beschwört häufig eine Art Gleichheit der Kompetenzen, Verantwortlichkeiten, Autoritäten und der Machtverteilung im Team, so daß man als "neutraler" Beobachter meinen könnte, in einem solchen Team könne es keine unterschiedlichen Professionen der Hilfe, keine Abstufungen der Erfahrung, der Verantwortung und keine Hierarchie (Rangordnung) geben. In der Supervision allerdings spürt der Supervisor in aller Regel von Beginn an, wie sehr sich Teammitglieder durch Macht und Einfluß unterscheiden, welche Rangunterschiede durch Prestige und Ansehen der Person sowie durch berufsspezifische Qualitäten und Erfahrungen gegeben sind. Auch Unterschiede des Geschlechts und des Alters spielen eine wesentliche Rolle. Der Supervisor sollte sich deshalb unbedingt vornehmen, mit den Teammitgliedern zusammen zu klären, was die Begriffe "Kompetenz", "Berufserfahrung", "Professionalität", "Autorität", "Macht" und "Hierarchie" in ihrer Einrichtung und in ihrer Gruppe bedeuten (eine wichtige Frage der Semantik). Es sollte in der Supervision möglich sein, sich von einer einseitigen und häufig negativen Bewertung obiger Begriffe zu lösen, so daß aufgrund einer sorgfältigen Analyse und Differenzierung die betroffenen Helfer freier werden, ihre eigene Realität zu erkennen und ideologisch bedingte Verleugnungen aufzugeben. Da für sozialpsychiatrisch eingestellte Helfer häufig das Thema "Kompetenz und Autorität" nicht ausreichend abgeklärt ist, muß der Supervisior damit rechnen, auf diesen Gebieten geprüft, evtl. besonders hart auf die Probe gestellt zu werden. Er kann nicht davon ausgehen, vom Beginn der Supervision an als Autorität und kompetente Fachperson anerkannt zu werden. Das will in der Sozialpsychiatrie erkämpft sein (jedenfalls meistens).

3.2.2. Konkurrenz, Rivalität und das Macht-Spiel im Team

Viele sozialpsychiatrisch zusammengesetzte Helfergruppen, welche sich bewußt von einem antihierarchischen, antiautoritären und rebellischen Geist angesprochen und getragen wissen, lehnen traditionelle Führungsstile psychiatrischer und überhaupt medizinischer Institutionen ab. Die meisten dieser Helfer haben aber genau in solchen, eher abgelehnten Einrichtungen gelernt und ihre ersten beruflichen Erfahrungen gesammelt. Sie sind oft sowohl durch das eigene Elternhaus als auch durch die eigene berufliche Sozialisation auf *traditionelle Bewertungen* und *traditionelle Berufsbilder* hin erzogen worden.

(Schematisch heißt das etwa folgendes: Krankenpfleger und Krankenschwester geben Medikamente, Spritzen und das tägliche Essen aus; messen Fieber, reinigen Betten, sorgen für die Hygiene der Patienten usw.; nehmen Weisungen der Ärzte entgegen; sind ärztliches Hilfspersonal. Psychologen haben für Testdiagnostik und Gespräche zuständig zu sein und bekleiden wie Pfleger und Schwestern den Rang des ärztlichen Hilfspersonals. Sozialpädagogen führen soziale Wiedereingliederungsmaßnahmen - bürokratisch korrekt - durch und erziehen ihre Klienten zu einem gesellschaftlich akzeptierten Lebensstil. Ärzte versorgen Patien-

ten am Fokus ihrer körperlichen Krankheit und sind hierarchisch weisungsbe-
rechtigt - nach unten - und weisungsgebunden - nach oben.)

Wir können davon ausgehen, daß alle Helfer in einem sozialpsychiatrischen Team gewillt sind (bis auf ganz wenige Ausnahmen), sich von ihren traditionell vorgegebenen Berufsrollen zu lösen und damit auch von traditionellen Bewertungen ihrer Arbeit,
ja, man will Statusunterschiede - besonders zugunsten der wenig
prestigeträchtigen Berufe - nivellieren und abschaffen. *Was dabei
vielfach nicht bemerkt bzw. nicht reflektiert wird, ist, daß man dafür
(zur Zeit) keine neue Bewertungsskala besitzt und sich demzufolge
oft althergebrachter Maßstäbe bedient.* D.h., Betreuungs- und Ver-
sorgungsleistungen werden (vielfach) zerlegt in wertvolle, weniger
wertvolle und geringwertige Arbeitsvorgänge, wobei Pflege der
Klienten/Patienten, also die Erledigung von Hygienearbeiten,
Saubermachen der Zimmer und Bettenmachen, Aufräumen, Es-
sen-Bringen (evtl. Füttern) sowie Strafmaßnahmen-Durchführen
(wie etwa Fixieren) weiterhin oft traditionell als minderwertige
Arbeit gilt (Jargon: "Dreckarbeit"), während psychotherapeutische
bzw. pädagogische Maßnahmen (vor allem: Aufnahmegespräche,
Verlaufsgespräche, Einzelkontakte, Gruppensitzungen, Gespräche mit Angehörigen usw.) vielfach als hochwertige Tätigkeiten
eingestuft werden. Bürokratische Notwendigkeiten (etwa Akten-
schreiben oder Ämterbesuche) haben auf dieser Bewertungsskala
mittlere Notierungen wie etwa Beschäftigungstherapie oder Lehr-
gänge für Einkaufen und Kochen. Die Medikation von Psychopharmaka ist weitgehend eine ärztliche Domäne geblieben wie
andere körperliche Untersuchungen auch; diese Leistungen werden aber nicht per se positiv, höherrangig betrachtet. Wobei in
Kliniken sozialpsychiatrisch eingestelltes Pflegepersonal oft aktiv
mitbestimmen will, wenn es um das Ansetzen einer Medikation
geht, bis dahin, daß dem unerfahrenen Arzt in manchem Team
die Kompetenz zur "sinnvollen", sowohl für den Patienten als auch
"für den Stationsablauf notwendigen" Medikation abgesprochen
wird und viele andere, nicht-ärztliche Helfer entscheiden wollen
(bzw. mitentscheiden wollen), welche Dosierung angemessen erscheint.

So wird häufig im sozialpsychiatrischen Team um die In-Besitz-
Nahme hochrangiger Tätigkeiten gekämpft in der Hoffnung, daß
sich mit der Okkupation positiv bewerteter Arbeit auch eine bessere Bewertung des eigenen Status einstellt. Ist das nicht in dem

gewünschten Maß für alle Teammitglieder zu verwirklichen, wird das gemeinsame Niveau nach unten nivelliert, was bedeutet, alle haben minderwertige Arbeit zu leisten (Ärzte und Psychologen und Sozialarbeiter auch) und keines der Teammitglieder darf ein bestimmtes Gruppenmaß - die Gruppennorm - nach *oben* überschreiten: Mit anderen Worten, keiner der Helfer darf einseitig und gehäuft privilegierte Arbeiten ausführen (wie etwa psychotherapeutische Gespräche). Deshalb wird in sozialpsychiatrischen Teams oft darauf geachtet, daß keine überqualifizierten Helfer eingestellt werden, die nur danach streben würden - das ist die Befürchtung -, einseitig ihren hochrangigen Qualifikationen nachzugehen und somit die wenigen, in einem Team verteilungswürdigen Prestige-Arbeiten zu besetzen, sie also den anderen Mitarbeitern wegzunehmen, die sich infolgedessen mehr als vorher mit der Ausführung gering bewerteter Leistungen zufriedengeben müßten.

Dieser Machtkampf läuft in einem sozialpsychiatrischen Team besonders ungehemmt, wenn das Selbstbewußtsein der Helfer, die dieses Team bilden, gering und ihre berufliche Identität wenig gefestigt ist. Weiter wird dieser Machtkampf begünstigt von Unsicherheiten, die entstehen, wenn Helfer in einem Team arbeiten, in dem ihre traditionelle Berufsrolle nicht mehr vorkommt.

Beispiel: Eine *Krankenschwester*, gelernt in der inneren Medizin (5 Jahre) und auf einer geschlossenen, traditionellen Aufnahmestation für Frauen (2 Jahre Psychiatrie), bewirbt sich in einer sozialpsychiatrischen Initiative zur Nachsorge für psychotische Menschen und wird genommen; sie hat in Zukunft Wohngemeinschaften zu betreuen und arbeitet in einem Team von drei Sozialpädagogen, was heißt, sie wird nicht ein einziges Detail ihres traditionellen Arbeitsplatzes vorfinden und wird sich ein völlig neues Arbeitsfeld und eine völlig neue Arbeitsweise aufbauen müssen.

Oder: ein *Psychologe* (ausgebildet als Psychotherapeut in einer Beratungsstelle) wird auf einer sozialpsychiatrischen Akutstation eingestellt; weder ist ihm vertraut, Pflegearbeit zu leisten (Patienten waschen, baden, Kot und Urin beseitigen, Fixieren, Essen bringen usw.), noch ist er in der Lage, mit seinen gelernten Instrumenten der Sprache und der Diagnostik weiterzukommen. Akutpsychotische Menschen brauchen eine ganz andere Art der Betreuung und sprechen kaum auf psychotherapeutische Umgangsformen an; er muß lernen, strukturierende, ordnunggebende, pädagogische, autoritative Fähigkeiten zu entwickeln.

Mit anderen Worten: durch die Bekämpfung und Ablösung von traditionellen vorgegebenen Berufsbildern und -rollen einerseits und die noch nicht klar vorgezeichneten Arbeitsstrukturen in einem sozialpsychiatrischen Team andererseits ist ein offenes Terrain entstanden, welches Machtkämpfe um Positionen, Aufgaben, Kompetenzen, Verantwortlichkeiten, Prestige und Autorität anbietet, ja sogar begünstigt, wenn nicht eine Leitungsfigur oder sonstwie dominante Fach-Persönlichkeit dieses Terrain "bestellt" und anerkanntermaßen den Teammitgliedern Aufgaben und Positionen zuweist, was innerhalb reformpsychiatrischer Helfergruppen selten der Fall ist. Der Supervisor kann also im multiprofessionellen Team gewiß sein, daß dieses offene Terrain in seinem Beisein "beackert wird" und daß er selbst vielfach als Bündnispartner, evtl. als Beschützer, evtl. als ausschlaggebendes Machtwort phantasiert, gewünscht und auch eingesetzt wird, ob er das will oder nicht.

3.2.2.1. Zwei Beispiele der Supervision des Macht-Spiels

Beispiel (1): Das Team einer sozialpsychiatrisch ausgerichteten Suchtstation befindet sich in einem schwerwiegenden und fast unaufhaltsamen Zerrüttungsprozeß. Die Mitarbeiter sind untereinander zerstritten und kämpfen ohne Erfolg um die therapeutische Führung. Die Patienten dieser Station sind mißmutig gelaunt und von der Arbeit ihrer Therapeuten frustriert: sie wissen mit der Betreuung nichts anzufangen und haben vor den bohrenden Fragen des therapeutischen Personals, der strengen Kontrolle ihrer Lebensführung auf Station und der aggressiven Konfrontation durch die Betreuer Angst entwickelt. Die Klinikleitung wirkt hilflos. Fast ein Jahr Supervision hat an dem Zustand der Helfergruppe und der Station insgesamt nichts verändern können. Der Supervisor ahnt, daß der Zeitpunkt heranrückt, wo er als Sündenbock für sämtliche Fehlschläge und die gegenseitige Zerrüttung im Team verantwortlich gemacht wird.

Protokoll einer Supervisionssitzung:

Acht Mitarbeiter sind anwesend und der Supervisor (eine Sozialarbeiterin, zwei Krankenschwestern, eine Hauswirtschafterin, eine Ärztin, zwei Sozialarbeiter, ein Diplom-Psychologe; der Supervisor). Die Atmosphäre steht von Anfang an auf "Sturm". Eine Sozialarbeiterin - namens *Edith* (die Namen wurden geändert) - beginnt mit einem Frontalangriff gegen den Supervisor: in ihrer nebenberuflichen Supervision, und zwar innerhalb ihrer Psychotherapieausbildung, sei ihr aufgezeigt worden, wie man gute Supervision gestalten müsse, beispielsweise mit Vorbereitung und Nachbereitung; sie habe gedacht, "na sowas Tolles gibt's auch noch"! Die Supervision auf Station dagegen zeichne sich dadurch aus, daß der Supervisor von einem Mal zum anderen nicht gewußt habe, was in der Stunde zuvor gelaufen wäre.

Maria (eine Krankenschwester): Genau. In der Drogenberatungsstelle bei Frau X habe sie kennengelernt, mit welchen Methoden gute Supervision veranstaltet würde, und zwar mit Rollenspiel und Skulptur. Der Supervisor hier auf der Suchtstation aber rede nur seicht daher.

Jürgen und *Dietmar* (zwei Sozialarbeiter): Der Supervisor habe zu wenig eingegriffen. *Jürgen:* Er habe sich vom Supervisor mehr Hilfe erhofft. *Dietmar:* Er könne das Konzept der Supervision nicht genug erkennen, und warum der Supervisor denn keine anderen Methoden anwenden wolle?!

Henrik (der Diplom-Psychologe): Man sei unzufrieden mit der Supervision, weil da nichts mehr passiere.

Der Supervisor: Sie, die Mitarbeiter, hätten ständig versucht, ihn, den Supervisor, in ihre emotionalen Kämpfe zu verwickeln, ohne ihm mitzuteilen, um was es eigentlich gehe und wie in Wirklichkeit "die Frontlinien" verliefen, mit anderen Worten, man hätte ihn immer wieder paralysiert ("schachmatt gesetzt"). Ob sie - die Mitarbeiter - dieses Schicksal mit ihm teilen würden, daß sie sich nämlich von ihren Patienten und ihrem unentschiedenen Machtkampf im Team handlungsunfähig gemacht fühlten? Schließlich bliebe ihnen gar nichts anderes übrig, als ihre Unzufriedenheit über diese Situation, ihre Verzagtheit, ihre Mutlosigkeit und ihre Lähmung an den Supervisor weiterzureichen, um das alles im Team loszuwerden. Außerdem, wie sollte es ihnen möglich sein, den Supervisor und seine Arbeit zu akzeptieren, wenn sie sich doch untereinander so wenig akzeptieren könnten?!

Maria: Tatsächlich!, wenn sie Psychodrama fordere, sei das letztlich Unsinn, denn in einem so zerstrittenen Team könne sie sich gar nicht öffnen.

Supervisor: "Eure Patienten wollen Euch dazu veranlassen, auf der Handlungsebene und durch Handlungsvorschläge stellvertretend für sie (die Patienten) aktiv zu werden. Dieses Spiel wollt Ihr jetzt auch mit mir spielen. Meine Aufgabe dagegen ist es leider, Euch zu enttäuschen, denn ich kann Eure Probleme nicht stellvertretend für Euch lösen, schon gar nicht durch Handlungsinitiativen, die doch nur Scheinaktivität vermitteln würden. Z.B. Maria, warum hast Du in der Supervision nie den Vorschlag gemacht, jetzt mal mit einer Skulptur oder einer Psychodramaeinheit zu arbeiten?"

Maria: (druckst ...) antwortet nicht.

Supervisor: "Für eine Skulptur bräuchtest Du einen Partner. Wen würdest Du Dir dafür aus dem Team aussuchen?"

Maria: (blickt von Teammitglied zu Teammitglied): "Weiß nicht. Vielleicht will ich mir auf diese Weise einreden, das Team sei heil."

Zwischenstop (1): Die Supervisanden lassen allmählich vom Supervisor ab, und sofort beginnt der Kampf untereinander. Die Sozialarbeiterin, Edith, von ihrem

Angriff gegen den Supervisor nur bedingt entlastet, "schießt" als nächstes die Ärztin im Team an, welche gerade von ihrer Hochzeitsreise kommt.

Edith: Es sei unerhört, daß *Manuela* - die Ärztin - öffentlich erkläre, sie wolle sich vor den Angriffen aus dem Team schützen und sich in ihr Wohlfühlen zurückziehen. Das werde Konsequenzen haben.

Supervisor: "Was willst du von Manuela?"

Edith: (stutzt): Sie wolle sich wohlfühlen mit Manuela.

Supervisor: So liefe das oft bei ihnen im Team; als ob keine andere Möglichkeit bestünde, zum anderen Kontakt aufzunehmen, als Gift zu verspritzen, obwohl man eigentlich Nähe wolle.

Henrik: Ja, besonders Edith könne das gut, mit Gift um sich zu spritzen.

Edith: (weint ganz plötzlich): Ja, ja, sie sei so empfindlich im Augenblick, ganz aggressiv und ganz weich. (Maria nimmt Edith in den Arm.)

Supervisor: Was denn daran schlimm sei, sich schützen zu wollen? Sie, Edith, habe sich auch schützen wollen, als sie am Anfang sagte, sie habe zur Supervision keine Lust.

Zwischenstop (2): Die Aggression der Sozialarbeiterin schlägt um in eine weinerliche Stimmung. Sie bejaht, daß sie am Anfang der Supervision am liebsten - aus innerer Schwäche - geflohen, dann aber doch geblieben wäre und dann Lust gehabt hätte, den Supervisor dafür "in die Pfanne zu hauen". Insgesamt scheint die Helfergruppe erleichtert zu sein, sich im Augenblick nicht weiter angiften, angreifen zu müssen. Das Klima ist inzwischen vollständig umgekippt von Angriff auf weiche Töne.

Supervisor: "Ich habe den Eindruck, das hier bei Euch kommt für mich einem Überlebenstraining gleich."

Edith: Deshalb seien wohl viele Frauen im Team schwanger, um das werdende Leben gegen die vernichtende Destruktivität im Team zu setzen; es gelte die Embryos gegen das Klima im Team zu schützen und durchzubringen.

Almut: (Krankenschwester; hat bisher geschwiegen): Oft habe sie Lust gehabt, dem Team etwas Gutes zu tun (z.B. Schokoladenmaikäfer mitzubringen), habe sich das aber verkniffen, weil sie womöglich dafür angegriffen worden wäre.

Maria: Jeder müsse erst mal für sich selbst lernen, daß es richtig sei, sich was Gutes zu gönnen.

Hauswirtschafterin (hatte bisher geschwiegen): Früher habe sie für das Team gebacken. Aber dann habe sie dafür eine reingewürgt gekriegt und alles in diese Richtung eingestellt. Man habe ihr vorgeworfen, sie wolle auf Friede, Freude, Eierkuchen machen.

Supervisor: Das Team sei voller idealer Ansprüche an sich selbst; zugleich werde mit viel moralischer Bewertung und Abwertung reagiert, so daß jedes Teammitglied Angst haben müsse, immer das Falsche zu tun. In Wahrheit wären sie alle zutiefst verbittert und könnten ganz viel Wärme, Zuneigung und gegenseitiges Akzeptieren gebrauchen. Man sehne sich - wie die Patienten - nach "oraler Zufuhr", also Zufuhr des Stillens und Fütterns (im übertragenen Sinne gemeint), glaube aber, es den Patienten schuldig zu sein, mit gutem Vorbild, also mit Askese und Härte, vorangehen zu müssen. Deshalb könne man sich untereinander gar nichts gönnen. - Soweit dieses Beispiel.

Kommentar zu dieser Sitzung: Dem Supervisor ist es gelungen, die heftige aggressive Stimmung gegen ihn am Anfang der Supervision derart zu spiegeln und zu versprachlichen, sowie durch Aussagen und Fragen die Supervisanden in einer Weise zu konfrontieren, daß das Klima mit der Zeit in weichere, zugänglichere Töne umkippt und auf diese Weise eine gewisse Selbstöffnung möglich wird. Das führt dazu, daß die Supervisanden spontan Erkenntnisse über die Destruktivität der Teamsituation und deren Auswirkungen auf das einzelne Teammitglied entwickeln. Auch weitreichende Bedürfnisse zeichnen sich ab, die scheinbar zugunsten der Patienten unterdrückt werden müssen. Allerdings hat der Supervisor versäumt, dem Team aufzuzeigen, daß hinter ihrem Machtspiel in dieser Sitzung ein tief verborgener Wunsch zum Ausdruck kam, nämlich im Supervisor eine starke und omnipotente Vaterfigur zu finden, die harte Frustrationen und Aggressionen aus der Welt schafft, die die Patienten motiviert und gefügig macht und die den Mitarbeitern in der Supervision ein Spielfeld dafür gibt, daß man sich gegenseitig wärmen, "lieben", "füttern" und "stillen", daß man sich gegenseitig befühlen und erleben darf und daß man sich gegenseitig ein heiles und aufbauendes Klima gibt und genießt.

Beispiel (2): In einer extramuralen Einrichtung, einem sogenannten Übergangswohnheim, werden von einem Team schwierige, nicht-akut psychotische Menschen nachbetreut (nach dem Krankenhausaufenthalt). Das Team besteht aus zwei Sozialarbeiterinnen, einer Krankenschwester, einem Diplom-Psychologen und zwei Praktikantinnen. Die Supervisionssitzung, von der hier berichtet werden soll, beginnt mit einem unkontrollierten Wutausbruch zweier Frauen gegeneinander (Krankenschwester gegen Sozialarbeiterin). Man wirft sich vor, jeweils die Betreuungsstrategie der anderen nicht zu respektieren und sich ungebührlich in die Therapie der anderen einzumischen. Der Supervisor wird von dieser Attacke überrascht. Nur mühsam gelingt es ihm, den Tatbestand zu erfragen, zu erforschen und die Hintergründe kennenzulernen.

In dieser Einrichtung ist es üblich, sogenannte Bezugsklienten zu haben, das bedeutet, jedem Betreuer werden je nach vorhandener Kapazität drei bis vier Bewohner als "Schützlinge" zugewiesen. Der Betreuer ist dann für die Therapie und Rehabilitation des Betroffenen verantwortlich, was beispielsweise durch regelmäßige Einzelgespräche und Verlaufskontrollen dokumentiert wird. Dennoch haben sich andere Helfer dieser Einrichtung im Rahmen verschiedenster Programmpunkte mit fast jedem Klienten zu beschäftigen, so daß Übergriffe der Kompetenzen im System der Betreuung angelegt sind. Es ist also vor allem eine Frage der therapeutischen Selbstsicherheit und Unangefochtenheit (Souveränität), ob ein Betreuer die notwendigen Übergriffe seines Kollegen als Stützung oder als Kritik der eigenen therapeutischen Leistungen empfindet.

In dem hier vorgetragenen Konflikt wird sehr schnell deutlich, daß sich beide Frauen in ihrer beruflichen Qualifikation durch die jeweils andere Person kritisiert und herabgesetzt fühlen. Beide verteidigen ihre therapeutischen Schritte wie Eltern, die der Außenwelt beweisen müssen, daß sie die Erziehung ihrer Kinder im Griff haben und das Schicksal ihrer Schützlinge in die richtige Bahn lenken, daß der Eingriff des jeweils anderen aber die eigene Erziehung unterminiert. Die Sozialarbeiterin fühlt sich sehr verunsichert, weil sie noch vor kurzer Zeit Praktikantin in dieser Institution war und erst wenige Monate als Vollkraft eingestellt ist. Ihre Kollegin, die Krankenschwester, glaubt sich im Gegensatz dazu als eine Elternfigur kritisiert, welche zuviel Raum für sich beansprucht, sich zu sehr in die Betreuung anderer Helfer hineindrängt und die eine zu aggressive und zu konfrontierende Erziehung bevorzugt.

Der Supervisor *fokussiert* diesen Konflikt nach ausführlicher Exploration etwa folgendermaßen: Beide Betreuerinnen fühlen sich von der jeweils anderen gekränkt und in der eigenen Profession provoziert. Jede Helferin ist mit einem *individuellen unbewußten Konfliktthema* angesprochen. Die Sozialarbeiterin will - wie oben dargestellt - nach ihrer Festeinstellung beweisen, daß sie sofort als eine fähige Sozialtherapeutin arbeitet und als Ersatz-Elternfigur die Erziehung ihrer Bezugsklienten verantwortlich sowie fehlerfrei leitet; das ist ihre kognitive Soll- bzw. Idealvorstellung. Unbewußt (evtl. geahnt) zweifelt sie an ihrer Kompetenz und will deshalb jede Einmischung und Beobachtung ihrer Leistungen von außen unterbinden. Sie braucht viel Raum - genauer gesagt: Schutz- und Stauraum -, um nicht in ihrer ganz natürlichen Unsicherheit erkannt zu werden. Ihre Kollegin, die Krankenschwester, fühlt sich an einer anderen individuellen Schwachstelle getroffen, und zwar verteidigt sie nach außen ihre eigene berufliche Rolle offensiv und aggressiv, ohne zugeben zu können, wie schnell und wie sehr sie sich durch die verbale Kompetenz (Sprechfähigkeit) ihrer Kontrahentin eingeengt weiß, was sie dazu veranlaßt, in wütender Hilflosigkeit um sich zu schlagen mit dem Ziel, Boden unter die Füße und Raum zurückzugewinnen. Dabei entdeckt sie, wie sehr sie dieses Interaktionsschema aus ihrer Kindheit kennt, und zwar in der Auseinandersetzung mit ihrem Vater. Sie hat gelernt, daß die verbale Kompetenz eines Menschen dadurch außer Kraft zu setzen ist, daß man diesen Menschen einschüchtert und durch wütende Spiegelfechtereien entmachtet.

- Beide Kolleginnen müssen einsehen, daß ihre Schwachstellen und deren Kompensation "hervorragend" ein ineinandergreifendes Konflikt-Interaktions-Schema ermöglichen.

3.2.2.2. Hintergrund: Minderwertigkeitsgefühle, Elternhaß und die Kompensation dessen

Zunächst sei erwähnt, daß manche selbstunsicheren und prestigesüchtigen Helfer mit einem Drang nach Stärke, Dominanz und Macht, Helfer zudem, welche ihre Schwächen und Unzulänglichkeiten gut verdecken und verleugnen können, teilweise besonders gewillt sind, das sozialpsychiatrische Terrain für sich zu nutzen, während manche eher besonnenen, gefestigten und aggressiv gehemmten Helferpersönlichkeiten dazu neigen, diesen "unnötigen" Machtkampf zu vermeiden, d.h., entweder sich unterzuordnen, oder in traditionelle Berufsrollen zurückzukehren, wo Ansehen, Autorität, Kompetenz, Verantwortung, Hierarchie und Macht qua Amt und Funktion definiert sind.

Darüber hinaus entwickeln Helfergruppen jeweils - das ist auch von der behandelten Klientel abhängig - ein ganz eigenes Gruppenklima, was regulativ "mitbestimmt", wie konkurrierend, aggressiv, heftig und/oder harmonisch Auseinandersetzungen abzulaufen haben. Reichen das Gruppenklima und die Gruppennorm allerdings als Regulativ nicht mehr aus, setzen manche Teams - je aussichtsloser der gegenseitige Kampf um die Verteilung von Verantwortlichkeiten, von wertvollen Arbeiten ebenso wie von gering bewerteten Arbeiten, von Privilegien, von Ansehen, Kompetenz, Autorität, Beliebtheit und um Führungspositionen erscheint - Teammitglieder als inoffizielle und nicht von oben bestellte Leitungsfiguren ein, welche stellvertretend für das Team durchsetzungsfähig sind, den Ton angeben und die Richtung bestimmen. Solche inoffiziellen Leitungspositionen im Team sind weniger berufsgruppenspezifisch gebunden als vielmehr an die Persönlichkeit des Betreffenden. Auch wird ein solcher Helfer meist mit ambivalenten Gefühlen besetzt (positiven und negativen), zumal er leibhaftig ein Symbol dafür ist, wie wenig das Team allein als Regulativ genügt, so daß viele Machtkämpfe untergründig schwelen, aber nicht beendet sind, und daß viele Helfer (letztlich gegen ihren bewußten Willen) sowohl konzeptionelle Führung als auch eine elternähnliche Dominanz suchen, verkörpert in einer ihnen dafür geeigneten Person.

Der Supervisor sollte wissen (von wenigen Ausnahmen abgesehen), daß auch von ihm der kompetente Rat, sachkundiger theoretischer Beistand und eine weiterführende konzeptionelle Wegweisung verlangt wird, ein Begehren, das er nur begrenzt enttäuschen darf. Er muß das Kunststück fertigbringen, sich einerseits neutral zu verhalten und andererseits den Supervisanden zu zeigen, daß seine Instrumente der Analyse, der Reflexion und des Verstehens zu konfliktlösenden, weiterbringenden konzeptionellen Ergebnissen führen. Ich habe dabei die Erfahrung gemacht, daß man als Supervisor nur dann neutral bleiben kann, wenn man einen eigenen inneren Kompaß besitzt oder sich zur Supervision begleitend erarbeitet, einen inneren Kompaß allerdings, den man sorgsam vor dem Zugriff der Supervisanden schützen sollte. Ein Grund dafür, der unmittelbar einleuchtet, ist, daß das Zentrum der Auseinandersetzung nicht von den Teilnehmern weg verschoben und auf die Einstellung des Supervisors verlagert werden darf, weil sich sonst aus einer teilnehmerzentrierten Supervision eine auf den Supervisor konzentrierte Supervision entwickeln würde, d.h. die Teilnehmer würden sich mit der Haltung des Supervisors und nicht ihrer eigenen und der ihres Teams befassen.

Ganz zwangsläufig wird der Supervisor dabei zu einem Modell. Er gibt ein Bild ab, in welcher Weise fachspezifische Fähigkeiten und Autoritäten der Person zusammenwirken und einen positiven Einfluß ausüben können. Dabei wird sich insbesondere die Frage nicht umgehen lassen, welchen Einfluß Eltern auf das Bild von Macht und Autorität gehabt haben. Supervisanden sollten durch den Supervisor angeleitet werden, sich diese Fragen zu stellen, um herauszufinden, woher die zunächst - also am Anfang der Supervision - oft negative Bewertung von Autorität, Macht und Hierarchie stammt. Dabei wird deutlich werden, daß sehr viele Helfer in sozialpsychiatrischen Teams von negativen und oft demütigenden Erfahrungen mit ihren Eltern, ihren Lehrern, ihren Chefs (usw.) zu berichten wissen. Deshalb wünscht sich die Mehrheit - das ist meine Einschätzung, gewonnen aus der Supervisionsarbeit in solchen Teams -, eine Gesellschaft, eine Psychiatrie, eine Arbeitsstelle ohne Autoritäten, ohne Macht und ohne Hierarchie. Dieses Wunschdenken schafft andererseits viele blinde Flecken.

Letztlich kann ein solches Wunschdenken in der Illusion münden, gesellschaftliches, psychiatrisches und reformpsychiatrisches

Handeln sei ohne Elternfiguren und ohne Lehrer möglich, was bedeutet, Eltern und Lehrer werden in ihrer Existenz geleugnet oder als die Verkörperung (Inkarnation) des Bösen bekämpft. Diese Haltung hat zur Folge, daß man auf die Erfahrung von Elternfiguren verzichten oder diese bewußt/gezielt abwehren muß. In sozialpsychiatrischen Einrichtungen kann diese Verleugnung und/oder Abwehr soweit führen, daß jeder Einfluß von außen (also außerhalb des eigenen Teams) als Einfluß verdächtigt wird, der aus der autoritären Welt stammt, jener Welt also, in der Eltern und Lehrer noch Anerkennung finden. Die paranoide Bekämpfung von Autorität (aus welcher Richtung auch immer) führt oft dazu, daß *hilfreiches Wissen* anderer (sei es intellektuelles Wissen oder Erfahrungswissen) unberücksichtigt bleibt und die Welt aufgespalten wird in Gut und Böse, was außerdem bewirken kann, daß man das eigene Handeln grundsätzlich unkritisch und die eigene Gruppenstruktur beschützend rechtfertigt (die gute Seite der Welt), aber das Handeln von Eltern (z.B. von Angehörigen der Patienten), das Handeln von Autoritäten (z.B. von erfahrenen Psychiatern, Hochschullehrern etc.) und real gegebenen Vorgesetzten in der Institution (die böse Seite der Welt) ständig beanstanden und durch Engagement übertreffen muß. Auch der Einfluß des Supervisors kann als unnötige Einmischung in die inneren Angelegenheiten des Teams verdächtigt und von einigen Teammitgliedern argwöhnisch zurückgewiesen werden.

Manche Helfer vermögen sich auf diese Weise kaum weiterzuentwickeln, stehen aber andererseits unter dem enormen Druck, ohne lehrenden Einfluß (beispielsweise durch ältere, erfahrene Kollegen oder den Supervisor) von vornherein in ihrer Berufsrolle alles Wichtige beherrschen zu müssen. Sie haben nach ihrem Einstieg in die Sozialpsychiatrie keine Zeit mehr, sich in ihrer neuen Arbeit einzurichten, zuzuhören, abzuwarten und von anderen zu lernen, sondern müssen sofort aktiv "mitmischen" und kompetent mitbestimmen. Vieles, was sich erst mit Geduld und bescheidener Hingabe im Umgang mit Menschen verstehen und erlernen läßt, glauben sie sofort verstehen und beherrschen zu müssen. Und sie wollen den abgelehnten Autoritäten und Institutionen zeigen, daß sie - diese neuen engagierten Helfer - es besser können als die Generationen zuvor. Im Extremfall kann eine solche Einstellung ein chaotisches Versuch-und-Irrtum-System bewirken, was vielfach auf dem Rücken der Patienten ausgetragen wird. Es verführt dazu, im Patienten den potentiellen Verbündeten gegen die bösen

Autoritäten "da draußen" zu sehen, ihm viel zu viel Nähe anzubieten und ihm die Einbildung zu ermöglichen, er habe es mit sanf-
ten, befreundeten, permissiven Helfern zu tun, die grundsätzlich
alles dulden und befürworten, obwohl es für viele Patienten
außerordentlich wichtig wäre, sich mit Autoritäten auseinanderzusetzen, die gleichmäßig Distanz halten, akzeptierend konfrontieren und das Maß ihrer Zuwendung ohne Vereinnahmung
des Gegenübers begrenzen sowie konstant halten können (dazu
später mehr).

Ferner würden dem Klienten (bzw. Patienten) manche Enttäuschungen erspart bleiben, welche dadurch entstehen, daß die
scheinbar befreundeten und verbündeten Helfer ganz plötzlich zu
intoleranten, strengen und strafenden Elternfiguren werden (einer
jener blinden Flecke, von denen ich oben sprach), wenn die Klienten sich anders verhalten (z.B. aggressiver, sadistischer, unmoti-
vierter, faschistoider, sexistischer, archaischer, kleinkindhafter
usw.), als die betreffenden Helfer es vertragen und akzeptieren
können. Genauso plötzlich wie "böses", d.h. nicht gewünschtes und
negativ zensiertes Verhalten bei Klienten durchbrechen kann,
werden dann manche sozial engagierten, antiautoritären Helfer zu
wütenden Ersatz-Eltern, welche die Klienten mit Ablehnung, Verachtung und/oder Trennung bestrafen.

Es ist denkbar, daß der nicht bewältigte Haß mancher Helfer
gegen Elternfiguren immer dann unreflektiert hervorbrechen,
evtl. sogar explodieren kann, wenn derjenige Helfer sich in die
Enge getrieben, hilflos, verwirrt und/oder gereizt fühlt, kurz,
wenn er nicht weiter weiß.

Ein zusätzlicher Aspekt des Nicht-weiter-Wissens führt zu einem anderen blinden Fleck im Kontext dieses Konfliktthemas.
Zwar muß der antiautoritäre Helfer (mir sei dieses Stereotyp
kurzzeitig gestattet) "omnipotent" sein, kompetent auf der ganzen
Linie, andererseits weiß er unterschwellig genau, welche Bildungs-
und Erfahrungslücken bei ihm bestehen, was den Wunsch nach
einer positiv besetzten Fortbildung nährt. Er sucht sie auf dem
Feld der außerbetrieblichen Fortbildung, und hier - wo es keiner
der Kollegen sieht und hört - kann man dann ganz den Bedürfnissen nach narzißtischer Identifikation mit idealisierten Elternfiguren nachgehen. Hier werden oft neue, evtl. psychotherapeutische,
evtl. sozialpsychiatrische, evtl. esoterische Väter und Mütter bewundert und unkritisch "introjiziert". Was diese Elternfiguren
produzieren, wird ins eigene Selbst integriert, als habe man nie

etwas anderes vertreten. Manchen "neuen" Helfern ist während der Supervision anzumerken, daß sie ohne jede Distanz die Sprache ihrer Lehrer sprechen (z.b. nach dem Besuch von Tagungen, Teilnahme an einer Fortbildung oder Selbsterfahrung usw.), als ob es ihre eigene Sprache wäre. Die Produkte dieser Fortbildung werden dann vielfach genauso hartnäckig und mit einem Ausschließlichkeitsanspruch vertreten, wie das eigene Know-How des Versuch-und-Irrtumprinzips. Da die Idealisierung selbst gar nicht bewußt wahrgenommen, ja eher verleugnet wird, kann weder die Sehnsucht nach guten, weisen, starken, überlegenen Vätern und Müttern zugegeben werden, noch die distanzlose Übernahme der nicht im eigenen Selbst entstandenen Produkte.

Ein letzter, ganz spezieller Aspekt des Machtspiels im sozialpsychiatrischen Team, welcher indirekt schon anklang, ist die *Berufsgruppen-Konkurrenz*, also Pflegepersonal gegen Ärzte, Sozialpädagogen gegen Psychologen, Ärzte gegen Psychologen und Psychologen gegen Ärzte, Pflegepersonal gegen Psychologen usw. Wir können konstatieren, daß die sozialpsychiatrische Erneuerung völlig veränderte Berufs*felder* des Helfens geschaffen hat, "unbestellte" offene Felder, welche zunächst viel Unsicherheit haben aufkeimen lassen, was die Ausübung traditionell vorgegebener Berufsrollen angeht. Diese Unsicherheit hat bei vielen sozialpsychiatrischen Betreuern dazu geführt, *Zusatzqualifikationen* erwerben zu wollen, um der eigenen Unsicherheit aktiv zu begegnen. Meines Erachtens haben davon hauptsächlich psychotherapeutische Schulen profitiert. Dabei sind die unterschiedlichsten Verfahren zur Hochblüte erwacht. Von jedem Psychotherapieverfahren aber wird ein eigenes Menschenbild und ein eigenes Modell im Umgang mit Menschen geprägt. Gehen wir ins Team zurück, bedeutet das, daß neben die allgemeine Unsicherheit, wie man schwierige psychisch gestörte Menschen in einem veränderten Setting "richtig" betreut, ein Wettbewerb der Psychotherapiesysteme getreten ist, welcher primär und offen oder andererseits sekundär und unoffen von Helfer zu Helfer ausgetragen wird, wobei die Grenzen der Berufe unscharf geworden sind. Das läßt diverse Konfusionen zu:

Besonders bemerkenswert und auffällig ist, daß in manchen Teams der Eindruck erweckt wird, als wenn das ursprüngliche Berufsbild keine Rolle mehr spielen dürfe und nur noch die Zusatzqualifikation zählt. Daraus ergibt sich, daß manche "altgedienten", sozialpsychiatrischen Helfer ohne psychotherapeutische Zusatzqualifikation oder Weiterbildung Selbstwertprobleme gegenüber denjenigen im Team entwickeln, welche sich im Besitz des neuen Machtinstruments "Psychotherapie" und einer neuen Sprache (der "Psycho-Sprache") glauben. Dadurch sind aber alte Selbstwertprobleme, welche durch die unterschiedliche schulische sowie berufliche Sozialisation schon vorher bestanden haben, keinesfalls überwunden und existieren weiter, auch zwischen denen, die eine Psychotherapieausbildung vorweisen können. Beispielsweise hat dieses Phänomen, wie ich beobachten konnte, die "alte" Rivalität zwischen Akademikern und Nichtakademikern nicht etwa gemildert, sondern im Gegenteil noch mit viel neuem Zündstoff versehen. Darüber hinaus wurde auch die Konkurrenz zwischen verschiedenen akademischen Berufsgruppen (wie etwa Psychologen und Ärzten) eher noch verstärkt.

Der Wettstreit der Berufe hat von Team zu Team sicher eine ganz unterschiedliche Ausprägung angenommen. Auf jeden Fall sind die Grenzlinien der Auseinandersetzungen innerhalb einer Helfergruppe sehr vielfältig und oft schwer durchschaubar geworden. Auch gibt es große Differenzen der Bewertung, von Team zu Team, aber auch von Helfer zu Helfer. Andererseits kommt auch der umgekehrte Fall vor, daß manche Betreuer, indem sie hartnäckig an falschverstandenen sozialpsychiatrischen Grundpositionen gegen Professionalität und Psychotherapie festhalten, den Boom der psychotherapeutischen Fortbildung in den eigenen Reihen zu bekämpfen versuchen, um auf diese Weise das Maß potentieller, aufkeimender Minderwertigkeitsgefühle bei sich selbst zu begrenzen. Allerdings weisen manche Helfer damit zu Recht auch auf ein Problem hin:

Der Gewinn psychotherapeutischen Zusatzwissens steht oft in gar keinem angemessenen Verhältnis zum patientenzentrierten Nutzen, nämlich dann, wenn die Helfer um die therapeutische Führung heftig im Streit liegen, also mit sich selbst beschäftigt sind, während die Patienten/Klienten vergeblich auf die "segensreiche" Kraft psychotherapeutischer Instrumente warten, was häufig auch bedeutet, daß die gelernte Psychotherapiemethode weder für süchtige, noch für psychotische, noch für suizidale Menschen anwendbar ist, sondern schlicht für Normal-Neurotiker, die sie - die Helfer - auf ihrem Arbeitsfeld gerade nicht antreffen.

Vielerorts wird die Chance vertan, das eigene gestärkte Selbstbewußtsein und Selbstwertgefühl, was durch psychotherapeutische Selbsterfahrungen und psychotherapeutisches Lernen erworben wurde, in eine Haltung umzusetzen, welche nicht zur Spaltung im Team führt, sondern zur Akzeptanz des anderen, des Klienten/Patienten ebenso wie des anderen Teamkollegen. Dazu gehört meines Erachtens auch, daß die Ausbildung des anderen - seine schulische und berufliche Sozialisation - wertgeschätzt wird und insbesondere auch der Wert "einfacher" Arbeiten. Vielfach hat sozialpsychiatrisches Helfen genau diese Dimension (nicht mehr, aber auch nicht weniger): beschützende, pflegende, ordnende und richtungweisende Tätigkeiten einem schwerkranken Menschen gegenüber zu gewähren, was noch lange nicht bedeutet, sich ausbeuten zu lassen.

Die Sozialpsychiatrie hat für viele Helfer, die sich fortschrittlichen, alternativen, zeitgenössischen Bewegungen zugehörig fühlen und sich von einer Welt des Konsumterrors, des ausschließlichen Profits, der angepaßten Bürger und Spießbürger abwenden wollen, wie ein Sammelbecken gewirkt. Manche merken dabei nicht, daß sie ihren persönlichen Identitätskampf auf die Arbeit und ihr Team übertragen, so daß immer neue Varianten des Machtspiels entstehen, die im Grunde so neu gar nicht sind: "Frau gegen Mann", "Jung gegen Alt", "alternativ/antibürgerlich gegen Spießer und Bourgeoisie" usw. Diese sehr persönlichen Ausprägungen des Machtspiels vermischen und überlagern sich mit anderen arbeitsimmanenten Gegensätzen.

Letzten Endes geht es bei allen diesen Machtkämpfen oft um die Frage der gegenseitigen *Akzeptanz* bzw. *Nicht-Akzeptanz.* Ein typisches Beispiel wird durch den Ausspruch einer Sozialarbeiterin zu ihrem Kollegen, einem Diplom-Psychologen, dokumentiert: "Du behandelst mich wie einen Klienten." Dieser Satz der Empörung, welcher während einer Fallsupervisionssitzung und der damit einhergehenden Auseinandersetzung über die "richtige" Betreuungsstrategie in bezug auf einen Heimbewohner fiel, zeigt die Ebene an, auf der hier gestritten wird: die *Beziehungsebene,* und zwar geht es um gegenseitige Nicht-Akzeptanz und das Zuweisen von Positionen. Die Positionen des Therapeuten (hier die des Diplom-Psychologen) wird durch diesen Ausspruch als die superiore/primäre definiert, während sich die Sozialarbeiterin in die inferiore/sekundäre Position gedrängt/gestellt fühlt. Mit anderen Worten, die Helfer in diesem Team kämpfen um professionelle und therapeutische Führung, indem (a) "richtige" und "falsche" Behandlung von Klienten (hier Heimbewohnern) festgelegt werden soll und indem (b) "richige Professionalität", sprich: autorisierte Kompetenz, über den Teamstatus des Helfers befindet. Damit hat sich der Kreis geschlossen: für den Leser - hoffe ich - ist deutlich geworden, daß der Kampf um Akzeptanz oder Nicht-Akzeptanz der Helfer im Team untereinander die Komponente des Machtspiels (um die Themen: Kompetenz, Verantwortung, Autorität, Professionalität usw.) einschließt. In einem offenen Feld wird von Helfer zu Helfer, von Beruf zu Beruf, von Zusatzqualifikation zu Zusatzqualifikation, von Institution zu Institution jener Wettbewerb bzw. Kampf ausgetragen, welcher entscheiden soll, "wohin die Reise geht", zumal deshalb, weil zukunftsträchtige Rollenvorbilder weitgehend fehlen.

3.2.2.3. Die Rolle des "Opfers" bzw. die Schwäche-Position

Beispiel: Eine Krankenschwester und ein Krankenpfleger schweigen während der Supervision konstant. Sie arbeiten in einem Team, welches für die Betreuung von psychotischen Patienen zuständig ist. Auch während der Fallsupervision bringen sie kein eigenes Problem vor. Hin und wieder werden sie von Kollegen aufgefordert, doch auch einmal in der Supervision einen Bezugspatienten vorzustellen. Jedoch erfolgt keine Reaktion. Allmählich werden einige der Mitsupervisanden ungehalten und fühlen sich ausgenutzt, zuweilen auch wie von Zuschauern (den Schweigern) beäugt. Zwei Mitarbeiter werden offen sauer und schimpfen die beiden aus. Je länger die Angesprochenen schweigen und die Schelte "einstekken", desto wütender ereifern sich die Angreifer. Eine Intervention des Supervisors an beide Seiten wird übergangen.

Hier wird die andere Seite des Machtspiels im Team durch den unbewußten Versuch zweier Helfer gekennzeichnet, sich als Opfer für die Aggressionen anderer Teammitglieder ebenso anzubieten wie möglicherweise für die der Patienten. Ist innerhalb einer Helfergruppe die Polarisierung von Schwäche und Stärke extrem personalisiert (d.h. bestimmte Personen haben dauerhaft die Stärke-Position eingenommen, wieder andere dauerhaft die Schwäche-Position), kommt es in aller Regel zur starren Frontenbildung: Jene Helfer, die sich als weich, vorsichtig, eher schweigsam und schwach erleben, verbünden sich gegen die Phalanx der Starken und Aggressiven; auf diese Weise fühlen sie sich - die sogenannten Schwachen - in ihrer Opferrolle gestärkt und gegen die Aggressivität anderer aufgewertet. Gleichermaßen schließen sich die starken, durchsetzungsfähigen, aggressiven Teammitglieder zusammen, um einen Schutzwall gegen abgewehrte Impulse von

Unsicherheit und Angst aufzubauen, Impulse, welche durch die schwachen Helfer gespiegelt werden. Auch müssen Schuldgefühle - man drangsaliere die Schwachen - eingedämmt werden. Das gelingt in einer kollektiven Schuldverleugnung und Schuldzuweisung sehr viel sicherer und entlastender als im Alleingang.

Die sogenannten Opfer in ihrer Schwäche-Position gewinnen aus dieser *Teamspaltung* ebenfalls Vorteile: Sie brauchen innerhalb des Dienstes auf Station, im Stockwerk oder für ihre Klientel weniger Verantwortung zu übernehmen, können sich legitimierter (als die starken Helfer) vor schwierig aggressiven Patienten zurückziehen und verweisen das Böse in den Bereich ihrer Kontrahenten im Team; im Extrem werden Stärke und Aggressivität eo ipso als Schlechtigkeit moralisch abgewertet, währenddessen die Schwäche-Position als ethisch moralisch "das Gute" definiert und besetzt wird. Ähnlich wie in der Paartherapie (vgl. *Willi*, 1975, 1978) müssen die gegnerischen Parteien durch die Supervision entkrampft und durch Einsicht zur Auflösung der starren Frontenbildung gebracht werden:

Die sogenannten Starken im Team sollten in der Supervision wahrzunehmen und zu durchdenken lernen, welche Erlebens- und Gefühlsdispositionen sie ständig unterdrücken, abwehren, verleugnen, um nicht (partiell) klein und hilflos zu erscheinen; sie sollten einsehen, wie sehr sie Opfer und schwache Helfer brauchen, um die eigenen ungeliebten Persönlichkeitsanteile den anderen anheften und zuschreiben zu können; und wie wichtig diese Personen sind, um die eigene Aggressivität als Leistung und Energie im Team zu rechtfertigen.

Andererseits müssen Supervisanden, welche sich schwach, hilflos, klein und als Opfer fühlen, möglichst in der Supervision erleben, daß sie - ohne es bewußt zu wollen - Macht besitzen, und zwar oft eine fast undurchdringliche Macht. Im Hochgefühl ihrer moralischen Überlegenheit lassen sie "die Starken" strampeln, behalten sich aber jederzeit das Recht vor, Aggressivität und Streit (evtl. harte Worte) und erzieherischen Druck abzuqualifizieren oder als Unrecht zu brandmarken, ohne sich selbst in Konfrontation oder aggressiver Auseinandersetzung zu erproben. Vielfach wird die Schwäche-Position überdies genutzt, um auf Umwegen zu agieren. Die Folge davon kann sein, daß sich "die Starken" schwach und hilflos fühlen sowie ohnmächtig um sich wüten, während "die Schwachen" innerlich triumphieren und ihre oberflächlich nicht sichtbare Stärke genießen. Es muß den Teammitgliedern, welche die Opferrolle spielen, verständlich gemacht werden, wie sehr sie die sogenanten Starken brauchen, um eigene Aggressivität zu verleugnen und an die Kontrahenten zu delegieren.

Ferner muß durch die Supervision jener projektive Mechanismus aufgedeckt werden, welcher dazu führt, daß sich im Team Schwäche in Stärke und Stärke in Schwäche verwandeln kann, so daß beide Seiten durch die Supervision einzusehen lernen, welches Interaktionsmuster hier verzahnt und gepflegt wird.

Es sei noch die Tatsache hinzugefügt, daß innerhalb eines sozialpsychiatrisch arbeitenden Teams normalerweise keine allzu starren Fronten existieren und daß sich Machtkämpfe nicht immer derart krass und schablonenhaft abspielen, wie hier der Deutlichkeit halber geschildert.

3.2.3. Neurotische Störungspotentiale und ihre Bearbeitung

In vielen psychiatrischen Einrichtungen werden tagtäglich enorme psychosoziale Anstrengungen und Lasten bewältigt. Vieles geht natürlich - das läßt sich leicht vorstellen - vom Versorgungsanspruch und Versorgungsdruck der Patienten/Klienten aus. Ganz zu schweigen davon, wie sehr psychisch kranke Menschen unbewußt ihre Probleme und Konflikte an das Personal einer Klinikstation, einer Tagesstätte, einer Übergangseinrichtung (etc.) weitergeben. Aber auch andere Sorgen und Nöte müssen von den Helfern solcher Institutionen gemeistert werden: beispielsweise die Angst um den (finanziellen) Bestand des (möglicherweise) selbstgegründeten Modells sowie die Angst um den Erhalt des eigenen Arbeitsplatzes; Ängste vor Strukturveränderungen in der Einrichtung; Ängste vor neuen Mitarbeitern wie vor neuen Leitungskräften; Pressionen durch niedergelassene Ärzte, durch Angehörige, durch Kostenträger.

Mir scheint es angesichts derartiger Belastungen ganz natürlich zu sein, daß Helfer in einer sozialpsychiatrisch ausgerichteten Institution in ihrem Team "den Ort bzw. den Raum" suchen, welcher ihnen menschlichen Halt und menschliche Unterstützung gewährt. Das Team wird als Hort gebraucht, um gegen bedrohliche und niederdrückende Unbilden der Außenwelt (z.B. der Institution, der Patienten, etc.) "aufzutanken". Ähnlich wie für das Kind die Familie als Schutz und Geborgenheit gegen äußere Einflüsse fungieren sollte, erhält das Team im psychiatrischen Milieu eine familienähnliche Aufgabe, ja, das Team wird zum Familienersatz gegen die Patientengruppe, gegen Angehörige, evtl. gegen Leitungskräfte, Kostenträger usw. Ist der innere Friede eines Teams bedroht, oder ist das Team als Ort der Unterstützung zu schwach, ist das Team interaktionell gestört, können schwerwiegende Probleme in der Versorgung und Probleme des einzelnen Helfers daraus resultieren.

Meines Erachtens läßt sich behaupten, daß fast jede multiprofessionelle Helfergruppe bestimmte Probleme und Störungen - oft Kommunikationsstörungen - durch die vorhandenen Belastungen, Ansprüche und Erwartungen, die auf dem Korpus der Gruppe ruhen, entwickelt, welche zu recht typischen Teamzuständen führen. Diese Probleme und Störungen sind von verschiedenen Faktoren abhängig, von denen hier besonders hervorzuheben sind:

1. die institutionelle Struktur;
2. die institutionelle Ideologie;
3. die zu betreuenden Klienten/Patienten;
4. die Organisationsstruktur des Teams bzw. der Arbeit;
5. die Ideologie des Teams (z.B. das "Teamideal");
6. die Persönlichkeit/Charaktere der Helfer und ihre unbewußte Rollenwahl im Team.

Die folgenden, zu benennenden Schwierigkeiten und Störungen sind gewissermaßen symptomatisch für Teamsupervisionen und werden jedem Supervisor in irgendeiner Form begegnen.

3.2.3.1. Störung: das Team als "Arena"

Ohne es zu wollen und ohne es zu verstehen, geraten viele Helfergruppen, welche als Team arbeiten, in einen Strudel der inneren Zerrüttung, und zwar der Zerrüttung des Teams. Die Folge davon ist, daß man das Team fürchtet, ablehnt, und, wenn es möglich ist, davor flieht. Zu einer solchen Entwicklung kann es aus den unterschiedlichsten Gründen kommen.

Beispiel: Das Team einer Psychotherapiestation, bestehend aus etwa fünfzehn Mitarbeitern (Pflegekräfte, Sozialarbeiter, Ärzte, Psychologen, Praktikanten (beiderlei Geschlechts)), reflektiert den eigenen Zustand, und alle Beteiligten stellen übereinstimmend fest, daß man Angst hat, sich einmal wöchentlich zu treffen, d.h., daß man Angst hat, sich im Team zusammenzusetzen, weil man aus Erfahrung weiß, daß die Teamsitzung häufig einer Arena gleicht, wo einige Mitarbeiter mehr oder weniger ungnädig - im Bild gesprochen - übereinander herfallen. Man einigt sich darauf, Supervision einsetzen zu wollen, um diesen Zustand zu überwinden. Der gewählte Supervisor wird im Vorstellungsgespräch mit dem Auftrag versehen, dafür zu sorgen, daß man im Team lernt, sich zu streiten, sich aggressiv auseinanderzusetzen und offen zu sein.

Die Beziehungsfalle: Ohne diesen Auftrag weiter zu überdenken, geht der Supervisor darauf ein und signalisiert dem Team, daß er es für richig hält, sich im Streiten und Aggressivsein zu üben. Nach einigen Sitzungen allerdings - die Erstsitzung soll später geschildert werden - wird er nachdenklich, weil sich an dem aggressiven Gehabe der Supervisanden nichts ändert. Zudem wird dem Supervisor vorgeworfen, er sei nicht in der Lage, Offenheit herzustellen und Aggressivität zuzulassen. Durch Selbstreflexion muß er - der Supervisor - sich eingestehen, daß er dem Team demonstrieren will, wie großartig er mit aggressiven Kämpfen umgehen kann, und daß er deshalb dem Teamauftrag relativ blind gefolgt ist, ohne zu berücksichtigen, daß er auf diese Weise seine Unabhängigkeit verloren hat. In Wahrheit wird die Situation dieses Teams systematisch verdeckt gehalten und alle - eingeschlossen der Supervisor - befinden sich auf einem Randschauplatz. Der Supervisor ist also aufgrund eigener Probleme mit Aggressionen, und zwar dem Team Stärke und Furchtlosigkeit beweisen zu müssen, in eine Beziehungsfalle gelaufen.

Was also wird in diesem Team verdeckt gehalten (verleugnet)? Ebenso wie die Helfer dieses Teams versucht der Supervisor, seine Angst vor ·destruktiven Angriffen gegen seine Person und den damit verbundenen Kränkungen zu kaschieren. Unbewußt agiert er *synchron* mit den Absichten der Teammitglieder:

(a)   Keiner will zugeben, daß die scheinbar so lautstark und aggressiv vorgetragenen Auseinandersetzungen nur eine Form von vorgetäuschter Offenheit darstellen. In Wahrheit ist das Austragen von Aggressivität für diesen Teamzustand ein Irrweg und führt auf einen Nebenschauplatz.

(b)   Man möchte verleugnen, daß alle Mitarbeiter große Angst haben, sich ehrliche und tiefergehende Empfindungen mitzuteilen. Vor allem möchte man vermeiden, Angst und Unsicherheiten einzugestehen. Es wird Stärke nach außen demonstriert, obwohl eine generelle innere Verzagtheit der Helfer vorherrscht.

Eklat während der ersten Supervisionssitzung: Bevor der Supervisor irgend etwas zu steuern vermag, nutzt ein etwa 30jähriger Mitarbeiter die erste Supervisionssitzung für dieses Team, um die älteste Kollegin (eine etwa 58jährige Krankenschwester) anzugreifen und ihr vorzuwerfen, daß sie mit ihrer konservativen Dienstauffassung, ihrer religiös motivierten Strenge und ihrem mütterlichen Ordnungstick den Stationsbetrieb behindere und das Teamklima vergifte. Weder der Supervisor noch die betroffene Helferin sind diesem Frontalangriff gewachsen. Der Supervisor versucht zu retten, was noch zu retten ist, während die Angegriffene kollabiert und sich während der Sitzung (und auch noch Wochen danach) von diesem "Schlag" nicht mehr erholt. Der Rest des Teams spaltet sich auf, zum einen in diejenigen, welche meinen, "das mußte ja mal gesagt werden" (meist die Jüngeren des Teams, d.h. die Zwanzig- bis Dreißigjährigen), und zum anderen in diejenigen, welche diesen Verlauf als Beweis für das Versagen und den "Blödsinn" von Supervision schlechthin bewerten (meist die Älteren). Die

jüngeren Teammitglieder sind zufrieden, weil es angeblich mit "der Unterstützung des Supervisors gelungen war, offen aggressiv zu sein".
Der weitere Verlauf der Supervision: Fortan werden persönliche Themen während der Supervision vermieden. Demgegenüber streiten sich "die Alten" und "die Jungen" um klinikpolitische Themen. Am Ende dieser Phase wird der Supervisor angegriffen (siehe oben), daß er zu ängstlich sei und aggressive Auseinandersetzungen nicht aushalte, sondern fortwährend zu besänftigen und zu schlichten versuche.

Schlußfolgerungen für den Supervisor: Der Supervisor hat von Anfang an den Fehler gemacht, sich das Handlungsgefüge aufdrängen zu lassen. Die Aufforderung, Aggressivität austragen zu helfen, hätte er nicht annehmen dürfen, bis nicht wenigstens einige Grundvoraussetzungen für ein funktionstüchtiges Arbeitsbündnis in diesem Team als erfüllt hätten abgehakt werden können, wie beispielsweise ein Supervisionsklima ohne "Gift und Galle", also ohne extreme und einseitige, ausschließliche Bestimmung durch Angst und Aggressionen. Außerdem hat er versäumt, gleich zu Beginn der Supervision die Teamatmosphäre konsequent als destruktiv und angstauslösend zu beschreiben, um darauf hinzuweisen, daß in einer unoffenen und zugleich aggressiv aufgeladenen Stimmung in aller Regel unnötige Kränkungen und Verletzungen entstehen, wenn jeder "um sich schlagen darf, wie er will".
Ferner hätte der Supervisor nicht nur die angegriffene Helferin in der Rolle des Opfers verbalisieren dürfen (zu ihrer Entlastung), sondern er hätte auch den Angreifer befragen müssen, um herauszufinden, was in ihm - innerseelisch - zu dieser sündenbockähnlichen Verurteilung geführt hatte, was als sein seelischer Eigenanteil hätte festgemacht werden können und welche zwischenmenschliche, gruppenspezifische Situation diesen Eklat verursacht hatte. Das bedeutet auch, es wäre zu explorieren gewesen, wieso dieser Konflikt zwischen den Alten und den Jungen im Team (schematisch gedacht) zu einem Zeitpunkt sowie in einer Art und Weise vorgetragen wurde, als nichts mehr zu retten war, ja, waren Klärung und Versöhnung vielleicht unerwünscht?
Auswertung und Fokussierung: Es wurde ein Beispiel ausgewählt, welches einen typischen Teamzustand repräsentiert. Diesen Teamzustand könnte man auch "Teamverlassenheit" nennen. Der Leser sollte sich zum besseren Verständnis das Bild des "versinkenden Schiffes" zu Hilfe nehmen: Alle Mitarbeiter verlassen aufgrund eines unlösbaren Konflikts flüchtend das Teamschiff, um

sich durch Rettungsboote außerhalb des Teams in Sicherheit zu bringen, wobei Rettungsboote im übertragenen Sinne für Clique bzw. Paarbildungen und evtl. für "außerfamiliäre" Aktivitäten nach Feierabend stehen (Essen-Gehen, Tennis-, Skat-, evtl. Doppelkopf-Spielen in der Kleingruppe etc.). Das Team wird emotional mehr oder weniger bewußt aufgegeben. Viele der Helfer sind von der Funktionsuntüchtigkeit bzw. vom Versagen des Teams und der feindseligen Stimmung aller Mitarbeiter untereinander enttäuscht. Das Team dient dann lediglich noch dazu, störende Gefühle (zum Beispiel Angst und Aggression) "in Empfang zu nehmen" und abzufangen, welche den inneren Frieden der jeweiligen Kleingruppe gefährden können. Negativ besetzte Empfindungen und Erlebnisse (evtl. auch individuell bedingte) werden an das Team delegiert, um die Clique, Paarbildung und/oder Kleingruppe als Hort der Wärme, der Menschlichkeit, des Verstehens und des Verständnisses aufzubauen. *Kurz: das Team wird ausschließlich als Arena genutzt und gilt ansonsten als ein vom Untergang bedrohtes Schiff.* Das hat zur Folge, daß in der "Großgruppe", dem Team, häufig Konfusion herrscht und mit dem gesamten Team nur schwerlich eine vernünftige/kooperative Arbeitseffektivität herzustellen ist, während kleine Gruppen im jeweiligen Dienstbereich, insbesondere wenn durch Krankheit, Urlaub und Überstundenausgleich nur wenige Mitarbeiter zur Verfügung stehen, die anstehende Arbeit relativ funktional und mit viel verbaler sowie nonverbaler Übereinstimmung zu bewältigen vermögen.

Das oben aufgeführte Beispiel zeigt den unlösbaren Konflikt im Kampf zweier, sehr gegensätzlicher Helfergenerationen auf. Daneben sind auch viele andere Konflikte für den Zustand der "Teamverlassenheit" denkbar. Dem Supervisor wird von den kämpfenden Parteien bereits in der allerersten Sitzung unbewußt mitgeteilt, wie die Positionen verteilt sind und in welcher Weise entschieden werden soll: (a) Die junge, neue, engagierte Helfergeneration fordert den Supervisor auf (verschlüsselt durch die Sündenbockszene), die "alte" Helfergeneration für die Verursachung des destruktiven Teamzustandes schuldig zu sprechen und sie aus dem Team zu drängen. (b) Die alte Helfergeneration zeigt dem Supervisor, daß sie als das Opfer einer neuen und rigorosen Psychiatrieeinstellung von Helfern, welche ihre leibhaftigen Kinder sein könnten, unterzugehen droht; sie, die sogenannten Alten im Team, wollen den Supervisor nur dann akzeptieren, wenn er es versteht, sich auf ihre Seite zu stellen und die Jungen zur Mäßigung zu veranlassen. Dieser Konflikt aber kann von beiden Seiten nicht offen bearbeitet werden, weil er einerseits gegen das gemeinsame *Teamideal* - die Sollvorstellung der Gruppe - verstößt und andererseits das individuelle Ziel jeden Helfers verletzt, das Ziel nämlich, sich selbst und anderen gegenüber seine Gefühle ehrlich zu äußern und nichts "hinterm Berg zu halten" (*das individuelle Helferideal*).

Es entstehen also zuhauf Schuldgefühle und Groll, Gefühle, die unterdrückt werden. *Das Team ist nun insofern neurotisch gestört*, als (1.) keine Partei über genügend Selbstwertgefühl, Selbstbewußtsein und Selbstgeborgenheit verfügt, um auf die Durchsetzung eigener Ansprüche und Zielsetzungen (Ideale) zugunsten der Realität und des Wachstums der Gruppe (des Teams) zu verzichten, und als sich (2.) keine Partei in der Lage fühlt, ohne Gesichtsverlust zu befürchten, die eigene Situation gegen jede innere und/oder außengeleitete Zensur offen zu beschreiben, die eigenen Schwächen und Nöte, das Leiden am eigenen Team zuzugeben, von den eigenen Fehlern zu sprechen und sich gegenseitig einzugestehen, was man von der jeweils anderen Seite lernen könnte. Es mag für eine solche Teamsituation notwendig sein, daß einzelne Helfer "sich Luft machen" und ihre unterdrückte Destruktivität (z.B. Vorurteile und Verurteilungen) sowie Aggressivität in der Supervision äußern, aber der Supervisor sollte erkennen, daß Aggressivität in aller Regel nur die *Oberfläche* eines Problems oder eines Konflikts darstellt, während tiefergehende Gefühle und Erlebnisse zunächst unberührt bleiben (wie etwa Schuldgefühle). Meines Erachtens sollten deshalb destruktiv wirkende, kränkende, verletzende Aggressionen in der Teamsituation nur dann ausagiert werden dürfen, wenn ihre analytische Reflexion vom Klima der Helfergruppe her als gewährleistet betrachtet werden kann. Sind die konflikthaften Parteien dazu nicht gewillt bzw. nicht fähig, gilt es für den Supervisor, solche Angriffe auf Teammitglieder stark einzugrenzen, damit die zukünftigen Supervisionssitzungen nicht einseitig mit Angstgefühlen der Helfer überladen werden.

Um das Team als "Arena" überwinden zu können, muß der Supervisor seine gewissensleitende Funktion einnehmen (das Über-Ich der Gruppe, vgl. Abschnitt 2.2.2.) und dem Team Maßstäbe geben (als Modell vorleben), welche dazu beitragen, daß überzogene Formen der Strenge, der Härte, der Forderungen als dem menschlichen Umgang nicht angemessen erkannt werden, Motto:

nicht nur Patienten/Klienten haben ein Anrecht auf Verständnis, sondern auch Kollegen.

Ferner muß der Supervisor darauf hinwirken, Illusionen abzubauen, und zwar solche Illusionen, die sich destabilisierend und paralysierend für das Wachstum der Gruppe und des einzelnen Helfers auswirken. Eine dieser Illusionen besagt, daß ein Team keine Ordnung und keine vorgegebene personelle Struktur braucht, und daß es keine Unterschiede der Kompetenzen, der beruflichen Qualifikationen etc. geben dürfe, wenn es um die gemeinsame Teamarbeit geht.

3.2.3.2. Störung: das Team als "Gefängnis"

Beispiel: Für das Team einer Tagesklinik, welche Krisenintervention zur Aufgabe hat (häufig depressive und/oder suizidale Krisen), werde ich von den Mitarbeitern als Supervisor gewählt mit dem Ziel, Teamwork zu ermöglichen. (Das Team besteht aus folgenden Stellen: ein Arzt, ein Diplom-Psychologe, ein Pfleger oder eine Krankenschwester, ein Sozialarbeiter, ein Beschäftigungstherapeut, ein Zivildienstleistender, Praktikanten.) Nachdem das Arbeitsbündnis sehr allgemein und unverbindlich abgesprochen ist, wird mir von den Teammitgliedern bedeutet, daß Gruppenpsychotherapie für die Patienten, ein Gruppenkonzept für die Betreuung insgesamt sowie eine effektive Teamarbeit gewünscht werden, aber keiner der Helfer fähig und erfahren genug ist, um diese Ziele in die Tat umzusetzen. Schon in den ersten Supervisionssitzungen wird mir klar, daß jeder Helfer Angst hat, während der Supervision die eigene Gruppenfähigkeit zu erproben. Im Gegenteil, jeder möchte uneingestanden lieber für sich bleiben, das Team als heile Welt benutzen ("Sanatorium", vgl. *Richter*, 1970) und, um Transparenz und ehrliche Kommunikation vermeiden zu können, glaubhaft vertreten, daß alles untereinander und während der Betreuungsarbeit schon gut läuft, also alles gut funktioniert.

Dabei fällt nonverbal auf, daß das Team zu jeder Supervisionssitzung zu spät kommt (man "träufelt" ein), daß alle Beteiligten sich mehr oder weniger unwillig in den Supervisionsraum begeben, einige Teamer sich eher "hineinschleppen" als begeben, daß alle bemüht sind, große räumliche Abstände zum Supervisor einzuhalten, daß einige Helfer in Cliquen zusammensitzen, daß die Cliquen wiederum große Abstände zueinander bevorzugen, daß einzelne sich gezielt aus dem kreisförmigen Arrangement der Stühle zurückziehen und dann soweit abseits sitzen, daß eindeutig signalisiert wird: "Ich will nicht angesprochen werden und unbeteiligt bleiben." Oft wird anfänglich Small-Talk bevorzugt und durch Lächeln und Höflichkeitsgesten als harmlos unterstrichen. Danach schweigen die Teilnehmer häufig, ein Schweigen, das Spannung vermittelt. Kommt ein ernstes Anliegen zum Vorschein, dann meist erst am Ende der Supervisionssitzung, so daß wenig Zeit zum gründlichen Durcharbeiten bleibt.

Ich bemühe mich, diese Beobachtungen vorsichtig ins Spiel zu bringen, einerseits um etwas mehr Leben entstehen zu lassen, andererseits um zu vermeiden, daß meine Äußerungen als Vorwurf gewertet werden können. Jeder Vorwurf würde die Betroffenen noch mehr verschließen.

Zwei typische Supervisionssitzungen: Das Team "träufelt" ein. Nach einer kurzen freundlichen Begrüßung zwischen mir und den Supervisanden scheinen alle Teilnehmer zu warten, daß irgend jemand anfängt. Man sitzt - wie immer - vereinzelt oder in kleinen Formationen zusammen. Insgesamt sind einschließlich des Supervisors sieben Personen anwesend. Nach ungefähr einer dreiviertel Stunde lähmenden Schweigens - die Sitzung dauert 90 Minuten - kommen erste zaghafte Proteste auf. Die "tödliche Stimmung" stört, doch keiner hat so recht ein Anliegen, bis der Diplom-Psychologe des Teams sich zu Wort meldet. Er berichtet den Verlauf der morgendlichen Visite (Kontrolle durch eine Oberärztin) und verdächtigt die Ärztin des Teams (Assistenzärztin und Ärztin in der psychiatrischen Facharztausbildung), mit den konservativen Vertretern der Psychiatrie unter "einer Decke zu stecken" und gegen mehr Gleichberechtigung im Team zu sein. Der Supervisor kann die Angegriffene nur mühsam bewegen, sich zu diesem Vorwurf zu äußern. Ihre Entgegnung bekräftigt zwar den Wunsch nach mehr Zusammenarbeit, nach mehr "freier Luft" im Team und bei der Arbeit und mehr Gleichberechtigung, läßt aber offen, ob sie sich der konservativen oder sozialpsychiatrischen Linie zugehörig fühlt. Zwar sind alle anderen Kollegen, welche dem Teammodell der Sozialpsychiatrie zugeneigt sind, nach diesem Statement erst einmal entlastet, weil die Ärztin als heimliche Leiterin des Teams gesehen wird, aber keiner "traut dem Frieden". Ich frage deshalb jeden einzelnen, von welcher anderen Person er/sie sich mehr Offenheit wünsche und lasse jeden reihum seinen Kandidaten nennen und diese Wahl begründen. Keiner der Teilnehmer der Gruppe wird ausgelassen, was bedeutet, daß sich alle gegenseitig als verschwiegen und taktierend wahrnehmen; eine Person wählt sich selbst als den Menschen, von dem sie sich mehr Mut und Offenheit in der Gruppe erhoffe. Ich stelle nach dieser mündlichen Umfrage fest, daß alle Helfer des Teams mehr Offenheit wollen und daß es deshalb in der Zukunft eine Ausrede sei, wenn man glaube, die eigene "Zugeknöpftheit" durch die anderen Gruppenmitglieder, welche ja nicht mit der Sprache "rausrücken" wollten, rechtfertigen zu können. Alle hätten sich heute davon überzeugt, bzw. überzeugen können, daß dieses Mißtrauen unberechtigt sei. (Ende der Sitzung).

Die nächste Sitzung verläuft ähnlich wie vorher: schleppendes Eintreffen, langes Schweigen am Anfang. Es ist wenig neuer Antrieb bzw. neue Motivation zu spüren. Ich frage die Teilnehmer, ob ihnen die letzte Sitzung (vor vierzehn Tagen) mit der Willenserklärung aller im Team denn keinen Auftrieb gegeben habe?! Man scheint mich, ob dieser Naivität, zu belächeln, denn andere schwerwiegende Gruppenprobleme haben sich eingestellt. Die Sozialarbeiterin des Teams wird aufgrund einer psychischen Erkrankung vorerst ausfallen; die neue Besetzung einer Pflegestelle darf nicht vom Team entschieden werden (darüber streiten sich die Chefs); ein Prospekt zur Werbung für die Einrichtung ist vom konservativen Leiter gegen den Entwurf des Teams abgeändert worden; eine "geliebte" Mitarbeiterin verläßt das Team, weil eine neue/alte aus dem Mutterschutz zurückkehrt. Ich vermute laut, daß diese neuen Probleme die Gruppe verunsichern, aber auch kränken würden. Jeder einzelne Helfer könnte sich von dieser Entwicklung angesprochen und irgendwie berührt fühlen. Doch die lähmende Angststimmung bleibt, weil keiner sich über die eigenen Empfindungen äußert. Mir scheint, es können durch die neuen exogenen Belastungen genügend Gründe angeführt werden, um das gemeinsame Ziel nach mehr Offenheit und Auseinandersetzung im Team zu "torpedieren". Daraufhin sage ich, man benutze alle diese Gründe als Ausrede, um mit der eigenen Offenheit nicht anfangen zu müssen. Erstaunlicherweise wird diese These bejaht, aber die Offenheit auf die nächste Sitzung verschoben, weil zuvor geklärt werden sollte, wie man auf die neuen Probleme zu reagieren habe und welche Lösungsstrategien es gäbe.

Die Gefühle des Supervisors als Spiegel der Situation: Als Supervisor dieses Teams fühlte ich mich oft dem bedrückenden, angstbesetzten, übervorsichtigen Gruppenklima derart ausgeliefert, daß ich mich wie in einem Sog befand, ein Sog, der mich entmutigte, mir Kopfschmerzen bereitete, mich wütend machte und mir ständig den Eindruck vermittelte: "Hier bist du machtlos, sitzt im Gefängnis und kannst nichts Vitalisierendes bewirken. Es wird nur Druck auf dich abgeladen." So bedurfte es einer intensiven Nachbereitung der Supervision, um mich von dieser angstbesetzten Einengung abzutrennen. Ich konnte schlußfolgern: Das Team hatte das eigene Problem unbewußt auf mich übertragen, um zu prüfen, ob ich in der Lage wäre, mich aus ihrem Gefängnis der Unsicherheit und Angst zu lösen.

Auswertung und Fokussierung: Diese Tagesklinik wird von zwei grundverschiedenen Psychiatriesystemen mischfinanziert, was sich auf die Arbeitssituation auswirkt: Auf dem "Rücken des Teams" kämpft eine konservative, hierarchisch orientierte Psychiatrie gegen sozialpsychiatrische Einflüsse einen Kampf um psychiatrisches Territorium, öffentliches Prestige und Macht. Zwei ebenso grundverschiedene Leitungspersönlichkeiten versuchen, das Team in ihrem Sinne zu beeinflussen. Beide Leiterpersönlichkeiten weigern sich, zu analysieren, welches Double-Bind-Spiel sie den Helfern dieser Einrichtung zumuten und wie sehr sie damit jedes einzelne Teammitglied infantilisieren. Dieser Machtkampf geht sogar soweit, daß man versucht, auch den Supervisor in die jeweils gewünschte Richtung zu drücken. Das paradoxe Spiel lautet: 1. "Alle Helfer dieses Teams, seid erwachsen! Meistert Eure Schwierigkeiten, zeigt eine gute Arbeit am Patienten!" 2. "Gibt es Schwierigkeiten, Probleme, Konflikte, darf nichts entschieden werden, ohne die Leiter (Väter) zu fragen. Nur das ist gut und richtig, was unabhängig vom Team an höherer Stelle für richtig befunden wird!"

Diese widersinnige Beeinflussung hat bei den Helfern des Teams eine Konditionierung zur Folge, und zwar die der "erlernten Hilflosigkeit". Wie *Seligman* (1979) aufweisen konnte, ist "erlernte Hilflosigkeit", wenn sie in der Kindheit erworben wurde, ein wesentliches Problem bei Suizidpatienten. Mit anderen Worten: Das Team dieser Tagesklinik wird sowohl durch die institutionelle Struktur, durch das besondere Patientengut als auch durch Teamideale und nicht umsetzbare ideologische Wunschvorstellungen (keine Hierarchie im Team; alle sind gleich; alle leisten die gleiche Arbeit; alle können alles), nachhaltig unter Druck gesetzt bzw. setzt sich selbst unter Druck und wird zwangsläufig immer wieder enttäuscht, so daß die Helfer mehr oder weniger traumatisiert die Erfahrung speichern: "Hier, in dieser Tagesklinik, sind Unoffenheit, Angst und Unsicherheit, Mißtrauen und Resignation, Selbstschutz und eine innere Emigration angebracht, um die dauernden Erlebnisse der eigenen Ohnmacht, der eigenen Angst vor Strafe (schlechter Bewertung) und Isolation aushalten zu können." Ohne es bewußt zu wollen, wird das Resümee der Hilflosigkeit an den Supervisor und die Supervision weitergegeben: Man läßt den Supervisor spüren, wie sehr man daran leidet, in der Falle zu sitzen und nicht entweichen zu können. Dieser wird andererseits als Verbündeter für die Befreiung des Teams aus der angstbesetzten Einengung gebraucht, eine Einengung zudem, die mit der eher verschlossenen und auf sich selbst bezogenen Persönlichkeitsstruktur der Helfer dieses Teams korrespondiert. Insgesamt gesehen, entwickeln die Mitarbeiter dieser Tagesklinik als Individuen, aber auch als Gruppe ähnliche Probleme wie ihre Suizidpatienten, - nur weniger stark:

(a) Aggressionshemmungen und Aggressionsumkehr (gegen sich selbst);

(b) innere, seelische Einengung und diverse destabilisierende Ängste;

(c) heftige Selbstwertzweifel gefolgt von Insuffizienzgefühlen (vgl. *Scobel*, 1981, 1985).

Der Supervisor muß nun mit viel einfühlsamer Geduld vermitteln, daß die Helfer dieses Teams auf der einen Seite die reale Gefahr, welche ihnen durch die Einflußnahme ihrer Chefs droht, innerhalb der Gruppe (der Kollegenschaft/des Teams) überschätzen, daß also das Team als Schutz und Freiraum überhaupt noch nicht ausgenutzt worden ist. So versucht er, den Raum der Supervision als einen Freiraum anzubieten, wo man Ängste und Verdachtserlebnisse, Verletztheiten, Empfindlichkeiten und aggressive Gefühle äußern kann, ohne negative Konsequenzen befürchten zu müssen.

Auf der anderen Seite ist das wichtigste Hindernis der Kommunikation in einem angstneurotischen Team durch Projektionsbildungen der Teilnehmer gegeben: Aus Unsicherheit, inneren Hemmungen und diversen heftigen Befürchtungen (vor allem Insuffizienzgefühle und Bestrafungsängste) bauen die Helfer Barrikaden des Selbstschutzes auf. Der jeweils andere im Team wird potentiell als Angreifer/Aggressor wahrgenommen, und deshalb muß man/frau sich verschließen; der jeweils andere ist schuld daran (Fremdbegründung). Auf diese Weise kann ein von außen vorgetragener Angriff nicht vom Gruppenklima bzw. von einem (starken) Gruppen-Korpus abgewehrt werden, sondern stimuliert die Projektionsbildungen der Helfer untereinander, so daß die Bereitschaft, sich gegenseitig zu treffen und zu verletzen, unbeabsichtigt steigt. Der Supervisor muß nun die Fähigkeit der Supervisanden unterstützen, einen eigenen selbstbestimmten Willen dagegen zu stellen, eigene gruppenspezifische Interessen und reale Ziele zu entwickeln sowie sich gemeinsam als Gruppe gegen Pressionen von außen zu wehren. Dazu ist es notwendig, daß die vorhandenen Projektionsbildungen vorher in der Supervision benannt und unschädlich gemacht werden. Ein sinnvolles Arbeitsmittel scheint mir dafür zu sein, die Supervisanden ihre schlimmsten Befürchtungen ausphantasieren zu lassen, wodurch vielfach der projektive Charakter dieser Befürchtungen erkennbar wird.

Für das Team, von dem hier berichtet wurde, war es in diesem Zusammenhang außerordentlich wichtig, den Plan eines "Bezugstherapeutensystems" in der Supervision zu entwerfen und für die Realität der Tagesklinik durchzusetzen (d.h. jedem Teammitglied wird eine bestimmte Anzahl von Patienten zugeteilt, für die der-/diejenige dann zuständig ist). Dadurch konnte jedes Teammitglied in Erfahrung bringen, inwieweit die Macht der Außen-Väter begrenzt ist, welche Formen gemeinsamer Interessen und gemeinsamen Handelns der Teammitglieder sich finden lassen und welches Zutrauen in Sachen "Teamsolidarität" angebracht erscheint.

3.2.3.3. Störung: das Team als "Selbstheilungszentrum"

Mit dieser Formel ist ein Teamzustand gemeint, welcher besagt, daß alle Helfer am Innen- und Eigenleben der Gruppe genesen wollen. Das Team wird als eine heile Familie, als "heile Welt" aufgebaut und von seinen Mitgliedern egozentrisch ausgebeutet. Auf diese Weise entsteht ein Gruppenklima, das nach allen erdenklichen Seiten hermetisch abgeriegelt und geschützt werden muß. Ein solches Team verkraftet keine Probleme und keine Konflikte. Störende Inhalte müssen draußen vor bleiben. Selbstverwirklichung und Selbstoffenbarungen der Helfer haben in einem solchen Team so lange Platz, wie nicht das "stillende/fütternde" Klima der Gruppe angetastet wird; dieses Klima allerdings hat in Wirklichkeit keine heilende, sondern nur eine zudeckende Wirkung.

3.2.3.4. Störung: das Team als "Tarnung"

Ein solches Team gibt vor, als Gruppe arbeiten zu wollen. In Wahrheit lehnt jeder Helfer mehr oder weniger unbewußt das Prinzip der Gruppe und Gruppenarbeit ab. Dennoch bietet das Team als Überbau, solange mit seiner Verwirklichung nicht ernst gemacht werden muß, diverse Vorteile. Ohne sich eingebunden zu fühlen, kann jedes Teammitglied eine gewisse Willkür des eigenen Wollens und Handelns durchsetzen, was sich nach außen durch die Schwierigkeiten von Gruppenarbeit tarnen, sprich, rechtfertigen läßt. Günstige Freizeitsonderregelungen, Fortbildungsmaßnahmen und evtl. Urlaube lassen sich hervorragend individuell arrangieren. Das Team nimmt automatisch viel Verantwortungs- und Versorgungsdruck vom einzelnen Kollegen ab, wenn alle sich unbewußt einig sind, daß man das Team auf diese Weise zu nutzen gewillt ist.

Beide Teamzustände - das Team als "Selbstheilungszentrum" und das Team als "Tarnung" - sind in sich brüchig und erzeugen auf die Dauer Unzufriedenheit, besonders deshalb, weil es in der Regel einzelne Helfer gibt, die ihr Team überstrapazieren, während sich andere recht bald als Opfer fühlen. Wird das Team als "Selbstheilungszentrum" phantasiert, wünschen sich die Teammitglieder ein *symbiotisches*, harmonisches Zusammenleben der gegenseitigen Zuwendung, Anteilnahme und Stützung. Wird dagegen das Team als "Tarnung" benutzt, sehnt sich jeder Helfer nach *Individuation* und viel Abstand zum jeweiligen Teamkollegen.

Meiner Erfahrung nach werden diese beiden Teamzustände vor allem durch sehr frustrierte und resignierte Helfergruppen verursacht, wo sich alle Betroffenen (auch neue engagierte Mitarbeiter) entweder in kindlich regressive Wünsche (symbiotisches, harmonisches Zusammenleben im Team) oder aber in ein vom Team unabhängiges, individuelles, eher erwachsenes Streben nach Ausgleich und Glück (Individuation) flüchten, was dazu führt, daß man sich so weit wie möglich von den Kollegen abtrennt und das Team nur dann nutzt, wenn es dem eigenen Vorteil dient.

Teamzustände des eben beschriebenen Charakters werden oft unbewußt von solchen Helfern am Leben erhalten, die einerseits als kompetent und erfahren wahrgenommen werden und andererseits am lautesten klagen und ihren Unmut "verstreuen" können. Neue und unerfahrene Kollegen sind kaum in der Lage, sich gegen diesen Einfluß abzugrenzen. Auf diese Weise ist es möglich, daß einige wenige - meist sind es die langgedienten und gewissermaßen ausgebrannten Helfer ("burnout"-Syndrom nach *Freudenberger*, 1974), welche beispielsweise den Wechsel vieler Mitarbeiter erlebt haben und enttäuscht zurückbleiben mußten - dauerhaft das Klima ihrer Station oder Einrichtung und damit das Klima ihres Teams bestimmen und sich wundern, daß die neu eingestellten Helfer keine atmosphärische Verbesserung ins Werk setzen können, keinen "neuen Wind" bringen. Diese Helfer merken also nicht, wie sie unbewußt ihren Pessimismus und ihre Depressivität auf die neuen Hoffnungsträger übertragen, so daß sich in Form einer sich selbst erfüllenden Prophezeiung gar nichts ändern kann.

Je nach Teamzustand wird der Supervisor mit folgenden denkbaren Erwartungen versehen:
1) Für das Team als "Selbstheilungszentrum":
   a) *Die bewußte Erwartung:* Er, der Supervisor, möge Konfrontation sowie erwachsenes Verhalten im Team fördern.
   b) *Die unbewußt (abgewehrte) Erwartung:* Der Supervisor möge ein versöhnliches Beisammensein der Teamer bewirken und jeden einzelnen wie eine gute Mutter bzw. wie ein guter Vater versorgen, "füttern", "stillen", jedem ein körperliches Wohlgefühl vermitteln (was gegen die Versagungen der Helferarbeit auftanken läßt), er möge verwöhnen und beschützen.

2) Für das Team als "Tarnung":

   a) *Die bewußte Erwartung*: Er, der Supervisor, möge für ein arbeitsfähiges kooperatives Teamklima sorgen.

   b) *Die unbewußte Erwartung*: Der Supervisor möge scheitern, damit keiner in seiner individuellen Suche nach dem Glück behindert wird.

3) Für beide Teamzustände:

   a) *Die bewußte Erwartung:* Er, der Supervisor, möge alle Probleme, Konflikte, Nöte, alles Leid beseitigen (unrealistische Heilserwartung).

   b) *Die unbewußte (oft agierte) Erwartung*: Der Supervisor hat an allem Schuld, daß von der Supervision kein verändernder, innovativer und vorwärtsbewegender, heilender Einfluß ausgeht (die Sündenbockfunktion).

Jeder Supervisor kann davon ausgehen, daß es bei beiden geschilderten Teamzuständen unmöglich ist, eine im Sinne der Teilnehmer erfolgreiche Supervision durchzuführen, weil immer eine Form der Erwartung verletzt wird: Kann die *bewußte* Erwartung erfüllt, muß notgedrungen die *unbewußte* Erwartung enttäuscht werden; wird dagegen möglicherweise ein Teil der *unbewußten* Erwartung befriedigt, bleibt die *bewußte* Erwartung unerfüllt. Der Supervisor kann also nur dann etwas bewirken, wenn es ihm gelingt, die Teilnehmer dafür zu sensibilisieren, daß sie ihren Teamzustand - ohne es zu wollen - durch diverse Mechanismen permanent selbst wiederherstellen, und daß ihre Erwartungen an die Supervision aufgegeben werden müssen zugunsten von realisierbaren Zielen.

3.2.4. Schlußfolgerungen

1) Jedes Störungspotential im Team weist auf unbearbeitete Probleme und/oder Konflikte hin. Das destruktive und störende Verhalten der Helfer ist häufig Ausdruck ihrer Vermeidungsstrategie.

2) Das Störungspotential eines Teams darf neurotisch genannt werden, wenn es sich selbstschädigend auswirkt, was bedeutet: die Störung im Team schlägt wie ein Bumerang gegen die konstruktive Funktion der Gruppe und die Persönlichkeit des einzelnen Helfers zurück, so daß die Arbeitsfähigkeit aller Mitarbeiter nachhaltig beeinträchtigt wird.

3) Jede Störung in einem Team ist immer auch ein Spiegelbild für solche Schwierigkeiten, die die Helfer in bezug auf ihre Klienten/Patienten zu bewältigen haben. Was die Patienten ausagieren, müssen die Helfer unterdrücken!

4) Das Team als Korpus verliert dann seine Fähigkeit zur Kommunikation, Solidarität und Zusammenarbeit, wenn Konflikte verdeckt gehalten und verleugnet werden oder wenn unklare Helferideale sowie verwirrende Gruppenstrukturen vorhandene Konfliktpotentiale überlagern.

5) Undurchschaubare Gruppenstrukturen paralysieren und behindern. Eine fest umrissene Verteilung dagegen von Aufgaben, Funktionen, Verantwortung und Rollen im Team entwirrt und erleichtert die Arbeit. Funktionsfähige Teamstrukturen ohne Berücksichtigung von qualitativen Unterschieden der Mitglieder gibt es nicht. Im Idealfall entsteht ein partnerschaftliches, komplementäres Nebeneinander der Helfer, das Unterschiede der Erfahrung, der Berufswege und des Wissens zuläßt.

6) Störungen im Team - welcher Natur und Herkunft auch immer - werden an die Supervision bzw. an den Supervisor weitergereicht. Was er in der Supervision also mit den Supervisanden und an sich selbst erfährt, ist ein paralleles Abbild zum Störungspotential eines Teams.

7) Es ist die Aufgabe des Supervisors, "Licht ins Dunkel" zu bringen. Er prüft u.a. bei jedem Anliegen im Verlauf der Supervision, ob durch das gewählte Thema ein anderes, wichtigeres Problem oder ein anderer, wichtigerer Konflikt abgewehrt wurde bzw. wird. Dagegen wäre es größenwahnsinnig, wenn der Supervisor sich für die Bearbeitung und Lösung der anstehenden Schwierigkeiten verantwortlich machen würde, etwa in dem Sinne, er habe das Team, die Helfer und die Institution zu verändern.

3.3. Supervision der Patient-Therapeut-Beziehung im sozialpsychiatrischen Team

Schon mehrfach wurde in den bisherigen Ausführungen darauf hingewiesen, wie sehr die emotionalen Probleme der Patienten mitunter in Verbindung treten mit den emotionalen Problemen ihrer Betreuer (in der psychoanalytischen Terminologie: Übertragung-Gegenübertragung). In diesem Kontext nun soll ein spezifischer Konfliktherd aufgewiesen werden, welcher - meines Erachtens - durch sozialpsychiatrische Zielvorstellungen entsteht. Genauer formuliert: bestimmte sozialpsychiatrische Zielvorstellungen haben bei vielen engagierten Helfern Illusionen geweckt und auf diese Weise Mißverständnisse produziert, welche sich direkt in der Betreuung auswirken.

Die *erste und fundamentale Illusion* besagt, daß psychische, bzw. psychiatrische Krankheiten durch humane Therapie heilbar sind. Die *zweite Illusion*, welche ganz direkt als Folge der ersten zu betrachten ist, beseitigt das Phänomen der Krankheit ganz, so daß aus der Krankheit des Patienten schlicht eine Verhaltensauffälligkeit wird, welche es abzutrainieren gilt. Verhaltensauffälligkeiten, d.h. deviante Verhaltensweisen (vgl. *Scheff*, 1973), aber lassen sich, das besagt die *dritte Illusion*, ohne Medikamente betreuen. Insofern kann man "Behandlung" im medizinischen Sinne für überflüssig und im psychiatrischen Handlungszusammenhang für inhuman erklären. Als *vierte Illusion*, welche aus den zuvor genannten Illusionen ableitbar ist, möchte ich jene Vorstellung benennen, daß man schwer gestörten Menschen nicht professionell (eingeübt), sondern allein mitmenschlich, wenn man so will, naivpsychologisch begegnen dürfe. (Der Begriff "naivpsychologisch" wurde der Arbeit von *Laucken*, 1973, entnommen.)

Auch wenn diese Illusionen partiell diskutiert und kritisiert wurden (vgl. *Dörner*, 1984; *Finzen*, 1981), sind doch viele daraus entstandene Mißverständnisse in sozialpsychiatrischen Teams haften geblieben. So kann ich durch die Supervision der Patienten-Therapeuten Beziehungen immer wieder beobachten, daß sozialpsychiatrisch ausgerichtete Helfer unbewußt versuchen, den Klienten/Patienten als *Bündnispartner* zu gewinnen, daß sie ihm (sehr) viel *mitmenschliche Nähe* anbieten, ja, daß man versucht, den Patienten auf partnerschaftlicher Ebene "umzuerziehen". Je mehr Nähe aber zum Betroffen hergestellt wird, desto mehr versagen jene Mechanismen professioneller Hilfe, welche die engagierten Helfer während ihrer Ausbildung gelernt haben und trotz sozialpsychiatrischer Überzeugung oder gerade wegen dieser Überzeugung akzeptieren können. So tritt an die Stelle psychiatrischer Behandlung manchenorts eine wohlwollende Erziehung (Pädagogik im halbprofessionellen Sinne). Unbemerkt versetzen Patienten durch ihre Schwierigkeiten den Betreuer, der keine spezifische Ausbildung auf dem Gebiet psychotherapeutischer Beziehungen erworben hat, in eine beispielsweise naivpsychologisch, normal-mitmenschlich fungierende Eltern- oder Geschwisterfigur, also in eine Person, welche zumindest teilweise in der Art und Weise handelt, wie man es in der Herkunftsfamilie, in der Schule, in Beruf und/oder Partnerschaft gelernt hat. Hinzu kommt ein weiterer Mechanismus, welcher schon beschrieben wurde, daß nämlich professionell akzeptierte Umgangsformen, sofern sie angewendet werden, vielfach dann zusammenbrechen und in naivpsychologische Verhaltensweisen umschlagen, wenn der Helfer scheitert, in eine ungewollte Auseinandersetzung mit dem Patienten involviert wird und/oder schlicht sich nicht mehr zu helfen weiß.

Eine immer wieder anzutreffende Folge von naivpsychologischen Gegenübertragungsreaktionen ist, daß die mitmenschliche Nähe zu der verständlichen, aber riskanten und oft unproduktiven Haltung verführt, *sich mit den illusionären Wunschvorstellungen und Größenphantasien der Patienten zu verbünden.* Dieser Haltung korrespondiert, daß die Helfer selbst an eigenen hoffnunggebenden Illusionen - oft unbewußt - festhalten, um Leid, Schwäche und Not bei sich selbst zu besiegen. Auf diese Weise kann vermieden werden, einerseits den Klienten mit seiner desolaten, oft niederdrückenden Realität zu konfrontieren und andererseits die eigene Wirklichkeit privat und beruflich - also die Wirklichkeit der Helfer - ohne Schönfärberei zu betrachten. Letztlich geschieht dann das, was in vielen Familien bzw. Elternhäusern auch geschieht (vgl. *Richter*, 1963), man fördert als Helfer (unbewußt) in narzißtischer Identifizierung zum Patienten jene Wünsche und Bedürfnisse, welche man bei sich selbst auch gefördert hätte, gefördert hat, bzw. noch gerne fördern würde. Der Betroffene wird dann stimuliert, das zu schaffen, was man selbst in seiner Situation vermutlich auch gerne geschafft hätte, vielfach ohne genügend zu berücksichtigen, wie krank der Betroffene tatsächlich ist und wie wenig derjenige davon aus eigener Kraft wird erarbeiten können. *Zwar stützen die Illusionen der Helfer die Illusionen ihrer Patienten, "verbauen" aber gleichzeitig den Weg, der zum Ziel führen könnte.* - Ich werde das später erläutern. Zunächst jedoch muß ein anderer Gedankengang folgen.

Scheitert der Patient, seine Wunschvorstellungen (beispielsweise beruflicher Natur) auf den Weg zu bringen, ist der Helfer durch seine Identifizierung ganz persönlich tangiert und fühlt sich in seiner motivierenden Hoffnung gekränkt, und da Patienten sehr oft scheitern, weil ihre Ziele viel zu weit gesteckt und/oder die körperlichen/seelischen Defizite zu stark sind, müssen engagierte

Helfer häufig mit Enttäuschungen und Kränkungen durch "Versagen" und "Erfolglosigkeit" fertig werden. Hart formuliert: Der engagierte Helfer fühlt sich durch die Niederlage des Patienten in seinen Bemühungen beleidigt, ja, er fühlt sich schlechthin durch die Nicht-Besserung des Betroffenen desavouiert ("der Betroffene weigert sich, sein störendes Verhalten aufzugeben"), und der Helfer reagiert wütend, strafend und/oder mit Liebesentzug, er kontert sozusagen. Aus der anfänglichen Nähe in der Beziehung zwischen Therapeut und Patient zieht sich der Helfer in eine "schmollende" Distanz zurück.

Kommt es daraufhin nicht zum Abbruch der therapeutischen Beziehung, entwickelt sich möglicherweise nach einer gewissen Latenzzeit ein neuer Versuch, den Patienten in der gewünschten Richtung zu beeinflussen und verändern zu wollen. Auf diese Weise wird ein Hin und Her in der Beziehung zwischen dem Betroffenen und seinem Betreuer produziert, ein Hin und Her zwischen *engagierter Nähe* und *strafender Distanz*. Unbemerkt stellt sich in der psychiatrischen Lebenswelt für den Patienten ein ganz ähnliches Kommunikationsmuster wieder her (im weitesten Sinne gemeint), wie es der Betroffene zuhause in seiner primären Sozialisation kennengelernt hat (und welches Forscher verschiedenster Fachrichtungen als "schizophrenogen"/verrückt-machend bezeichnet haben: vgl. *Bateson* et al., 1969; *Watzlawick* et al., 1969, 1974; *Schulz v. Thun*, 1977). Der Patient erfährt also einen verwirrenden, verunsichernden Wechsel zwischen Nähe und Distanz in der Beziehung zum Helfer, dessen Hintergründe er nicht versteht; er wird einer Nähe-Distanz-Schaukel ausgesetzt, welche zwei, sich widersprechende Botschaften enthält:

Einerseits: "Ich, der Helfer/die Helferin, sehe dich, den Patienten, als Verbündeten; ich will Deine Nähe; ich will, daß Du Dich mir gegenüber öffnest, damit Du Dich mir anvertrauen kannst; ich will Dir helfen, Dich zu ändern."

Andererseits: "Wenn Du, Patient, nicht so denkst, fühlst, erlebst, handelst und sprichst, wie ich es als Helfer menschlich aushalten kann, muß ich mich von Dir trennen; wenn Du nicht so bist und Dich nicht so veränderst, wie ich es will, kann ich mit Dir nicht arbeiten."

Auch viele Menschen mit Borderline-Störungen und/oder neurotischen Fehlentwicklungen haben - in abgeschwächter Form zwar - ähnliche Erziehungsmaßnahmen ihrer Eltern erfahren, nämlich Nähe für positiv bewertetes Verhalten (z.B. Leistung), dagegen Liebesverlust, Strafe, Trennung und/oder Isolation für negativ bewertetes Verhalten. Zudem sei bemerkt, daß viele Eltern gerade auch der jüngeren Generation Nähe oft mit Verwöhnung verwechseln. Um also den psychisch gestörten, kranken Menschen nicht weiter zu verunsichern, ist es für die psychiatrische und/oder psychotherapeutische Beziehungsebene außerordentlich wichtig, daß der Betreuer einen *konstanten Sicherheitsabstand* - für die eigene Sicherheit und für die Sicherheit des Patienten - einzunehmen und einzuhalten vermag; aus einer schwankenden, unberechenbaren sollte eine konstante, berechenbare Beziehung zwischen Patient und Therapeut werden. Der Helfer sollte beispielsweise jederzeit in der Lage sein, einen distanzierten Standpunkt zu den überhöhten Zielvorstellungen seiner Patienten einzunehmen.

Damit komme ich auf die Behauptung zurück, daß Illusionen den Weg des Patienten verbauen können. Viele psychisch kranke Menschen kommen aus desolaten Elternhäusern, haben schulisch und/oder beruflich Defizite aufzuholen, sind in der eigenen Persönlichkeit, aber erst recht im Partnerverhalten erheblich beeinträchtigt; andere haben zunächst unauffällige, manchmal sogar erfolgreiche Lebensjahre hinter sich, bis plötzlich und völlig unerwartet ein abruptes Abknicken der eigenen Entwicklungslinie hingenommen werden muß und der Abstieg ins soziale Niemandsland oder evtl. ins psychiatrische Milieu beginnt. Beide Gruppen neigen dazu, im Verlauf sozialpsychiatrischer Betreuung, unterstützt durch ihre Helfer, jeden Hoffnungsschimmer zu ergreifen, um weitgehende Ziele aufzustellen.

Beispiel: Eine siebenundzwanzigjährige schizophrene Frau will studieren, obwohl sie weder den Realschulabschluß noch das Abitur geschafft hat; sie will ferner eine eigene Wohnung anmieten und dort alleine wohnen sowie einen Partner finden und eine Familie gründen. Die Realität aber ist, daß sie während des betreuten Wohnens in einer Wohngemeinschaft (Sozialarbeiter sehen jede Woche nach der Gruppe) innerhalb weniger Tage körperlich und seelisch völlig verfällt, sich weder hygienisch pflegen noch ausreichend selbständig ernähren kann, häusliche Pflichten gänzlich vernachlässigt (Putzen, Saubermachen, eine gewisse Ordnung herstellen und einhalten, Einkaufen-Gehen usw.) zunehmend apathischer wird, kurzum, psychisch und sozial verwahrlost sowie sich vollständig isoliert.

2. Beispiel: Ein siebenundfünfzigjähriger Elektromeister, welcher mit etwa fünfundvierzig Jahren dekompensiert und schwerst gestört in die Psychiatrie eingeliefert werden muß (katatones Zustandsbild), bleibt dort zwölf Jahre mehr oder weniger ununterbrochen. Nach diesen zwölf Jahren soll ein Wiedereingliederungsversuch unternommen werden. Die Zielvorstellung dieses inzwischen sehr alt gewordenen und defizitär wirkenden Mannes ist, an den Ausgangspunkt seiner bürgerlichen Existenz zurückkehren zu wollen, obwohl sein Geschäft und seine Familie nicht mehr existieren und ihm zwölf Jahre selbständigen Lebens und Berufslebens fehlen. Außerdem ist seine Gemütsverfassung sehr labil, weil er sporadisch von feindseligen, paranoiden Wahnvorstellungen gequält wird, deren Krankheitsbedingtheit er aber nicht einzusehen vermag. Ferner käme er ohne die Depotmedikation überhaupt nicht zurecht und auch nicht ohne professionelle therapeutische Hilfe.

In solchen Fällen sollte der zuständige Helfer mit der betroffenen Person zusammen (soweit das möglich erscheint) die kleinsten machbaren Schritte entwerfen und sich völlig davon lösen, den Druck der ideellen Zielvorgabe auf sich und den Betroffenen einwirken zu lassen. Denn unter dem Diktat des Ideals entwickeln sich schnell Frustrations- und Insuffizienzgefühle, was häufig dazu führt, daß in der Realität kleine Schritte der Veränderung viel zu früh vom Patienten und ebenso vom Betreuer aufgegeben, statt dessen immer anspruchsvollere Stufen der Normalisierung angestrebt werden, welche erst recht nicht zu schaffen sind.

In einer konstanten Patient-Therapeut-Beziehung sollte es sich der Helfer also zur Aufgabe machen, sich mit dem kleinsten für den Betroffenen erreichbaren Ziel zu verbünden (im übertragenen Sinne gemeint), ohne die eigene Bemühung davon abhängig zu machen, ob dieses Ziel erarbeitet werden kann oder nicht. Wird das Ziel nicht erreicht, ist nicht automatisch ein Rückzug des Helfers die Folge. Ferner sollten Therapeuten in der Lage sein, dem Patienten eine konstante Fläche zur Auseinandersetzung zu bieten, eine Beziehungsebene, die auch dann nicht zurückgezogen wird, wenn der Betreffende nicht derart reagiert bzw. handelt, wie es der Helfer erwartet. Viele psychisch kranke Menschen brauchen sowohl für ihre *distanzlosen* wie andererseits für ihre allzu *distanzierten* Verhaltensweisen ein konstantes Gegenüber, einen würdigen, furchtlosen Gegenpart, welcher ihnen Orientierung verschafft und von ihnen als Modell akzeptiert wird.

Wird dagegen die naivpsychologische, "normal"-menschliche Beziehungsform zwischen Helfer und Patient gewählt, besteht darüber hinaus die Gefahr, daß einzig und allein die Prinzipien der Sympathie und Antipathie über Nähe und Distanz entscheiden. Ist ein Patient sympathisch, wird relativ viel Nähe zugelassen; ist er dagegen unsympathisch, wird Abstand gesucht. Solche Beziehungen haben zur Folge, daß im Verlauf einer Begegnung, welche vielleicht über Wochen, Monate oder Jahre andauert, wenig Spielraum bleibt zur Veränderung. Sympathie und Antipathie des Helfers regeln und selektieren hartnäckig seine Wahrnehmung und sein Erleben, so daß sich nur ganz eingeschränkt empathisches Verstehen entwickeln kann. Besonders aber können Gefühle der Antipathie unüberwindbare Barrieren zwischen Therapeut und Patient errichten.

Viele engagierte Helfer, die keine psychotherapeutische Ausbildung haben, glauben nun, daß eine professionelle Beziehung zwischen dem kranken Menschen und dem jeweiligen Betreuer zu einer künstlichen, unnatürlichen Atmosphäre, zu einer Ent-Humanisierung der Arbeit, ja sogar zu einer vermehrten Belastung des Personals führen müßte; man möchte sich in seinen Reaktionen nicht beobachten, kontrollieren und einschränken müssen, man möchte spontan reagieren können und ein Oben und Unten zwischen Patient und Therapeut vermeiden.

Ein tieferer Grund scheint mir aber darin zu liegen, daß viele Helfer in der Nähe zum Patienten eine ihnen unbewußte Möglichkeit suchen, eigene unbefriedigende private Beziehungen und eigene frühkindliche bzw. kindliche Entbehrungen auszugleichen. Auch entwürdigende Unterlegenheitsgefühle, welche so mancher Helfer erlebt hat (vgl. 3.2.2.2.), werden scheinbar verarbeitet und erledigt, indem man in der Funktion des Betreuers bewußt freundschaftlich, partnerschaftlich, mitmenschlich gleichberechtigt handelt. Dem Patienten läßt man jene Haltung, jene Kommunikation und jenes Engagement angedeihen, das man sich selbst so sehr gewünscht hätte. Die eigene Entbehrung an Zuwendung, Aufmerksamkeit, Geduld, Sympathie und Gespräch wird ungeschehen gemacht - so der Irrtum der Seele -, indem der Therapeut/der Betreuer sich zum Geben entschließt (vgl. *Schmidbauer*, 1977, 1983).

In der Supervision der Patient-Therapeut-Beziehungen wird dann immer wieder deutlich, wie gefährlich diese Haltung ist, weil sie nämlich bei der kleinsten Enttäuschung und beim kleinsten Mißerfolg *umzukippen* droht. Reagiert der Patient nicht dankbar, weist er gar das eigene Bemühen zurück, wird der Helfer also nicht in seinem *gebenden Selbstwertgefühl* bestätigt und gestärkt, kann aus dem wohlwollenden verbündeten Betreuer ein bissiger, aggressiver Gegenspieler werden.

Beispiel: Ein fünfzigjähriger Arzt erzählt von seiner Station (einer psychiatrischen Kriseninterventionsstation) und wie wütend er auf alle Patienten ist, die ihm und seinem Personal nur Schwierigkeiten machen. Auf den obigen Zusammenhang hin angesprochen, antwortet er, daß er sich weigere, den Umgang mit seinen Patienten als ein eigenes, ihn betreffendes psychisches Problem zu sehen. Statt dessen werde er, da eine Bahnlinie in der Nähe seiner Klinik entlang führe, demnächst einen Zug stoppen und dem Lokführer für den Fall eine Belohnung anbieten, daß dieser seinen Zug nicht mehr anhalte, wenn sich Patienten seiner Station auf den Gleisen herumtrieben.

Die Interpretation dieses Beispiels lautet: "Wenn meine Patienten mein Engagement und das meines Personals nicht zu akzeptieren und zu würdigen wissen, indem sie sich so verhalten, wie *wir* es wollen, statt dessen uns nur Schwierigkeiten machen, wünsche ich ihnen den Tod!"

Eine weitere Gefahr, die ich aus der Supervision ableiten konnte, liegt in der *widersprüchlichen Definition von Zielen.* Je mehr der Helfer sich mit dem Schicksal des Patienten identifiziert und darin verwickelt, desto mehr drängt er darauf, daß die Patienten seine Zielvorstellungen verwirklichen (siehe vorne). Die Zielvorgabe der sozialpsychiatrischen Rehabilitation ist die Reintegration des Patienten in die Gesellschaft. Also hat der sozialpsychiatrisch engagierte Helfer dieses Ziel im Kopf, wird es aber gleichwohl affektiv boykottieren und dem Patienten nur brüchig vermitteln, wenn er selbst etwa die Welt der bürgerlichen Gesellschaft ablehnt (was gerade in sozialpsychiatrischen Teams ganz häufig der Fall ist). Mit anderen Worten: Stimmt der Sicherheitsabstand zum psychisch kranken Menschen nicht und wird eine professionelle Beziehungsebene aus menschlichem Engagement verfehlt, teilt der Helfer dem Patienten möglicherweise folgende widersprüchliche Botschaft in bezug auf die langfristige Therapiezielvorgabe mit:

(a) *Die offizielle Botschaft*: "Patient, versuche Dich in die Gesellschaft zu integrieren, bzw. reintegrieren zu lassen!"

(b) *Die identifikatorische Botschaft*: "Bleib nur in unserer sozialpsychiatrischen Subkultur, es lohnt sich nicht, sich in diese durch und durch unmenschliche bürgerliche, nur am Profit orientierte Gesellschaft hinein entwickeln zu wollen. Sie wird Dich ablehnen und zurückweisen, weil Du als Leistungsträger nicht in Frage kommst."

3.3.1. Resümee

Im sozialpsychiatrisch ausgerichteten Team sollten Helfer mit Hilfe der Supervision lernen, eine berechenbare Beziehung, d.h. auch: eine berechenbare Distanz zum Patienten zu entwickeln, welche nur dadurch entstehen und wachsen kann, daß man das eigene Erleben, Handeln, Wahrnehmen und Sprechen in bezug auf die Patienten motivational untersucht und eine gezielte Haltung zum Patienen aufbaut (vgl. *Dörner/Plog*, 1978). Ferner sollten Helfer immer wieder bereit sein, die eigenen lebensgeschichtlichen Hintergründe parallel zum aktuellen Geschehen in der Patient-Therapeut-Beziehung zu erforschen und verstehen zu wollen, um eigene unbewußte Verwicklungen soweit als möglich auszuschließen. Hier kann eine Psychotherapieausbildung sehr förderlich sein.

4. Supervision in der psychotherapeutischen Ausbildung

Der interessierte Leser wird wissen, daß das Feld der Psychotherapie sehr vielschichtig ist. In unserem Kontext ist von "Klientenzentrierter Psychotherapie" nach *C.R. Rogers* (1942/ 1972; 1951/1973; 1961/1976; 1977) die Rede, wobei hinzugefügt werden muß, daß es *"Die reine Lehre"* nicht gibt und viele Modifizierungen des Verfahrens existieren (z.b. *Biermann-Ratjen* et al. 1979; *Plog*, 1976; *Scobel*, 1983; *Tausch/Tausch*, 1981). Die Supervision von Psychotherapeuten in der Ausbildung variiert folglich je nach dem Standort des Ausbilders (bzw. Lehrtherapeuten).

Klientenzentrierte Psychotherapie wird in Gruppen gelernt und gelehrt. Beginnt die Supervision der ersten therapeutischen Praxis der Teilnehmer, kennen sich die betreffenden Personen im Durchschnitt zwei Jahre (und länger). Sie haben in einer Gruppe von maximal acht Auszubildenden je Ausbilder/Supervisor sowohl Theorie als auch Selbsterfahrungseinheiten persönlichkeitsnah und gruppennah erlebt. Die Klienten/Patienten, welche den Psychotherapeuten in der Ausbildung zugewiesen werden, stammen aus verschiedensten Institutionen (oft durch Wartelisten und/oder persönliche Beziehungen zugänglich). Der Supervisor hat bei dem Auswahlverfahren in aller Regel nur wenig Einfluß darauf, welcher Kandidat mit welchem zur Psychotherapie motivierten Patienten anfängt. Bei selbständig tätigen Ärzten und Diplom-Psychologen, aber auch bei angestellten Helfern in beratenden oder klinischen Einrichtungen ist es möglich, daß der Auszubildende seine Klienten aus dem eigenen Erfahrungsspektrum aussucht. Gelegentlich müssen Psychotherapeuten ihre ersten psychotherapeutischen Schritte, mit besonders schwer beeinträchtigten Menschen beginnen, weil die sogenannten leichteren Fälle von den "Profis" der zuweisenden Institution vor-ausgewählt und zur Therapie übernommen werden (dank leichter und erfolgversprechender Arbeit), so daß vor allem die "Drop-Outs" der Warteliste übrig bleiben.

4.1. Lernziele

Hat der Auszubildende seine ersten Gespräche mit Klienten/Patienten begonnen, muß er diese Arbeit supervidieren lassen. Er wird dazu entweder Tonbandaufzeichnungen oder mündliche Berichte der psychotherapeutischen Dialoge vorstellen. Der Supervisor ist nach den Richtlinien seiner psychotherapeutischen Ausrichtung aufgefordert, dabei in der Supervisionssitzung auf folgendes zu achten und den Auszubildenden zu folgenden Zielen anzuhalten:

1) Der therapeutische Raum, die therapeutische Sprech-Situation und die Person des Psychotherapeuten vermitteln dem Klienten/Patienten, daß seine innerseelischen Probleme den Hauptarbeitsgegenstand des therapeutischen Gesprächs darzustellen haben und alles andere eine Form der Ablenkung wäre. Die Betonung liegt dabei auf dem Erleben und auf den Gefühlen des Betroffenen. Es sollte dem Therapeuten in der Ausbildung ferner gelingen, seinen Klienten zur *intrapsychischen Selbsterforschung* (synonym: Selbstexploration) anzuleiten. Dazu gehört, dem Betroffenen aufmerksam zuzuhören und nur dann etwas zu fragen, etwas einzuwenden oder etwas aktiv zu interpretieren, wenn im wechselseitigen Dialog Platz dafür entsteht.

2) Der auszubildende Psychotherapeut soll versuchen, eine *Arbeitsatmosphäre* zwischen sich und dem Klienten/Patienten herzustellen, welche auf *gegenseitigem Respekt* beruht, gegenseitige Wertschätzung, d.h. gegenseitige Akzeptanz fördert und einen *angstfreien therapeutischen Raum* zu entwickeln hilft. Er soll weiter versuchen, eine warmherzige, wohlwollende, anteilnehmende Interessiertheit und Zugewandtheit zu praktizieren.

3) Darüber hinaus bemüht sich der lernende Psychotherapeut, die Erlebnisse, Gedanken, Phantasien, Träume, Gefühle, Wünsche, Bedürfnisse (oder was auch immer) des Klienten so genau wie möglich nachzuvollziehen und mit der "Brille des Betroffenen" zu sehen. Der Psychotherapeut versetzt sich in die Welt des Klienten, versucht sich in dessen Persönlichkeit einzufühlen und strebt auf diese Weise an, den Betroffenen so genau und echt wie möglich zu *verstehen*. Kurzum: Der Auszubildende übt sich in *Empathie*, in Einfühlungsvermögen, in einfühlendem Verständnis. Er weiß durch seine Grundausbildung zuvor, daß der "organische" Prozeß des Verstehens ein wesentliches Agens der Psychotherapie ausmacht.

4) Der Supervisand sollte herausfinden, (a) unter *welcher Störung* sein Patient/Klient leidet, (b) welche aktuellen und welche *entwicklungsgeschichtlichen, ontogenetischen Hintergründe* (primäre und sekundäre Sozialisation) dafür maßgeblich verantwortlich sind und (c) in welcher Weise sich diese spezifische Störung in der *Klient-Therapeut-Beziehung* ausdrücken muß (Psychodynamik).

5) Der Therapeut überlegt sorgfältig, was er dem Klienten sagen will. Er versucht dabei, eine *verständliche Sprache* zu sprechen und nicht etwa eine Fachsprache, wie beispielsweise die Sprache der psychologischen Meta-Ebene. Er versucht die Äußerungen seines Klienten zu entwirren, zu ordnen und durch die eigene Antwort *Schwerpunkte* zu setzen, welche dem Klienten zu mehr Selbstauseinandersetzung verhelfen und ihm zu tieferer Selbstreflexion Anlaß geben.

6) Der Psychotherapeut sollte ständig in der Lage sein, zwischen der eigenen Person und der Person des Klienten zu trennen. Ihm sollte möglichst jederzeit ein *konstanter Sicherheitsabstand* zum Klienten gelingen. Er sollte während der Psychotherapiesitzungen davon ablassen können, die eigenen Wünsche und Bedürfnisse auszuagieren. Einfühlung, Analyse und Verstehen des Klienten/ Patienten verlangen vom Auszubildenden eine gewisse mitmenschliche Abstinenz (d.h., auf liebende, evtl. freundschaftliche, evtl. haßerfüllte, evtl. sexuelle Beziehungswünsche und -taten dem Klienten gegenüber zu verzichten). Dennoch ist der Therapeut gehalten, sich nicht zu verleugnen und keine unechte Rolle zu spielen.

7) Der Helfer in der Psychotherapieausbildung muß gewillt sein, das eigene Handeln, Sprechen, Fühlen und Erleben in bezug auf den Klienten/Patienten zu überprüfen. Er muß verstehen lernen, auf welcher *Sachebene* er sich einerseits und auf welcher *Beziehungsebene* er sich andererseits zum Klienten hinbewegt, bzw. von ihm wegbewegt. Dazu ist es notwendig, die eigenen Gegenübertragungsbereitschaften sowie die eigenen Gegenübertragungsreaktionen auf tieferliegende lebensgeschichtliche Ursprünge zu untersuchen.

Die Funktion des Supervisors besteht dann darin, die besonderen Probleme und Konflikte des Supervisanden in bezug auf den jeweiligen Klienten und dessen Störung herauszufiltern. Außerdem sollte der Supervisor beobachten, ob sich bei Supervisanden bestimmte, evtl. *typische Konfliktmuster* wiederholen, was darauf hindeuten würde, daß der Psychotherapeut in der Ausbildung immer wieder an Grenzen seiner Persönlichkeit stößt, Grenzen also, über die der Auszubildende in den Jahren der "Fall"-Supervision hinauswachsen sollte. Der Supervisor hat folglich nicht nur aktuelle Probleme und Konflikte im Therapiegeschehen seiner Supervisionsteilnehmer zu bearbeiten und soweit als möglich aufzulösen, sondern er sollte darüber hinaus auch die psychotherapeutische Identitätsentwicklung seiner Auszubildenden konstruktiv beeinflussen, d.h., Grenzen, Schwächen, Unzulänglichkeiten, beispielsweise Einengungen der therapeutischen Persönlichkeit, offenlegen und zur Überwindung anregen.

4.2. Das Störungspotential der "Geschwister"-Rivalität

Eine weitere, bedeutsame Aufgabe des Supervisors wird durch die Ausbildung in der Gruppe gesetzt. Teilnehmer untereinander sind Konkurrenten, zumal es um den erfolgreichen Abschluß einer Ausbildung geht. Sie konkurrieren auf verschiedenen Gebieten, wie z.B.:
- Welche Person ist am beliebtesten beim Supervisor?
- Welche Person gilt als am kompetentesten? (beim Supervisor/bei den Gruppenmitgliedern)
- Welche Person ist der "bessere Mensch"? (in der Gruppe)
- Welche Person darf sich in der Gruppe als beliebt und attraktiv, welche als führender Mittelpunkt empfinden?
- Welche Person ist stark, welche ist schwach; welche ist erwachsen, welche ist kindlich?
- Welche Person wagt gegen die Sach-Autorität des Supervisors/Ausbilders anzutreten? Bzw. wer ist der Klügste?
- Welche Person ist ein Problem-"Fall", welche ist ein Muster-"Schüler"?
- Welche Person ärgert sich zuerst, wer ist am aggressivsten in der Gruppe (evtl. negativ besetzt; evtl. positiv besetzt)?
- Welche Person ist "ohne Schuld" (altruistisch, einsichtig, vermittelnd, nicht-aggressiv)?
- Welche Person zeigt Offenheit, wer mauert (gegenüber dem Supervisor/gegenüber der Gruppe)?

Teilnehmer sind also - familienbezogen ausgedrückt - "Gruppengeschwister"; ihre Vorerfahrungen regeln das Ausmaß an Rivalität.

Der Supervisor sollte gewappnet sein, daß sich quasi jedes Thema zum Wettbewerb eignet und nahezu auch jedes aktuelle Problem- bzw. Konfliktthema der "Fall"-Supervision - unbewußt - zum gegenseitigen Konkurrieren aus Neid, Enttäuschung, Haß, Eifersucht, evtl. aus Größenphantasien (oder was auch immer; je nach Vergangenheit der Teilnehmer) genutzt werden kann, vielfach allerdings nicht offen erkennbar, sondern eher versteckt. Meines Erachtens liegt darin das Hauptproblem: Sind die Helfer zur gegenseitigen Rückmeldung in bezug auf ihre psychotherapeutische Arbeit aufgefordert, mag sich manches wie eine wohlgeformte, durchdachte, vernünftige Kritik anhören, ist aber in Wahrheit nichts anderes als eine gezielte, unbewußte, konkurrenzbetonte Herabsetzung des "Mitstreiters" oder der "Mitstreiterin". Das bedeuet: Der Psychotherapeut in der Ausbildung wird z.B. in der Durchführung seiner therapeutischen Gespräche (das narzißtische Produkt) kritisiert - die Sachebene -, gemeint ist aber die Beziehungsebene der "Geschwister-Rivalität", so daß der Betreffende in einem höchst sensiblen Bereich getroffen und verletzt wird. Manche Teilnehmer - wenn diese Konfliktebene nicht aufgedeckt wird - neigen dazu, solche Kränkungen zur Begründung zu nehmen, um für den weiteren Verlauf der Supervisionsphase zu "mauern", d.h., sie verweigern, ihre therapeutische Arbeit vorzustellen und sich zu den eigenen Schwierigkeiten zu äußern.

Mitunter kann es vorkommen, daß man als Supervisor kaum noch zu unterscheiden vermag, ob man es mit agierenden Aktivitäten der Teilnehmer untereinander oder mit ernstzunehmenden Beiträgen zur "Fall"-Supervision, also zur Klient-Therapeut-Beziehung zu tun hat. Der Not gehorchend wird dann aus der Supervision in der Psychotherapieausbildung eine Art Gruppenpsychotherapie der Supervisanden.

Ergo: Letztlich sind nur relativ stabile, wenig neurotische, relativ ausgereifte, wenig konkurrente Helferpersönlichkeiten in der Lage, das Konzept der psychotherapiebezogenen Supervision in der Gruppe mit Gewinn zu praktizieren. Der Supervisor muß ständig aufmerksam sein dafür, daß psychodynamische Prozesse in der Supervisionsgruppe, also unter den Teilnehmern, stattfinden und daß diese Prozesse regelmäßig offengelegt werden sollten, um Strukturen in der Gruppe verständlich machen und bei Rückmeldungsbeiträgen der Teilnehmer in "Rechnung stellen" zu können. Auch muß durch den Supervisor gewährleistet sein, daß er zu erkennen weiß, welche "Geschwister"-Aktivitäten befruchtend und

welche störend, destruktiv auf das Klima in der Ausbildungsgruppe einwirken, wann darauf zu verzichten ist, Fall-Supervision
zu betreiben, und wann statt dessen die Gruppe als Gegenstand
der Supervision bearbeitet werden muß.

Beispiel: Eine Gruppe, bestehend aus vier Frauen und vier Männern, trifft sich
zu ihrer regelmäßig stattfindenden Supervisionssitzung. Drei Teilnehmer sind
Ärzte; fünf Teilnehmer sind Diplom-Psychologen. Der Kern dieser Ausbildungsgruppe, bestehend aus sechs Gruppenmitgliedern, ist seit vielen Jahren zusammen, während zwei Supervisanden erst vor kurzer Zeit neu aufgenommen wurden. Der Ausbilder und Supervisor betreut diese Gruppe seit ihrer Entstehung.
Ein Ritual dieser Gruppe ist es, zu Beginn jeder Sitzung ein sogenanntes Blitz-
licht durchzuführen, was bedeutet, daß jeder Teilnehmer zu formulieren versucht, was er zum Zeitpunkt des Sprechens (also zu Beginn der Gruppensitzung)
gerade denkt, fühlt bzw. erlebt. Nach Abschluß des Blitzlichts schweigen die
Gruppenmitglieder und antworten auf eine Nachfrage des Supervisors, daß man
keine Arbeit mitgebracht und niemand ein Anliegen habe. Daraufhin wird vom
Supervisor die Vermutung geäußert, daß sich Spannung in der Gruppe aufgebaut
habe, daß keiner mehr wagen würde, seine psychotherapeutische Arbeit in diesem Klima anzubieten, und daß keiner sich den möglicherweise ungerechtfertig-
ten Angriffen der anderen aussetzen wolle. Daraufhin entsteht folgender Dialog
(die Namen der Teilnehmer sind erfunden und die Redebeiträge von gesproche-
ner Sprache in geschriebene Sprache übersetzt worden):
Jürgen: Ich stelle heute meine Psychotherapie nicht vor, weil ich von der
Gruppe nicht immer als Spannungsträger und Blitzableiter ausgeguckt werden
will. Jedesmal habe ich mich als erster angeboten, weil ich das lange Schweigen
nicht aushalten kann. Und dann bin ich für meine Arbeit nur kritisiert worden,
kein Lob, keine Anerkennung.
Klaus (neu): Ich bin noch zu neu in dieser Gruppe, um meine Therapiegesprä-
che vorzustellen. Außerdem finde ich, daß Jürgen zu Recht kritisiert wurde.
Gabi (neu): Klaus drückt sich schon immer. Das ärgert mich. Der will die
Gruppe kennenlernen über die anderen, statt daß der seine eigene Arbeit zeigt.
Jürgen: Den Klaus verstehe ich nicht. Der spielt "Verstecken" mit uns. Seine
Sprache stört mich; die ist unheimlich verschwommen.
Klaus: Das kenne ich von mir. Ich habe eben Schwierigkeiten mich einzubrin-
gen.
Ilona: Ich verstehe Klaus. Ich habe auch Angst, meine Arbeit hier auszubrei-
ten.
Ute: Von Klaus erfahre ich nichts. Außerdem redet er unserem Supervisor
nach dem Mund und versucht, die Teilnehmer nur zu kritisieren. Das ist das ein-
zige, was der kann.
Gabi: Klaus zeigt sich nicht.
Uwe: Was heißt denn das: "Jetzt geht's noch nicht?"
Bärbel: Dich, Gabi, mag ich. Obwohl Du neu bist, bist Du mir schon ganz vertraut. Ich habe ein ganz warmes Gefühl zu Dir, wie selten bei neuen Menschen.

Peter: Ich mag Gabi auch; ich finde sie wohltuend natürlich und echt. Klaus dagegen ist wie Watte.

Supervisor: Es hört sich fast so an, als wenn Klaus für schuldig befunden wird, das heile Gruppenklima der Vergangenheit aus dem Gleichgewicht gebracht zu haben?!

Nach einer kurzen Sitzungspause verständigen sich die Gruppenmitglieder darauf, daß man das heutige Problem nicht auf die "Alten" oder die "Neuen" verschieben könne, denn auch Klaus werde gemocht und akzeptiert wie Gabi. Der weitere Dialog zielt dann in eine andere Richtung, wobei es hauptsächlich um Nähe und Distanz sowie um Nehmen und Geben geht:

Gabi: Bei unserem letzten Selbsterfahrungswochenende habe ich mich nicht wohlgefühlt, sondern mich eher verloren gefühlt. Es herrschte ein distanziertes Klima in der Gruppe.

Uwe: Ich will mir das Wochenende nicht kaputtmachen lassen. Ich habe mich wohlgefühlt. Ich wollte Distanz und will das immer noch. Auch wenn zu wenig Selbsterfahrung stattgefunden hat, so macht das doch nichts.

Peter: Leider habe ich beim letzten Mal den Mund nicht aufgekriegt; habe wieder meine Chance verpaßt.

Jürgen: Vielleicht hast Du die Vertrautheit nicht gespürt (an Gabi gerichtet), aber die war da.

Ute: Ich will Nähe nicht als Forderung. Wenn ich Distanz brauche, dann will ich Distanz. Auf dem Wochenende habe ich auch ab und zu Nähe gebraucht und habe auch Nähe gekriegt.

Ilona: Ich habe Angst vor zuviel Nähe.

Bärbel: Man muß sich eben das holen, was man braucht. In dieser Gruppe bekommt man nichts geschenkt.

Supervisor: Letztlich habe ich den Eindruck, daß keiner sagen will, was ihn daran hindert, in dieser Gruppe die eigene therapeutische Praxis zu zeigen und supervidieren zu lassen. Vielleicht sind ja doch tiefere Ressentiments gegen einzelne Gruppenmitglieder und unter einzelnen vorhanden, als man zugeben will?!

An dieser Stelle stoppt die Diskussion und man schwenkt gemeinsam auf folgenden Kurs um:

Uwe (spricht für die Gruppe etwa folgendes): Letztlich habe der Supervisor die Spannung in der Gruppe erfunden. Die gäbe es gar nicht. Vor der Supervision der Therapiebänder drücke man sich deswegen, weil man nie gelobt werde und immer nur die Schwachpunkte herausgefiltert und bearbeitet würden.

Michael weist das als einziger zurück und sagt, daß das so nicht stimme.

Supervisor (in etwa): Das sei tatsächlich ein Problem der Supervision. Man käme ja nicht zusammen, um sich für das Geleistete zu loben, sondern um Konflikte in der Arbeit mit den Klienten zu analysieren. Insofern sei man - Supervisor und Teilnehmer - in der Tat auf der Suche nach den Schwachstellen in der Klient-Therapeut-Beziehung. Was denn daran eigentlich so kränkend sei, zumal man dieses Leid doch miteinander teile?

Kommentar (1): Es sollte deutlich geworden sein, daß hier die Psychotherapeuten in der Ausbildung befürchten, in ihrer Leistung sowohl durch die Gruppenmitglieder als auch durch den Supervisor negativ bewertet zu werden. Die Angst, unfähig zu sein und versagt zu haben, steht in deutlichem Gegensatz zu der Soll-Vorstellung (Ideal) der Supervisanden: Man möchte für eine gelungene, weitgehend fehlerlose psychotherapeutische Vorgehensweise gelobt werden sowie die eigenen Bedürfnisse durchsetzen und durch andere befriedigen lassen. Dem narzißtischen Ideal der Teilnehmer widerspricht eine übersteigerte Versagensangst. Um nicht psychisch verletzt zu werden, vermeidet man die Supervisionsarbeit lieber ganz. Außerdem unterstellen, d.h. attribuieren sich die Therapeuten untereinander, eifersüchtige "Geschwister" zu sein und sich gegenseitig auf Kosten des jeweils anderen anzuschwärzen. Wird ein solches rivalisierendes Verhalten phantasiert und/oder praktiziert, kann nur Lähmung die Folge sein, wenn man Streit, Aggression, Auseinandersetzung umgehen möchte. Der Supervisor muß sich bemühen, sowohl die Ängste der Teilnehmer als auch die Konkurrenz unter ihnen zu verstehen, um nicht wütend gegen die Auszubildenden zu werden und sie bestrafen zu wollen, was eine unreflektierte Gegenübertragungsaktion wäre und die Supervisionsarbeit darauffolgend nur weiter erschweren würde. Denn es mag leicht einfühlbar sein, daß das "Mauern", der Widerstand der Teilnehmer gegen die Supervision und den Supervisor auf die Dauer nur schwer auszuhalten ist (für den Supervisor).

Fortsetzung der Gruppenszene:

Uwe: Ich sehe gar nicht ein, warum mich die Darstellung meiner psychotherapeutischen Gespräche kränken sollte?

Jürgen: Ich schon. Immer, wenn ich meine Arbeit vorgestellt habe, wurde klar, daß ich mich nur punktuell "klientenzentriert" verhalten habe. Bei allen anderen aber waren die Fehler weniger gravierend. Ihr konntet mich immer als Problemfall behandeln, um Euch selbst auf die Schultern klopfen zu können, besonders Du, Uwe.

Gabi: Genau. Uwe kritisiert die anderen und spielt den Helfer, stellt aber selbst seine Therapien nicht vor. Ich kriege von ihm immer eins drauf und er selbst hält sich schadlos.

Supervisor: Allmählich zeigt sich, worum es wirklich geht: Keiner möchte in seinem Wunsch, alles schon zu können, herabgesetzt werden. Wenn man sich dann eingesteht, doch immer noch Fehler zu machen und Unzulänglichkeiten zu haben, möchte man, daß das für alle in der Gruppe gilt, nach dem Motto: "Alle sind gleich, alle sind gleich schlecht, und wenn ich schon kritisiert werde, dann sollen die anderen auch kritisiert werden, vom Supervisor genauso wie von den

Teilnehmern". Dennoch frage ich mich, ob der Gegensatz zwischen dem eigenen Anspruch "Ich-kann-schon-alles" und der Angst, versagt zu haben, nicht doch zu groß ist? Es geht dann nicht mehr um Fehler, sondern gleich um's Versagen?
Ilona: Beim Zertifikat geht's ja auch um alles oder nichts.
Supervisor: Schuld ist das Zertifikat?

Kommentar (2): Einige Supervisanden sind vorsichtig bereit, sich dem individuellen Problem zu stellen, daß es bei der Supervision der psychotherapeutischen Gespräche ganz wesentlich um das *Selbstwertgefühl* des lernenden Psychotherapeuten geht und um den gut verständlichen Wunsch zudem, daß es in der Gruppe keine "Lieblings- bzw. Musterschüler" sowie eine Gleichstellung der Teilnehmer geben möge, eine Gleichstellung, welche partiell Inkompetenz nivelliert. Das Zertifikat aber als Begründung gegen Selbsterforschung der Auszubildenden heranzuziehen, entspricht der aggressiven Deutung, daß letztlich nicht die Supervisanden, sondern die Mächtigen - der Supervisor und sein Therapieverband - Schuld am Dilemma der Gruppe tragen (Fremdverschulden).

Schlußfolgerung: Nur solche Teilnehmer werden langfristig von der gegenseitigen Konkurrenz in der Gruppe als Befruchtung und Ansporn profitieren können, welche einzusehen in der Lage sind, daß Supervision in der Psychotherapieausbildung nicht böswillig darauf angelegt ist, die Supervisanden zu kränken, herabzusetzen sowie ihnen ihre Unfähigkeit vorzuführen, daß Supervision Probleme und Konflikte aufdeckt, um Veränderungen im Therapeutenverhalten zu initiieren, daß Gruppenmitglieder unterschiedlich kompetent sein können, ohne daß sich daraus eine persönliche menschliche Rangfolge der "Geschwister", z.B. beim Supervisor, ergeben müßte. Supervisoren müssen lernen, ihren Teilnehmern nicht demonstrieren zu wollen, was sie - die Teilnehmer - an Persönlichkeit und Kompetenz unentwegt vermissen lassen, was dagegen "gottähnliche" Supervisoren an Überlegenheit besitzen und daß doch nur Lehrtherapeuten/Ausbilder/Supervisoren fähig sind, Psychotherapien konstruktiv, d.h. bestmöglich durchzuführen.

Aber noch ein weiterer Aspekt sei hier nachträglich angesprochen. Die Bezeichnung der "Geschwister"-Rivalität charakterisiert tatsächlich den Ursprung - die primäre Sozialisation - vieler Gefühle, welche im Kontext der fachbezogenen beruflichen Konkurrenz in der Gruppe wachgerufen werden. Selbst Teilnehmer, welche keine Geschwister hatten, also allein aufgewachsen sind, beziehen oft von diesem Ursprung her, also den ersten kindlichen

Erfahrungen in der Familie, ihr Bedürfnis zur Gruppe und/oder zur Ablehnung der Gruppenmitglieder. Beispielsweise wünschte sich eine Supervisandin - wie sie sagte - seit frühester Kindheit Geschwister, war aber in der Ausbildungsgruppe, sobald sie kritisiert, bedrängt und/oder hart attackiert wurde, nicht oder nur schwerlich in der Lage, ihre Therapeuten-"Geschwister" zu ertragen; sofort wurde der entgegengesetzte Wunsch virulent spürbar, allein sein zu wollen, bzw. mit der Elternfigur - dem Supervisor - allein gelassen zu werden. Wiederum andere Teilnehmer tragen in der Supervisionsgruppe das aus, was sie meinen, ihren leiblichen Geschwistern schuldig geblieben zu sein (unbewußt, evtl. geahnt, evtl. bewußt).

4.3. Notwendige Bestandteile einer Supervisionssitzung in der Psychotherapieausbildung

Wie eine Supervisionssitzung aufgebaut werden sollte, wird anschließend formal dargestellt. Ferner werden einige kurze Begründungen gegeben, um diese Struktur thematisch und inhaltlich nachvollziehbar zu machen.

Der Anfang und somit der *erste Abschnitt* der Supervision ist ganz auf die Teilnehmer und das Zusammenfinden in der Gruppe zugeschnitten, und zwar teilen sich die Supervisanden gegenseitig ihre Befindlichkeit mit. Das dient vier Zielen:
- der gegenseitigen Information;
- der gegenseitigen Kontaktaufnahme;
- der individuellen Entlastung;
- zur gegenseitigen Beobachtung der therapeutischen Persönlichkeitsentwicklung.

Also, um eine Brücke zur jeweils vorhergegangenen, letzten Sitzung entstehen lassen zu können, unterrichtet man sich gegenseitig, was in der Zwischenzeit persönlich und beruflich passiert ist. Dabei steckt jeder seine eigenen Grenzen ab. Auf diese Weise nehmen die Supervisanden Kontakt zueinander auf und verfolgen gegenseitig die Enwicklung der therapeutischen Identität des betreffenden Kollegen. Auch wird vieles aus dem Privatbereich berichtet, um sich am Anfang der Supervisionssitzung von "störendem Ballast" zu befreien (individuelle Entlastung), welcher möglicherweise ohne diese Aussprache im weiteren Verlauf der Sitzung unterschwellig und destruktiv in die gegenseitige Beurteilung und Kritik hineingewirkt hätte.

Der *zweite Abschnitt* der Sitzung wird von jenem Therapeuten bestritten, welcher als erster in der Gruppe seine psychotherapeutische Arbeit vorstellen und besprechen möchte. Er wird einen bestimmten Klienten/Patienten auswählen, dessen Beeinträchtigung und den bisherigen Verlauf der Psychotherapie schildern. Dabei interessieren auf der Sachebene verschiedene Fakten, wie beispielsweise anamnestische Daten, entwicklungsgeschichtliche Hintergründe sowie eine potentielle, vorläufige Definition der seelischen Störung (Krankheit). Ferner wird der Psychotherapeut auf der Beziehungsebene seinen Mit-Supervisanden zu zeigen versuchen, was "funktioniert" und wo sich für ihn - den Therapeuten - Schwierigkeiten anbahnen. Zur genauen Demonstration soll ein Tonbandausschnitt der Psychotherapie vorbereitet und abgespielt werden.

Haben die übrigen Gruppen-"Mitglieder" bisher außer Fragen, Nachfragen oder Verständnisfragen zugehört, dürfen sie im *dritten Abschnitt*, welchen ich im ersten Teil die Phase der freien Kommunikation genannt habe, ihre Assoziationen, Interpretationen, Ideen, Erfahrungen, Gefühle, Bewertungen, Kommentare, Kritiken (usw.) zum vorgebrachten therapeutischen Material ebenso wie der Supervisor äußern, wenn möglich in zwei verschiedene Richtungen differenziert: (a) in bezug auf den Klienten/Patienten, (b) in bezug auf das psychotherapeutische Vorgehen des Kollegen. Hier wird also direkt zur handelnden Person des Psychotherapeuten Stellung genommen.

Ist alles Wesentliche gesagt, wird der Supervisor in einem *vierten Abschnitt* auf den Kern der Klient-Therapeut-Beziehung eingehen und alle bisherigen Informationen sowie alle bisherigen Einfälle (die eigenen wie die der Gruppenmitglieder) zu verdichten versuchen - die Fokussierung -, um dem lernenden Therapeuten tiefere Einsichten in das eigene Handeln zu ermöglichen. Zunächst muß festgestgellt werden, welche Fehler des psychotherapeutischen Vorgehens liegen vor und wären vermeidbar gewesen? Ferner ist die Wechselwirkung zwischen der Störung des Klienten und der Reaktion des Therapeuten aufzuzeigen (Thema: Übertragung-Gegenübertragung), wobei besonders die "blinden Flecke" in der Wahrnehmung des Helfers erlebbar gemacht werden sollten. Eventuell wird der Supervisor auch aufdecken müssen, welcher Konflikt sich auf der unbewußten Ebene zwischen

Klient/Patient und Psychotherapeut entwickelt hat. Dafür braucht er die selbstreflexive Mithilfe des Betroffenen. Am Ende dieser Phase kann es außerdem nötig sein, daß die Kommentare der Gruppe überdacht und auf unbewußte Botschaften an den betreffenden Therapeuten überprüft werden müssen.

Die Supervision sollte, wenn möglich, mit konkreten Lösungsvorschlägen beendet werden. Das ist der *fünfte Abschnitt*. Dabei kann die zukünftige, prognostizierbare Entwicklung beim Klienten/Patienten genauso eine Rolle spielen wie die wünschenswerte Entwicklung beim Therapeuten. Es werden dafür Anstöße aus der Gruppe und vom Supervisor gesammelt, in welche Richtung die soeben besprochene Psychotherapie vorangebracht werden sollte und welche Handlungen in die "Einbahnstraße" führen würden (bildlich gemeint). Dabei können für konstruktive Wachstumsprozesse spezifische Heilfaktoren benannt werden (z.B. der Klient sollte zusätzlich zur Psychotherapie eine Selbsthilfegruppe aufsuchen; der Therapeut sollte die Imagination eines Mutter-Kind-Dialoges in einer nächsten Therapiestunde vom Klienten spielen lassen; etc.).

Die Gliederung der Supervisionssitzung in der Zusammenfassung:

- Erster Abschnitt: Befindlichkeit der Teilnehmer

- Zweiter Abschnitt: Vorstellung der Psychotherapie durch einen Supervisanden
  a) Sachebene (z.B. anamnestische Daten zum Klienten und Daten zum therapeutischen Verlauf)
  b) Beziehungsebene Klient-Therapeut (Tonbandkontrolle)

- Dritter Abschnitt: Die Phase der freien Kommunikation
  a) Supervisanden/Supervisor zum Klienten
  b) Supervisanden/Supervisor zum Therapeuten

- Vierter Abschnitt: Fokussierung durch den Supervisor
  a) vermeidbare Fehler beim Therapeuten
  b) Wechselwirkung Klient-Therapeut
  c) blinde Flecken beim Therapeuten
  d) unbewußte Botschaften der Gruppe

- Fünfter Abschnitt: Lösungsvorschläge (Zukunft/Entwicklung)

4.3.1. Verlauf einer Sitzung - ein Beispiel

Kurze Vorbemerkung: die Warming-Up-Phase, wie zuvor dargestellt, wird jetzt ausgelassen.

Jede Supervisionssitzung, welche sich mit laufenden Psychotherapien beschäftigt, enthält diesen Abschnitt: Der Therapeut in der
Ausbildung versucht, dem Supervisor und den Mitsupervisanden
ein Bild vom Patienten/Klienten und seiner Problematik zu vermitteln. Ganz unvermeidbar wird die Wahrnehmung des Therapeuten dabei eine vorrangige Rolle spielen. Das Bild also, welches
vom Klienten in der Supervisionssitzung entsteht, ist ein Bild aus
"zweiter Hand". Lediglich die Tonbandaufzeichnung liefert für die
Zuhörer ein objektives Informationsmaterial, wenn man einmal
davon absieht, daß nonverbale Zeichen im Dialog zwischen Therapeut und Klient - umgangssprachlich formuliert - "unter den
Tisch fallen". Kurzum, die Darstellung des Klienten durch den
Psychotherapeuten (in der Ausbildung) muß als subjektives und
fehlerbehaftetes Informationsmaterial gelten und wird durch die
Wahrnehmung der Gruppenteilnehmer und des Supervisors geprüft. Die Folge davon ist, daß dieser Abschnitt einerseits von der
Schilderung des betroffenen Helfers (Therapeuten) und andererseits von den Nachfragen der Supervisions-"Geschwister" sowie
des Supervisors geprägt wird.

Auf diese Art und Weise entsteht ein Prozeß (bzw. ist bereits
entstanden), welcher in der Phase der freien Kommunikation aus-
geweitet, auf immer größere Bereiche ausgedehnt und (sehr) auf
die Aktivität der Gruppenmitglieder verlegt wird. Ohne großartige Zäsur können diese Abschnitte ineinander übergleiten, wenn
der Supervisor die Einhaltung gewisser Regeln gewährleistet.

Beispiel: Eine zweiunddreißigjährige Therapeutin berichtet von ihrem neuen
Klienten (vierunddreißig Jahre alt), den sie seit zwei Sitzungen betreut. Sie schil-
dert die Kindheit des Betroffenen, die schulische und berufliche Entwicklung
peinlich genau und ausdauernd. Darauf wird die private Seite des Klienten aus-
führlichst seit Abbruch seines Studiums sowie die Geschichte seiner Störungen
berichtet. Die Gruppenmitglieder und der Supervisor haben kaum Gelegenheit,
Zwischenfragen zu stellen und müssen sich sehr anstrengen, die Fülle der Informationen aufzunehmen. Von der Supervisandin, welche ihren Patienten vorstellt,
geht eine gereizte und monotone Stimmung aus. Letztlich vermittelt sie das Bild
eines Menschen - des Klienten/Patienten -, dem nicht zu helfen ist, und zwar:
der Klient ist depressiv und orientierungslos; der Klient ist schwer alkoholabhän-
gig; der Klient hat eine chronisch sich verschlechternde Gichterkrankung (in den
Händen); der Klient hat die Scheuermannsche Krankheit; der Klient ist bezie-

hungslos, ein Job-Abbrecher, impotent und hat eine neunmonatige Drogenkarriere in Indien hinter sich. Die Familie des Klienten wird bis zum Großvater mütterlicherseits als fanatisch und sektenhaft religiös gekennzeichnet. Der Vater, Handwerker von Beruf, die Mutter, Hausfrau, und die drei Geschwister (Bruder, Schwester, Bruder) werden samt Altersunterschieden und persönlicher Charakteristika ebenfalls mit Akribie beschrieben.

Am Ende dieser Darstellung hat sich eine gereizte Stimmung auf die ganze Gruppe übertragen, und man beginnt die freie Kommunikationsphase mit der Vermutung, die Therapeutin könne diesen Klienten nicht ausstehen, habe sich aber doch auferlegt, ihm psychotherapeutisch helfen zu müssen. Tatsächlich wird im Verlauf des Gruppenprozesses weiter und deutlich eruiert, daß die betroffene Supervisandin in ihrer Art der Klientenvorstellung (dem *Wie*), aber auch in der Langatmigkeit der Fakten und des Vortrags (des *Was*) unbewußt verborgen halten wollte (vor der Gruppe und vor sich selbst), wie sehr sie diesen Klienten als Mann ablehnte und sich nichts sehnlicher wünschte, als sich von ihm trennen zu dürfen.

Nach diesem Ergebnis kann der Supervisor zur Fokussierung übergehen. Sein Ziel muß dabei sein, durch die Mithilfe der betroffenen Therapeutin aufzudecken und zu analysieren, welche Gründe zu dieser heftigen Ablehnung des Klienten geführt haben und welche Konflikte umgangen werden sollten.

Fokus (Auswertung der Sitzung): Die nun folgenden Erkenntnisse werden vom Supervisor nach und nach entfaltet und mündlich vorgetragen. Dabei spielt sein Wissen über die Teilnehmer und ihre beruflich-privaten Hintergründe eine wesentliche Rolle.

1) Die Psychotherapeutin in der Ausbildung gibt zunächst ein von ihr unterdrücktes und negativ zensiertes Gefühl (Helfer dürfen Klienten nicht ablehnen) an die Gruppe weiter, um sich zu entlasten, wobei sie kaum bemerken kann, daß sie die Teilnehmer und den Supervisor gegen sich aufbringt. Die Außenstehenden werden durch ihren Vortrag von ihr abgetrennt und insofern unfähig gemacht ("kastriert"), weil die Information perfekt zu sein scheint und Zwischenfragen unterbunden werden. - Die gewünschte Tat am Klienten, nämlich Trennung und Ablehnung, wird also unbewußt an der Gruppe vollzogen.

2) Gruppenmitglieder und Supervisor verhindern insofern einen Streit mit der betroffenen Therapeutin, als sie die gereizte Stimmung nicht zurückgeben, sondern mit einer Vermutung, einer Interpretation letztlich, antworten, und zwar: daß die Supervisandin durch Selbstzensur ein wichtiges Gefühl abwehren und der Ausbildungsgruppe gegenüber ausagieren würde. Hätte man statt dessen auf die provokante Form der Klientenvorstellung aggressiv reagiert, wäre ein Gruppenkonflikt entstanden.

3) Die betreffende Supervisandin hat gerade ihr Baby (ein Junge) abgestillt und will in ihren Beruf zurückkehren. Sie meint, daß sie ihr Kind viel zu lange genährt, gestillt hat. Sie ist einerseits auf den kleinen Jungen, andererseits auf sich selbst wütend, weil sie diese ebenso infantile wie mütterliche Abhängigkeit

nicht rechtzeitig zu beenden vermochte. Sie kann vor ihrem Bewußtsein nicht zugeben, daß sie die Abhängigkeit des Stillens tief in ihrem Inneren gewollt und genossen hat. Den neuen Klienten nimmt sie als süchtig, zur Abhängigkeit disponiert und hilflos wahr und phantasiert, daß nur eine Symbiose der Hilfe (wie mit ihrem Baby) nützen könnte, was sie anekelt, zumal sie zu diesem Zeitpunkt glaubt, selbiges hinter sich gelassen zu haben und sich neu - wie vor der Geburt ihres Kindes - der eigenen sowie der beruflichen Selbständigkeit widmen zu können.

4) Die Potenz bzw. die Impotenz des Mannes ist für sie ein weiteres Problem, was unabweisbar mit der Figur und der Störung des Klienten bei ihr "entzündet" wird. Auch hier, in diesem Bereich, werden ganz ambivalente Wünsche und Gefühle bei ihr wach. Nur vorsichtige und diskrete Fragen des Supervisors können das folgende Material in Ansätzen offenlegen: Überschriftenartig, fast wie eine Schlagzeile, behauptet sie zunächst, daß sie schwache, kranke, hilflose, impotente Männer nicht leiden könne; ihr Ehemann sei stark und in einem konservativen Sinne "männlich-potent" ("macho"-mäßig; die Supervisandin). Sie genieße es andererseits im Beruf beispielsweise, männliche Kollegen zu übertreffen und die Macht der Frauen zu demonstrieren, also sie - die Männer - zu schwächen und ihnen Unterlegenheitsgefühle einzuflößen ("kastrieren").
- Der männliche Supervisor wird ebenfalls als potentieller Kandidat für dieses Interaktionsspiel gesucht.

Kommentar im Nachhinein: Möglicherweise muß die Therapeutin, das konnte in dieser Sitzung nicht endgültig geklärt werden, eigene Wünsche nach Abhängigkeit (vom starken Partner), nach kindlicher Symbiose und nach kindlichem Genießen ("Süchtig"-Sein-Dürfen) sowie überhaupt Bedürfnisse des Nehmen-Wollens niederhalten, um sich selbständig, erwachsen und emanzipiert fühlen zu können. Es scheint so, als wenn ihre "Decke der Abwehr" durch die mütterliche Funktion des Stillens und Gebens sehr dünn geworden war, so daß die Problematik dieses spezifischen Klienten eine derartige Gegenreaktion auslösen konnte, d.h.: der Klient drückt in einem extremen Maß ihre unterdrückten Wünsche aus; dafür muß sie ihn ablehnen.

Lösungsstrategie: Zunächst wird der betroffenen Therapeutin von allen Beteiligten nahegelegt, sich von diesem Klienten real zu trennen, weil man annimmt, daß sie sich nicht so schnell wie nötig von ihrer intrapsychischen Verwicklung "abnabeln" könne. Das sei dem Klienten schonend beizubringen und noch während der Probezeit zu vollziehen (die ersten sechs Gespräche). Die Supervisandin jedoch lehnt diesen Vorschlag ab und will die Therapie weiterführen. Sie begründet das damit, daß sie durch die Supervision gut genug verstanden habe, woher ihre negativen Gefühle stammen. Sie könne jetzt mehr Abstand zwischen sich selbst, d.h. ihre eigene Lebensphase, und die Person des Klienten legen.

Vielleicht gelänge es ihr dadurch, die Probleme des Betroffenen mit anderen Augen zu sehen. Sie werde in der nächsten Supervisionssitzung sofort wieder über den weiteren Verlauf berichten. Speziell wird ihr angeraten, die eigenen Verbalisierungen, also die eigene Sprache, genau zu beobachten: sollte sie zu längeren Sätzen und Ausführungen ausholen, so daß der Klient nicht mehr zu Wort kommen kann, müßte das für sie ein gutes Warnsignal sein, daß sie drauf und dran wäre (wie in der Supervision geschehen), Wut gegen den Klienten unterdrückt auszuleben und ihn - den Klienten - insuffizient zu machen. Überhaupt solle sie einmal gezielt wahrzunehmen versuchen, welche starken und gesunden Persönlichkeitsanteile sie bei diesem Klienten entdecken könne.
- Der Therapeutin fällt daraufhin ein, daß der Klient seit einigen Monaten "trokken" ist und eine Gruppe der Anonymen Alkoholiker regelmäßig besucht.

4.4. Reflexion

Zur Supervision in der Ausbildung zur klientenzentrierten Psychotherapie folgen einige nachdenkliche Überlegungen, zunächst zu den methodischen Implikationen der klientenzentrierten Ausrichtung sowie anschließend zur Entwicklung einer therapeutischen Identität aus der Sicht eines Supervisanden.

4.4.1. Das Gebot der Liebe - das Verbot der Aggression?

Meines Erachtens haben sich für die klientenzentrierten Psychotherapie ähnlich wie in der Sozialpsychiatrie ideologisch besetzte Dogmen, Illusionen, Vorurteile und Mißverständnisse herausgebildet und stabilisiert. Zum Teil werden solche fragwürdigen Überzeugungen aus den eigenen Reihen aufgebracht, zum Teil aber auch von den Gegnern dieser Psychotherapiemethode "gehätschelt". Auch Ignoranz mag dabei eine große Rolle spielen.

Zunächst zu den Schwierigkeiten, die die Psychotherapeuten selbst initiieren: So hatte ich bei Anfängern dieser Methode (nach *C.R. Rogers*) immer wieder den Eindruck, daß sie glaubten, die wichtigsten Grundmerkmale des Therapeutenverhaltens in fast religiös anmutender Betroffenheit verwirklichen zu müssen. Aber auch Fortgeschrittene zeigten bei der Supervision ihrer Psychotherapien eine zwar verminderte, aber doch noch merkwürdig hektische Gespanntheit, wenn es um die Frage ging, inwieweit eine klientenzentrierte Haltung und klientenzentrierte Verbalisierungen in die Tat umgesetzt wurden. Manche Supervisanden entschuldigten sich antizipatorisch, etwa nach der Formel, es sei ihnen wieder einmal nur ganz kurzfristig gelungen, sich klientenzentriert - im Sinne der "reinen Lehre" - zu verhalten, aber man sei gewillt, sich weiter zu verbessern. Das schlechte Gewissen, als habe man eine moralische Übertretung begangen, war jeweils unüberhörbar.

Bei einigen mögen Gründe der individuellen Persönlichkeit verursachend dafür sein, daß sie sich nicht in der gewünschten Weise ausdrücken und realisieren können. Grundsätzlich aber ist zu fragen, ob *Rogers* selbst nicht ganz essentiell dazu beigetragen hat, daß manche Soll-Vorstellung zur psychotherapeutischen Haltung sowie manche Soll-Vorstellung zum psychotherapeutischen Vorgehen oder aber spezifische Thesen zum Wesen des Menschen nicht nur wie Orientierungsmaßstäbe geklungen und gewirkt haben, sondern wie religiöse Überzeugungen aufgenommen und introjiziert wurden. Manche Epigonen haben darüber hinaus an diesem Image kräftig mitgewirkt. Wenn man außerdem bedenkt, daß die klientenzentrierte Methode in der BRD ihre Hochblüte Anfang der 70er Jahre hatte, also von den Ausläufern der antiautoritären Bewegung und der studentischen Anti-Establishment-Rebellion mitgetragen wurde, nimmt es nicht wunder, wenn *Rogers'* Lehre wie eine Botschaft vom besseren Menschen, vom besseren Sein, von der einzig humanen Psychotherapiemethode bei Schülern und Lehrern dieser Ausrichtung angekommen ist. Späte Werke von *Rogers* (z.B. 1978, 1981) und manche seiner öffentlichen Auftritte haben dann die Grenzen von Psychotherapie und Heilslehre völlig verschwimmen lassen.

Es ist wohl an der Zeit, daß das Erbe von *Carl Rogers* dadurch gerettet wird, daß man sorgfältig zu unterscheiden beginnt, was als Methode der psychotherapeutischen Betreuung weiterentwickelt und was als ideologischer Überbau davon getrennt werden sollte. Unter dem Blickwinkel der klientenzentrierten Ausrichtung als psychotherapeutische Methode sind m.E. folgende Postulate unbrauchbar und eine unnötige Erschwernis des psychotherapeutischen Lernens und Handelns:

1) Psychotherapeuten nach *Rogers* müssen ihre Klienten lieben wie gute Mütter, wie gute Väter, wie gute Freunde.
2) Es darf zwischen Klient und Therapeut kein Oben und Unten geben. Alle sind gleich. Macht ist Sünde.
3) Aggressive Gefühle des Therapeuten gegen seinen Klienten/ Patienten deuten immer auf ein intrapsychisches Problem des Helfers hin. Psychotherapeuten können nur dann mit sich wäh-

rend der Durchführung einer Psychotherapie kongruent (echt) sein, wenn sie bei sich keine Aggressionen, sondern nur warmherzige Akzeptanz für den Klienten wahrnehmen.

4) Gezielte Konfrontationen als Mittel des therapeutischen Vorgehens sind unzulässig.

Die Folge solcher Postulate, besser gesagt, solcher Dogmen bei Psychotherapeuten kann nach meiner Erfahrung nur ein durch und durch *unechtes* Verhalten sein. Für den Fall, daß der betreffende Helfer spürt, er kann sein eigenes Wahrnehmen und Erleben nicht derart steuern, wie für den vermeintlich "guten" klientenzentrierten Betreuer gefordert, stellt sich sofort ein Schuldgefühl ein. Der so beschwerte Therapeut reagiert unbewußt mit dem Versuch, sämtliche aggressiven Strömungen zu unterdrücken und zu verleugnen. Dieses Reaktionsmuster ist abgeschlossen, wenn der betroffene Helfer seine aggressiven Impulse nicht mehr spüren kann.

Wenn Helfer ihre Aggressionen generell den Klienten/Patienten gegenüber abwehren und schuldbewußt verdrängen, hat das in aller Regel eine eher trennende, kontaktvermindernde bzw. kontaktzerstörende Wirkung, etwa nach der Regel: nicht von ihm wahrgenommene, aber im Helfer vorhandene, aggressive Gefühle legen sich wie eine Barriere zwischen Therapeut und Klient; sie können nicht überwunden werden, weil der betreffende Helfer/ Therapeut sich weigert, diese Gefühle als zu sich gehörig (a) zu registrieren und (b) anzunehmen.

Hier ist die Supervision wichtig: Der Supervisor ermuntert seine Supervisanden, ihre ablehnenden und aggressiven Gefühle gegenüber Klienten wahrzunehmen und diese Gefühle in der Supervisionssitzung zur Sprache zu bringen. Ziel dabei muß es sein, die intrapsychischen Beweggründe bzw. Hintergründe solchen Fühlens und Erlebens offenzulegen, zu analysieren und zu begreifen, damit sich der betreffende Helfer von diesen Gefühlen ablösen und für andere Empfindungen öffnen kann. So entsteht und wächst Beziehung. Für Therapeuten wie für den menschlichen Umgang allgemein mag gelten, was *Ruth Cohn* (1975, S. 164) einmal treffend in bezug auf Aggressionen formuliert hat: "Meine Wut ist mein Eigentum; meine wütende Handlung unterliegt zwischenmenschlicher Verantwortung."

Außerdem - das sei hinzugefügt - haben kasuistische Studien der Psychopathologie und Psychoanalyse hinreichend ausgewiesen, daß die permanente Verdrängung aggressiver Empfindungen und anderer Gefühle wie Angst und Trauer einen wichtigen Faktor dafür abgibt, Depressivität zur Entstehung zu bringen (z.b. *Jacobson*, 1977; *Bowlby*, 1983). Bei Helfern ist dieses Phänomen weit verbreitet und wurde ebenfalls oft beschrieben (z.b. *Reimer*, 1981; *Schmidbauer*, 1977).

Der Leser könnte sich fragen, warum bisher nur das Thema der Aggression diskutiert wurde und das Thema "Liebe/Elternliebe/Liebe wie zu einem Freund" in bezug auf den Klienten ausgelassen blieb. Nun, zunächst läßt sich dazu feststellen, daß nur da zwischen Menschen Liebe wachsen kann, wo auch Aggression möglich ist. Ohne Ärger und Wut existiert vermutlich keine Liebe (vgl. *Hacker*, 1985). Aber Liebe fordert für Psychotherapie eine ganz unbrauchbare Form von Nähe. Psychotherapie braucht mehr Distanz. Therapeuten müssen lernen, ihren Klienten/Patienten gegenüber ein verträgliches Maß der Nähe und einen soliden Sicherheitsabstand zu bewahren, welcher Sympathie (vgl. *Moser*, 1984) ebenso wie Auseinandersetzung, Reibung und das Austragen eines Konfliktes ohne "tödliche", destruktive Kränkungen erlaubt (vgl. *Willi*, 1985).

Mit anderen Worten, Psychotherapeuten in der Ausbildung sollten die Gesprächspsychotherapie nicht nur als eine verwöhnende, fürsorgliche, schützende, "fütternde", "stillende", gebende Haltung dem Klienten/Patienten gegenüber einüben, sondern auch als eine Form des Umgangs mit Menschen, welche Konfrontation und Auseinandersetzung verträgt. Hat ein Klient beispielsweise Autoritätsprobleme zu bewältigen, nützt das liebevolle Zurückweichen des Therapeuten ohne Festigkeit und Rückgrat gar nichts, außer vielleicht, daß der Betroffene resigniert feststellen muß, daß niemand ihm Halt, Maßstab, Vorbild zur Stabilität sein kann (sein will), außer vielleicht, daß er - der Klient - die Größenphantasie aufbaut, seiner Macht sei niemand gewachsen. Ich bin überzeugt, daß Psychotherapeuten sowieso qua beruflicher Funktion Macht besitzen (die superiore Position), auch dann, wenn sie versuchen, diese Macht abzuleugnen. Der Klient/Patient ist zunächst immer der Hilfesuchende, Bittsteller, Problembehaftete, während der Therapeut sich stark fühlen darf in der Rolle des Gebenden, der studierten Fachkraft. Psychotherapeuten sollten dieses Potential nutzen und dem Patienten/Klienten gegenüber zur konstruktiven Auseinandersetzung einsetzen.

Dabei ist es wichtig, in Phasen zu denken. Es wird nötig sein, daß ein tief verunsicherter, Ich-gestörter Klient am Anfang der

Therapie beschützt und gewissermaßen verwöhnt wird, um Vertrauen zum Psychotherapeuten zu entwickeln und das eigene Selbstwertgefühl, Selbstbewußtsein und Selbstvertrauen zu stärken. Ist er stabilisiert genug und soll er in dieser Phase nicht stekkenbleiben, müssen auch vorsichtige "Portionen" an konfrontierenden Rückmeldungen folgen, die dem Klienten im "Leben draußen" (außerhalb der Therapie) nicht erspart bleiben werden und die er im Schutzraum der Therapie zu bearbeiten und zu bewältigen lernen kann.

Wollen Supervisoren solches Gedankengut vermitteln, müssen sie es selbst praktizieren, und zwar in der Supervisionssitzung den Teilnehmerinnen/Teilnehmern gegenüber. Das heißt, ist in der Supervisionsgruppe ein vertrauensvolles Klima zwischen den Auszubildenden und dem Supervisor gewachsen, sollte die Zeit der gegenseitigen Schonung und die Sprache vorsichtiger Rückmeldung überwunden sein. Auch braucht nicht unentwegt "Nestwärme" zu herrschen. Psychotherapeuten in der Ausbildung sollten es vertragen können, "erwachsen" miteinander zu reden, auch sich zu streiten, hart und kontrovers zu diskutieren und wissen, daß davon "die Welt" des eigenen *Ich* nicht untergeht.

4.4.2. Phasen der Supervision/Phasen der therapeutischen Identität: Die Entwicklung von Thomas K.

Grundsätzlich läßt sich feststellen, daß lernende Psychotherapeuten entsprechend ihrer Persönlichkeitsstruktur gewisse Schwierigkeitsbereiche besonders leicht und gut bewältigen, während andere Bereiche in der Klient-Therapeut-Beziehung nur mühsam und auf Jahre verteilt angegangen werden können. *Beckmann* (1974) hat empirisch für psychoanalytisch ausgebildete Psychotherapeuten herausgefunden, daß sie gezielt gewisse Patienten favorisieren und auf diese Weise typische, therapeutische "Paarbildungen" entstehen, beispielsweise: Depressive Psychotherapeuten bevorzugen depressive Patienten. Psychotherapeuten mit einer schizoiden Persönlichkeitsstruktur wählen hauptsächlich schizoide Patienten aus. Diese Bespiele zeigen eine *identifikatorische* Entscheidung.

Oder in einer anderen Konstellation: Bestimmte depressive Therapeuten übernehmen vor allem Analysen mit hysterischen (submanischen) Patienten; zwanghafte Helfer suchen sich eher oral orientierte, zur Sucht disponierte Patienten. Diese Beispiele weisen eine *komplementäre* Therapie-"Partner"-Wahl auf.

Besteht nun keine Entscheidungsfreiheit für den Psychotherapeuten - und davon muß während der Ausbildung ausgegangen werden -, ist anzunehmen, daß sich einerseits besonders konfliktträchtige und andererseits auffällig reibungslose Klient-Therapeut "Paar"-Bildungen ergeben. Genau das wird durch die Erfahrungen und Ergebnisse der Supervision in der Psychotherapieausbildung bestätigt. Es ist aber unmöglich, hier sämtliche "Paarkonstellationen", die sich beispielsweise als schwierig und konfliktträchtig erweisen, vorzuführen und zu diskutieren. Um trotzdem ein Bild davon zu entwerfen, in welcher Weise Psychotherapeuten ihre Entwicklung während der Supervisionsphase erleben, habe ich als Beispiel einen Helfer - ich nenne ihn Thomas K. - herausgegriffen und möchte ihn auf dem Weg zu einer gefestigteren psychotherapeutischen Identität "begleiten". Dabei soll nicht die Therapeut-Klient-Beziehung im Vordergrund stehen, sondern der Zusammenhang von Supervision und psychotherapeutischer Entwicklung. Selbstverständlich lernt er - Thomas K. - dabei wahrzunehmen, welche Klienten ihm "liegen" und welche Klienten bei ihm auf besonders viel Unverständnis stoßen.

Der Supervisand, Thomas K., berichtet wie folgt: Während seiner ersten Supervisionssitzung hat Thomas K., ein Diplom-Psychologe, immer wieder Angst davor, seine therapeutischen "Anfänger"-Gespräche in der "Öffentlichkeit" der Ausbildungsgruppe zu dokumentieren. Seine Gruppen-"Geschwister" erwecken für ihn den Eindruck, daß sie - im Gegensatz zu ihm - sehr genau wissen, worum es eigentlich geht und wie die lehrenden Kommentare, Überlegungen sowie Rückmeldungen der Supervisorin zu verstehen sind. Die Supervisorin wirkt streng, "haushoch" überlegen und scheint kaum Wert darauf zu legen, daß "richtig" verbalisiert wird. Aber Thomas K. hatte in der Grundausbildung gelernt, es käme vordringlich darauf an, die Gefühle in der Rede des Klienten aufzunehmen, zu analysieren und sorgfältig genau wiederzugeben, also als therapeutische Antwort zu versprachlichen. Die ersten Tonbandausschnitte von einer Psychotherapie mit einer 58jährigen, unglücklichen, alleinstehenden Frau, welche Thomas K. vorspielen kann, werden von der Supervisorin positiv bewertet. Dabei wird auf die konstruktive Beziehung und die gute Arbeitsatmosphäre hingewiesen, welche zwischen Therapeut und Klientin vorherrschen. Auch Kriterien dafür, wie man das festmachen kann, werden benannt.

Thomas K. ist erleichtert und begreift, daß es außer Verbalisierungen in der Therapie noch ganz andere Kategorien gibt, wonach sich der Erfolg oder Mißerfolg einer psychotherapeutischen Betreuung bemißt. Sein unsicheres, geringes Selbstwertgefühl stärkt sich zwar, zumal er glaubt, sehr viel Verantwortung für die Entwicklung seiner Klientin übernommen zu haben, gleichzeitig aber hat sich gezeigt, daß Therapie viel komplizierter zu sein scheint, als die Grundausbildung (in klientenzentrierter Psychotherapie) seiner Erinnerung nach anklingen ließ. Es geht eben nicht nur um das richtige Zuhören und Sprechen, um das Verbalisieren, es geht um mehr.

Häufig wird im Verlauf der weiteren Supervision nachgefragt - etwa nach dem ersten halben Jahr -, was Thomas K. in bezug auf seine Klientinnen - er hat jetzt zwei Therapien - denkt, fühlt und erlebt. Bei jeder Äußerung dazu hat er in der Gruppe, aber auch der Supervision gegenüber, weil diese "lästige Nachfragerei" nicht weiter begründet wird, den unbestimmten Verdacht, er fühle nicht richtig, seine Impulse gegenüber seinen Klientinnen müßten irgendwie suspekt sein (sonst würde ja wohl nicht danach gefragt werden), er liege irgendwie falsch.

Trotzdem begreift er allmählich (auch dadurch, daß er bei seinen Gruppen-"Geschwistern" die Supervision mit ansieht, mit zuhört, d.h. mitlernt), daß die Klientinnen - ganz allgemein gesagt - Emotionen zu ihm, dem Therapeuten, entwickeln und er zu ihnen, und daß das bei jeder noch so gelungenen Verbalisierung immer eine Rolle spielt. Er lernt ferner, daß Erwartungen und Wünsche im Hin und Her des therapeutischen Dialogs mitschwingen, ohne daß diese direkt ausgedrückt werden müssen, es aber wichtig ist, das aufzudecken und sich klarzumachen. Ferner merkt er bei einigen Kolleginnen und Kollegen, daß die "unerhört" in Richtung ihrer Klienten "rummachen", wie er glaubt, viel zu viele eigene Wünsche und Erwartungen im therapeutischen Gespräch richtung-bestimmend ausdrücken, zwar oft indirekt, aber immerhin. Er findet das undiszipliniert. Zum Teil wundert er sich, daß die Supervisorin solches Agieren nicht härter attackiert und "bestraft".

Es sind ungefähr eineinhalb Jahre Supervision in der psychotherapeutischen Ausbildung vergangen.

Thomas K. hört jetzt häufiger am Ende der Supervisionssitzungen, wenn die Supervisorin bereits den Raum verlassen hat und kräftig über alles palavert wird, daß die Teilnehmerinnen und Teilnehmer die Rückmeldung der Supervisorin zurückweisen und sich gekränkt fühlen. Irgendwie ist die Zeit gekommen, wo man sich aneinander mißt und jeder der Beste sein will. Auch Thomas K. beginnt sich mehr als am Anfang von einigen Kollegen zu distanzieren, während er sich zu anderen mehr hingezogen fühlt. Es wird ihm deutlich, daß er eher ernste, vorsichtige, disziplinierte Menschen mag, die weder im Überschwang der Gefühle noch in selbstzentrierten Schwärmereien leben. Während er die Äußerungen der Supervisorin immer noch wie ein "Evangelium" aufsaugt und sich ganz danach zu richten versucht, haben sich andere schon ziemlich abgesetzt und gehen ihre eigenen Wege, was er eher verantwortungslos findet.

Ab und zu wird Thomas K. durch seine Supervisorin - es liegen ca. zwei Jahre Supervision hinter ihm - kräftig verunsichert und kräftig verletzt. Er findet das ungerecht, weil die anderen Supervisions-"Geschwister", wie er glaubt, viel mehr geschont werden. Der Tenor ihrer Äußerungen geht dahin, daß er mit Klienten, welche nicht akut leiden und ihren Schmerz nicht direkt zeigen, viel zu intellektuell umgeht, ja kraß formuliert, abstrakt mit ihnen über Psyche diskutiert. Nur bei wirklich spürbaren Gefühlen und Erlebnissen der Klienten in der Therapiestunde sei er zur Empathie fähig. Ferner behauptet sie, daß er selbst häufig unbeweglicher, ernster, depressiver scheine als seine Klienten; sie empfiehlt, er müsse spielerischer und "leichter" werden, ja er müsse lernen, Hoffnung und Mut auszustrahlen. Zunächst muß Thomas K. solche für ihn ungeheuerlichen Angriffe gegen seine Persönlichkeit zurückweisen, doch leuchtet es ihm nach und nach ein, daß es bei ihm stark depressive Persönlichkeitsanteile gibt, welche besonders in den Therapiestunden durch den Ernst der Situation und durch den Druck der Verantwortung aktualisiert werden. Euphorische, lustige, alberne, humorvolle Seiten seiner Individualität bleiben ausschließlich seinem privaten Leben zugeordnet.

Er versteht allmählich, daß die Supervisorin ihm harte Rückmeldungen und Denkanstöße zumutet, um ihn aus seiner intrapsychischen "Schwere" zu lösen. Ihm wird klar, daß beispielsweise einer depressiven Klientin auf die Dauer nicht damit geholfen ist, wenn ihr Therapeut sie in der Depressivität aufgrund der eigenen Charakterstruktur festhält. Er muß lernen, sich von seiner depressiven und narzißtisch gestörten Persönlichkeit zu lösen, um sich auch von der Depressivität seiner Klienten distanzieren und sie mit weiterführenden Aspekten der Wirklichkeit konfrontieren zu können. Er weiß jetzt nach zweieinhalb Jahren Supervision in der psychotherapeutischen Ausbildung, daß man seinen Klienten im aktuellen Problembereich mindestens einen Schritt voraus sein muß.

Durch die Anstöße, in den Supervisionssitzungen ausgelöst, sucht Thomas K. in den nächsten drei Jahren vermehrt Selbsterfahrungsworkshops auf und beginnt eine eigene Therapie. Er erlebt dabei vieles, was seine Klienten auch erlebt haben, nur auf der anderen Seite des therapeutischen Geschehens. Außerdem erfährt für ihn psychologische, psychoanalytische und psychopathologische Fachliteratur, welche Thomas K. vor Jahren gelesen hatte oder welche er neu liest, eine vitale, von Wirklichkeit durchdrungene, jetzt erst wirklich vorstellbare Bedeutung. Er interessiert sich folgerichtig mehr noch als früher für die eigene Entwicklung in der Kindheit, in der Schulzeit und während des Studiums, wobei viele unterdrückte Ängste, ungefühlte und ungelebte Wut sowie große Selbstwertideale aufgedeckt werden.

Nach etwa drei bis dreieinhalb Jahren psychotherapeutischer Supervision spürt er, daß er sich aus dem depressiven Sog vorgearbeitet hat, in der psychotherapeutischen Betreuung von Menschen "leichter" und selbstbewußter geworden ist und nur noch ungern schwer depressive Klienten zur Therapie übernimmt. Die Erinnerung an eigene ungeliebte Persönlichkeitsanteile ist noch zu frisch. Er spürt, wie sehr ihn depressive und auch suizidale Patienten/Klienten ärgern und zur "Weißglut" treiben können, wie sehr er von ihnen in ein Netz der Hilflosigkeit eingespannt wird und daß er ihre ewigen, meist indirekten, moralischen Schuldzuweisungen nicht mehr ertragen kann. Seine Kollegen und seine Supervisorin zeigen ihm an diesem Beispiel seiner Gefühle auf, daß die Supervision und die Auseinandersetzung mit der eigenen therapeutischen Identität weitergehen muß, d.h. nicht abgeschlossen ist.

4.5. Die Parallelität der Störung

In der Supervision von unerfahrenen Psychotherapeuten kann und muß davon ausgegangen werden, daß die psychische Störung beim Klienten/Patienten in aller Regel ein typisches Konfliktmuster zwischen Helfer und Klient zur Entstehung bringt: Dieses Konfliktmuster nenne ich die "Parallelität der Störung".

Damit ist folgendes gemeint: Patienten haben durch ihre Neurose oder Psychose ein spezifisches Kommunikationsmuster - oft seit frühester Kindheit - eingeübt und ausgeübt (vgl. *Goeppert/Goeppert*, 1975; *Bateson* et al., 1969; *Scobel*, 1983). Dieses Kommunikationsmuster wird auf die Psychotherapie übertragen. In dieser Hinsicht ist der Patient zunächst - also am Anfang der Therapie - eindeutig mächtiger als der Therapeut. Ergo: der Patient setzt im psychotherapeutischen Dialog sein neurotisches oder psychotisches Kommunikationsmuster durch und der Therapeut (in der Ausbildung) reagiert.

Diese Reaktion spiegelt der Psychotherapeut während der diesbezüglichen, ihn betreffenden Supervisionssitzung. Teilweise überträgt sich (für den Helfer unbemerkt und ungewollt) das Kommunikationsmuster zwischen Klient und Therapeut auf die Interaktion zwischen Supervisand (in der Rolle des betroffenen und handelnden Psychotherapeuten) und Supervisionsgruppe. Der Supervisor wird also einerseits im psychotherapeutischen Material (mündlicher Bericht plus Tonband) und andererseits am Supervisionsgeschehen beobachten und konstatieren können, in welcher Form der unerfahrene Helfer sich gegen die Störungsstruktur seines Klienten/Patienten zur Wehr setzt.

Häufig stehen Psychotherapeuten in der Ausbildung in der Gefahr, eine komplementäre, die Störung des Klienten ergänzende Reaktion zu inszenieren, so daß ein abgerundetes neurotisches oder "verrückt-machendes" System der Kommunikation entstehen kann. Möglicherweise entfalten sich höchst destruktive und von ihrer Anlage her unendliche therapeutische Dialoge wie ein sich selbst anheizendes Feuer. Selbst erfahrene, gut ausgebildete Psychotherapeuten sind oft nicht in der Lage, ein solches Kommunikationsmuster wahrzunehmen und zu durchbrechen.

Beispiel: Frau S. befindet sich seit drei Jahren in psychotherapeutischer Behandlung, ohne irgendeinen persönlichen Fortschritt erlebt zu haben. (Die Psychotherapeutin kann als erfahren bezeichnet werden.) Im Gegenteil, sie, die Klientin, berichtet, es sei immer mehr mit ihr bergab gegangen. Sie fühle sich wertloser, nutzloser, depressiver als vor ihrer Therapie. Jeden Tag neu überlege sie, ob sie überhaupt noch leben wolle. Ihre Psychotherapeutin habe sie am Anfang der Therapie relativ wenig bedrängt, und sie habe sich relativ gut verstanden und aufgehoben gefühlt. Aber im weiteren Verlauf der Therapie sei ein bestimmter Druck immer stärker geworden: die Therapeutin habe verlangt, sie solle sich verändern. Sie, die Klientin, habe geantwortet, sie könne sich so nicht verändern. Am Ende der Therapie (nach etwa drei Jahren) habe ihre Therapeutin voll Aufregung behauptet, daß sie sich ja gar nicht verändern wolle. Die Klientin berichtet, daß sie sich mit der Therapeutin Redeschlachten geliefert habe - wie mit ihrer Mutter. Die Mutter habe auch immer Druck gemacht und ironisch gemekkert, sie, die Tochter, tauge nichts, sei dumm und häßlich und würde es zu nichts bringen. Kurz vor ihrem Tod habe die Mutter gar behauptet, die Tochter sei schuld daran, daß sie, die Mutter, krebskrank geworden sei. Ebenso bzw. ähnlich habe sie ihrer Therapeutin gegenüber das Gefühl gehabt, an allem schuld zu sein, die Menschen immer nur aufzuregen und zu nichts fähig zu sein. Da könne sie sich ja gleich das Leben nehmen.

Wird die Verzahnung eines solchen Kommunikationssystems zwischen Klient und Therapeut nicht durch die Supervision aufgedeckt und zum Stillstand gebracht, entwickelt sich beim Helfer als unreflektierte Antwort auf das System des Klienten ebenfalls ein gestörtes, unveränderbares Wahrnehmungs- und Kommunikationssystem. Die Psychotherapeutin in unserem Beispiel weigert sich zu merken, daß sie auf ihre Klientin bereits hochgradig gestört reagiert. Sie verarbeitet ihre eigene Unfähigkeit, konstruktiv und verändernd auf Frau S. einzuwirken, mit einem druckvollen, aufgeregten System der Anklage. So ergibt sich wie zwischen Mutter und Tochter das folgende unendliche Kommunikationsspiel: Druck/Anklage/Verurteilung - Rechtfertigung/Rückzug/Gegenangriff.

Ohne Supervision der Klient-Therapeut-Beziehung besteht also - und manchmal selbst für "erfahrene" Psychotherapeuten - die Gefahr, daß sich im Interaktionsrhythmus des therapeutischen Dialogs ein Circulos Vitiosus entwickelt, welcher langfristig dazu führt, daß der Psychotherapeut parallel zum Klienten/Patienten eine Wahrnehmungs- und Kommunikationsstörung ausbildet, welche nur schwer korrigierbar ist, so daß sich Klient und Therapeut womöglich in Wechselwirkung zur "unendlichen" Wiederholung eines alt eingeübten Kommunikationssystems aus der Kindheit/ Jugend des Patienten ergänzen.

Im Supervisionsbeispiel des Abschnittes 4.3.1., das gebraucht wurde, um den Ablauf einer Supervisionssitzung in der psychotherapeutischen Ausbildung zu dokumentieren, war die betroffene

Therapeutin, welche im Begriff stand, ihren neuen Klienten zurückzuweisen, auf dem besten Weg dazu, ein gestörtes Wahrnehmungs- und Kommunikationssystem für die Durchführung der vor ihr liegenden psychotherapeutischen Aufgabe in Szene zu setzen. Aus eigener Problematik heraus hätte sie ihren Klienten auf die Rolle eines süchtigen Kleinkindes, was nicht erwachsen werden will, festgelegt und mit ihm die Sprache einer verärgerten und resignierten Mutter gesprochen, etwa nach dem Muster: "Du großes Kleinkind, werde doch endlich erwachsen und selbständig, damit ich dich mögen kann! Da Du Dich aber weigerst und sowieso an Mutters Brust festkleben möchtest, kann ich Dir nicht helfen und muß Dich ablehnen. So jedenfalls wirst Du nicht gesund werden!" Diese Botschaft aber ist absurd - vom Standpunkt der Logik -, voller Widersprüche und unzulässiger Prämissen; psychologisch gedacht bedeutet sie, daß die Psychotherapeutin unbewußt ein System gestörter Wahrnehmung und Kommunikation als Reaktion/Antwort auf den Klienten verwirklichen will und auf diese Weise dafür sorgen würde, daß der Betroffene seelisch krank bleibt und nicht wachsen kann (im psychologischen Sinne). Möglicherweise setzt die Psychotherapeutin einen persönlichen Neurotizismus durch: Sie fördert unbewußt Abhängigkeit und Unterlegenheit von Männern (von Kindern) ihr gegenüber, während sie vom Bewußtsein her Selbständigkeit und Unabhängigkeit leben will. Es wurde schon angedeutet, daß potentielle Wünsche der Supervisandin nach Selbst-Aufgabe, "süchtigem" Genuß, Verwöhnung und Schutz solchermaßen niedergehalten und verdrängt werden können. In bezug auf die Psychotherapie hätte das die Auswirkung gehabt, daß sich zwei Störungen, die des Klienten und die der Therapeutin, parallel im therapeutischen Dialog eingerichtet und als in sich verzahntes Interaktionsspiel ausgelebt hätten.

4.6. Fehler der Supervision

Im Verlauf der vorliegenden Abhandlung wurden je nach Problembereich schon verschiedenartige Fehler, welche in der täglichen Praxis der Supervisionsarbeit vorkommen können, vorgestellt und an Beispielen illustriert. Was hier abschließend noch darzustellen bleibt, betrifft Fehler "höherer Ordnung": Was Supervisoren sich immer wieder "zu schulden" kommen lassen, ist

meines Erachtens die weit verbreitete und unerschütterliche
Überzeugung, daß sie so gut wie keine Fehler machen und grundsätzlich Recht haben. Der nächste Fehler, welcher diesem folgt
und zudem außerordentlich ähnelt, besteht in der Illusion, daß
man selbst als Supervisor über jene Fehler erhaben sei, welche
man bei Supervisanden erkennt, während man sich vielleicht einzugestehen vermag, daß man andere, eigene Fehler begeht. Mit
anderen Worten: Wenn ein Supervisor eventuell Fehler in der
Machtbalance zwischen Therapeut und Klient sowie in der Nähe-
Distanz-Regulierung eines therapeutischen "Paares" entdeckt, darf
er auf keinen Fall sicher sein, daß ihm das nicht passieren würde.
Ist man dagegen als Supervisor gewillt, diese zwei Fehler bei sich
selbst jederzeit als Möglichkeit und als Realität zu suchen, dürfte
man gegenüber einem dritten Fehler relativ gefeit sein, nämlich
hochnäsig, arrogant und übellaunig auf Kritik zu reagieren. Die
Kritik von Supervisanden am Supervisor spiegelt in aller Regel
ebensoviel Wirklichkeit und Wahrheit wider wie die Kritik des
Supervisors an seinen Supervisanden.

Einen weiteren Fehler, mit dem sich Supervisoren gleichermaßen zur gesetzgebenden und ausführenden Instanz deklarieren,
sehe ich darin, *daß Psychotherapeuten in der Ausbildung vom Supervisor entweder zu Patienten oder aber zu unmündigen Kindern
abgewertet werden.* Es ist zwar richtig und wünschenswert, daß Supervisoren die psychotherapeutische Kompetenz ihrer Kandidaten
kritisch beurteilen, aber sie sollten dabei nicht vergessen, daß sie
es mit mündigen Personen zu tun haben. Ebensowenig sollten Supervisoren das Gegenteil versuchen und sich in die Therapieaus-
bildungsgruppe soweit symbiotisch integrieren, daß ihre Funktion
und Autorität nicht von der Autorität und Funktion der Teilnehmer zu unterscheiden ist. *Um Kränkungen von Supervisanden zu
vermeiden, können Supervisoren zwar auf Kritik und Beurteilung als
Instrument der Supervision gänzlich verzichten, nur begehen sie dann
den Fehler, ihre Aufgabe zu verleugnen.*

Als eine besondere, zusätzliche Gefahr des Supervidierens
möchte ich schließlich noch die *"Untugend" der Ungeduld* benennen. Während es einem Supervisor z.B. gelingt, die individuelle
Entwicklung eines Klienten/Patienten mit Langmut und Akzeptanz abzuwarten, bedrängt er seine Supervisanden oft intensiv,
sich so schnell wie möglich zugunsten der von ihm gewünschten
und projektierten psychotherapeutischen Identität weiter zu entwickeln. Geschieht das nicht, ist er wie eine enttäuschte Elternfi-

gur bereit, dem "uneinsichtigen" Supervisanden gegenüber unge-
duldig und aggressiv zu werden. Meistens verbirgt sich dahinter
nichts anderes als der Versuch, anderen das abzugewöhnen, was
man bei sich selbst nicht leiden kann. Gelingt es dem Supervisor
dagegen, sich die eigenen Fehler zu verzeihen und sich zur Veränderung Zeit zu lassen, überträgt sich das wohltuend auf die
Supervisonsarbeit.

Christian Reimer

5. Suizidalität als spezifisches Problem des psychiatrischen/psychotherapeutischen Helfens und der Supervision

5.1. Die Größe des Suizidproblems

Selbstmordgefährdung ist ein häufiges Phänomen: Jedes Jahr töten sich in der Bundesrepublik Deutschland etwa 13 000 Menschen. Diese Zahl ist mit einer Schwankung von plus/minus 1000 nach dem zweiten Weltkrieg relativ konstant geblieben. Damit gehört die Bundesrepublik zu den Ländern mit der größten Suizidhäufigkeit. Die Statistiker sehen als das entscheidende Maß für eine hohe bzw. niedrige Selbstmordgefährdung die sogenannte Suizidrate an, d.h. die Zahl derjenigen Menschen, die durch Selbstmord bezogen auf 100 000 Einwohner umkommen. Diese Ziffer liegt in der Bundesrepublik bei etwa 22 pro 100 000 und damit relativ hoch. Aus dieser "harten" Suizidstatistik ist auch ersichtlich, daß sich etwa doppelt so viele Männer wie Frauen das Leben nehmen. Die Größe des Problems wird noch deutlicher, wenn man sich vergegenwärtigt, daß auf einen Suizid mindestens 10, vermutlich aber sehr viel mehr, also bis zu etwa 20 Selbstmordversuche kommen. Die Dunkelziffer ist sehr groß, weil häufig nur von der Polizei und auch nicht in allen Bundesländern bzw. Ländern Statistiken beim sogenannten Freitodversuch geführt werden. Diese Relation würde bedeuten, daß in der Bundesrepublik Deutschland pro Jahr zwischen 130 000 bis zu etwa 250 000 Menschen einen Suizidversuch unternehmen - unabhängig von der Schwere, mit der dieser angelegt ist. Wenn hier von Selbstmordversuch gesprochen wird, wird Bezug genommen auf eine Definition von *Stengel*, die so lautet: "Selbstmordversuch ist jede Handlung der Selbstschädigung, die mit der Absicht der Selbstvernichtung begangen wurde, so vage und zweifelhaft diese sein mag. Manchmal muß diese Absicht aus dem Verhalten des Patienten indirekt erschlossen werden" (1969, S. 70). Anders als beim

Suizid unternehmen etwa doppelt so viele Frauen wie Männer Suizidversuche. Nur ein Teil der Menschen, die eine solche Suizidhandlung begehen und überleben, kommt in Klinikbehandlung, weil sich manche Menschen nach einem Selbstmordversuch nicht von sich aus in ärztliche Behandlung begeben und die Wirkung der Tabletten zu Hause verschlafen oder Selbstmordversuche häufig auch aus Scham und anderen Gründen verschwiegen werden.

Schon diese Zahlen belegen, wie häufig Suizidgefährdung ist, so daß Therapeuten unterschiedlicher Ausbildung sowohl im ambulanten, wie auch im stationär-klinischen Bereich mit suizidalen Patienten konfrontiert werden. Dabei sind es nicht immer nur Patienten nach Suizidhandlungen, die behandelt werden müssen, sondern auch Patienten mit Suizidgedanken bzw. Suizidplänen, die noch nicht realisiert worden sind.

Aus vielerlei persönlichen Erfahrungen, Mitteilungen von Kollegen und aus der Literatur läßt sich ableiten, daß der Umgang mit suizidalen Patienten für viele Therapeuten sehr belastend ist. Es knüpfen sich daran vielfältige und ganz unterschiedliche Ängste an, z.B. in der Behandlung solcher Patienten etwas falsch zu machen, die Suizidalität falsch einzuschätzen, was zum Suizid führen könnte. Viele in der Klinik Tätige machen auch die Erfahrung, daß es schwierig sein kann, Psychotherapeuten zu motivieren, Patienten nach Suizidversuch in Behandlung zu nehmen, selbst wenn die gängigen Psychotherapie-Indikationskriterien stimmig sind. Es herrscht also gerade im Umgang mit suizidalen Patienten vielfach ein bestimmtes *emotionales Klima*, das im folgenden beschrieben werden soll.

5.2. Behandlungsprobleme

5.2.1. Das affektive Klima

Zur Verdeutlichung dieses Punktes möchte ich zunächst eigene Erfahrungen aufführen: In den ersten Jahren meiner psychiatrischen Weiterbildung stellten Suizidpatienten aus verschiedenen Gründen eine ganz besondere Klientel für mich dar, und so ging es auch vielen anderen Kollegen. Ich habe in einer Universitätsklinik gearbeitet, in der auf sehr engem Raum alle Kliniken beisammen waren, so daß sich sehr häufig, z.B. in den Nachtdiensten, die Situation ergab, daß ich als diensthabender Psychiater zu entsprechenden Patienten gerufen wurde, deren Anzahl von Jahr zu Jahr auch zunahm. Es gab neben der Chirurgischen Poliklinik einen zentralen Aufnahmedienst; es handelte sich um eine Station, die von Internisten betreut wurde und in die alle nichtchirurgischen Patienten zur Aufnahme kamen und dann dort von den verschiedenen Konsiliarien gesehen und weiter verteilt wurden. Auf dieser Station war also häufig der erste Kontakt mit Patienten nach Selbstmordversuch. Meine Erfahrungen mit diesen Patienten bestanden einmal darin, daß viele von ihnen ihren Suizidversuch bagatellisierten und sehr heftig bemüht waren, mich von ihren Konflikten abzulenken, sehr häufig verbunden mit einem Wunsch nach rascher Entlassung, der manchmal sehr fordernd vorgetragen wurde. Dabei machte mir oft das Gefühl zu schaffen, daß die Suizidalität der Patienten wegen ihrer relativen Verschlossenheit, manchmal sogar ihrer ausgesprochenen Ablehnung nur schwer zu beurteilen war und ich mich unsicher fühlte, ob es zu verantworten sei, dem Entlassungswunsch der Patienten nachzugeben. Wenn ich mich von Fall zu Fall dann nicht dazu entschlossen habe, lief es häufig auf einen Kampf hinaus, der darin bestand, daß ich überlegen mußte, ob irgendeine Indikation bestehen könnte, die Patienten gegen ihren Willen in der Klinik zu behalten. In solchen Situationen war dann die Beziehung zum Patienten manchmal so schlecht, daß weitere vertiefende Gespräche über den jetzigen Konflikt völlig unmöglich waren und sowohl ich wie dann auch der Patient frustriert auseinandergingen.

Ich habe auch zahlreiche Telefonate mit suizidalen Patienten während der Nachtdienste im Kopf, die häufig alkoholisiert mitten in der Nacht anriefen und mich in lange Gespräche verwickelten, in denen sie oft weder ihren Namen preisgaben, noch konkrete Hilfsangebote von mir annehmen mochten. Solche Telefonate endeten gelegentlich mit der Ankündigung der Patienten, daß sie sich vielleicht doch noch umbringen würden, und ich weiß, daß ich mich nach diesen Gesprächen häufig sehr unwohl gefühlt habe und auch Angst hatte, daß die Patienten sich vielleicht wirklich umbringen könnten und dann juristische Konsequenzen auf mich zukämen.

Dieser Druck, diese Unerreichbarkeit der Patienten beherrschte die Interaktion nicht nur bei mir, sondern auch bei anderen Kollegen. Und von daher war meine Beobachtung aus mei-

nen ersten Assistenzarztjahren, daß Suizidpatienten im Grunde
sehr unbeliebt waren.

Ein weiteres Erfahrungsfeld ergibt sich aus den Beobachtungen
der Interaktion zwischen Suizidpatienten und Pflegepersonal bzw.
Kollegen, die nicht Psychiater sind, und ich möchte auch dazu einige Beispiele nennen. In diesem zentralen Aufnahmedienst, den
ich schon erwähnt hatte, war das Pflegepersonal in aller Regel
emotional äußerst ablehnend gegenüber Suizidpatienten. Dort
herrschte die Meinung, diese Patienten seien im Grunde selbst
schuld an ihrem Elend und hätten sich ja entweder beherrschen
können oder aber es richtig machen sollen. Den meisten Druck
und die meiste Verachtung bekamen Patienten ab, die relativ wenig Tabletten genommen hatten. Hier war häufig zu beobachten,
daß beim Auspumpen des Magens der dickste Magenschlauch
verwendet wurde, ohne daß es eine medizinische Begründung dafür gegeben hätte. Das Erbrechen der Patienten nach Salzwasser-
trunk und das dabei vorhandene Unwohlsein wurde häufig nur
sehr knapp maskiert mit einer gewissen Genugtuung, ich würde
sogar sagen: mit sadistischer Freude, beobachtet.

Dieses affektive Klima wurde mir im Laufe der Jahre zunehmend deutlich, und ich habe dann auch mehr darauf geachtet. So
hörte ich auch immer wieder vom Personal einer medizinischen
Intensivstation, die Suizidpatienten nähmen den wirklich Kranken, wie z.B. den Infarktpatienten, die Betten weg, und die
Psychiater sollten sich doch selbst um entsprechende Entgif-
tungsmaßnahmen kümmern, wie es früher auch der Fall gewesen
sei. Eine Intensivschwester sagte mir einmal im Hinblick auf eine
Suizidpatientin, die sich in der Aufwachphase anklagend geäußert
hatte, warum man sie denn nicht hätte sterben lassen, das sei ja
ganz typisch für diese Patienten, von denen bekomme man keine
Anerkennung und die seien überhaupt undankbar. Ein weiteres
Beispiel belegt diese Art von Erfahrungen noch besonders dra-
stisch:

Ich erinnere einen Bereitschaftsdienst. An jenem Samstagabend wurde ich in
die Chirurgie gerufen. Der diensthabende Psychiater möge sich in der Unfallam-
bulanz melden. Dort fand ich eine junge Frau vor, Anfang 20, die sich nach einem Streit mit ihrem Freund Schnittwunden im Bereich des linken Handgelenks
beigebracht hatte. Das Gespräch mit ihr fand in einem Zimmer der Klinik statt,
wurde aber bereits nach 5 Minuten gestört. Es kam ein älterer Oberarzt der Klinik herein, begrüßte mich kurz und bekam dann völlig unvermittelt einen heftigen aggressiven Ausbruch gegenüber der Patientin: Solche Leute wie sie wolle

man hier gar nicht haben, und wenn sie schon so etwas wie einen Selbstmordversuch mache, dann solle sie es auch richtig machen. Er sei gern bereit, ihr am Hafen ein Geschäft zu nennen, wo sie sich einen ordentlichen Strick kaufen könne, mit dem sie sich dann zu Hause auf ihrem Dachboden aufknüpfen könne. Damit endete diese gespenstische Szene. Ich habe jedenfalls dieses Klima der Verachtung, was sich häufig auch in Ironie äußerte, bei entsprechenden Konsiliarbesuchen immer wieder gespürt. Unter anderem führt es ja auch dazu, daß gerade die sehr empfindlichen suizidalen Patienten schon in der Primärversorgung wieder gekränkt werden und dann für weitere psychologische Betreuung manchmal verständlicherweise sehr verschlossen erscheinen.

Schon diese wenigen Beispiele haben deutlich gezeigt, daß viele Therapeuten gegenüber Suizidpatienten eine Reihe nur schwer beherrschbarer *Gegenübertragungsgefühle* haben, die gerade bei Suizidhandlungen bzw. vollendetem Suizid von Patienten verdrängt werden hinter einer Mauer des Schweigens und vielen Rationalisierungen, die fatal klingen, wie z.B.: Suizid hat es immer gegeben, wird es immer geben, usw. Als ob dies ein bei psychischen Krankheiten immanenter Faktor sei, halt eine besondere Variante von Schicksal. Damit ist der Behandler das Problem los und braucht auch über seine eigenen Anteile nicht mehr nachzudenken. Solche massiven Verdrängungswünsche mögen aber auch verständlich sein, da Schuld- und Schamgefühle nach Suizidhandlungen von Patienten auftauchen und der hilflos gemachte Helfer sich in seinem Selbstideal nicht mehr ertragen kann. Zudem fehlt oft kompetente Supervision, um gemeinsam und konstruktiv die suizidale Szene zwischen Arzt und Patient aufzuarbeiten. Ich möchte daher im folgenden einige Faktoren nennen, die für ein affektives Klima gegenüber Suizidpatienten verantwortlich gemacht werden können (Tabelle 1).

Tabelle 1: Das affektive Klima gegenüber Suizidpatienten - Einflußgrößen

- mangelndes Wissen über Suizidalität
- persönliche Erfahrungen
- fixierte Einstellungen zum Suizid
- Angst vor Ohnmacht/Hilflosigkeit/Erfolglosigkeit
- Angst vor Abhängigkeit
- Wut über Verweigerung der Helfer-Komplementärrolle
- Wut wegen mangelnder Öffnung (Abwehr)
- Wut wegen Appellverhalten und "Demonstrativität"
- eigene Suizidalität

Mangelndes Wissen über die *Hintergründe* bzw. Psychodynamik von Suizidalität kann dazu führen, daß Affekte gegenüber Suizidpatienten auftauchen. Wenn ein Helfer z.B. meint, mit moralischen Appellen bzw. Vorhaltungen Suizidpatienten gegenübertreten zu müssen, kann sich der weitere Kontakt äußerst schwierig gestalten, wie das folgende *Beispiel* belegt:

Ein befreundeter Internist berichtet mir, wie schwierig der Kontakt mit Suizidpatienten sei, und erzählt dazu ein Beispiel, das er selber während seiner Zeit auf der Intensivstation erlebt hat. Dort sei eines Tages eine etwa 50jährige Patientin eingeliefert worden, die, nachdem ihr Mann sich nach 22 Jahren Ehe von ihr getrennt hatte, einen Suizidversuch mit Tabletten unternommen hatte und intensivmedizinisch behandelt werden mußte. Als sie wieder voll erwacht gewesen sei, habe er ein Gespräch mit ihr versucht, was aber bald gescheitert sei. Meine Frage nach dem Ablauf des Gesprächs ergab folgenden Inhalt: *Arzt*: Warum haben Sie das gemacht? *Patientin*: Mein Mann hat mich verlassen. *Arzt*: Aber darum nimmt man sich doch nicht das Leben! *Patientin*: Aber ich will nicht mehr! Nach diesem Satz sei die Patientin dann völlig verschlossen gewesen und er habe auch nicht mehr gewußt, wie er das Gespräch habe weiter fortführen können. Er habe sich dann damit begnügt, den zentralvenösen Zugang zu kontrollieren und habe dann bald das Zimmer verlassen. Dieses erscheint mir als ein gutes Beispiel für eine Verschlechterung der Arzt-Patient-Beziehung, wenn der Arzt meint, den Suizidpatienten zunächst einmal für das, was er getan hat, moralisch verachten zu müssen ("Aber darum nimmt man sich doch nicht das Leben!").

Auf einen weiteren Punkt, der mangelndes Wissen über Suizidalität betrifft, hat vor allem *Finzen* (1984) hingewiesen. Es geht um Risiken, die sich aus einer falschen Diagnostik bzw. einer falschen Therapie und verschiedenen Kombinationen daraus ergeben können. *Finzen* sieht 4 Fehlermöglichkeiten:
1. Falsche Diagnose mit der Konsequenz einer falschen Therapie (z.B. wird statt einer affektiven Psychose eine neurotische Depression diagnostiziert, weil man glaubt, man müsse den Patienten vor dieser Diagnose bewahren).
2. Richtige Diagnose, falsche Einschätzung der Psychopathologie, falsche Therapie (trotz einer richtigen Diagnose wird die Symptomatik in ihrer Intensität nicht erkannt und dann falsch behandelt; Gegenübertragungsphänomene können an diesem Vorgehen beteiligt sein).
3. Richtige Diagnose, richtige Bewertung der Psychopathologie, falsche Therapie: *Finzen* nennt als Beispiel eine Patientin mit einer schizophrenen Psychose, die wegen einer Suizidbefürchtung

zur Aufnahme gekommen war. Nach einer kurzen Krisenintervention waren die entsprechenden Ängste abgeklungen, so daß sie
hätte entlassen werden können. Der Therapeut entschloß sich
aber zu einer konfliktorientierten stationären Psychotherapie mit
dem Ziel, den Ursachen der Angstsymptomatik nachzugehen. Die
Entscheidung erfolgte in Kenntnis der Diagnose, offenbar weil die
Patientin nach der erfolgten Krisenintervention unter einer nied-
rigen Neuroleptika-Dosis in Verhalten und Emotionalität wie eine
"gewöhnliche neurotisch Kranke" wirkte. Bezeichnend ist, so *Finzen*, daß der Therapeut nach dem 4 Wochen später erfolgten Suizid die Ausgangsdiagnose zunächst verleugnete.
4. Richtige Diagnose, richtige Bewertung der Psychopathologie,
richtiger therapeutischer Ansatz, falsches Therapieziel. Hiermit
kann z.B. gemeint sein, daß die Belastbarkeit des psychotischen
Patienten in der Remission vom Therapeuten gelegentlich über-
schätzt wird, was zu Suizidhandlungen bei dem Patienten führen
kann.

Aus diesen Beobachtungen von *Finzen* ist zu folgern, daß besonderer Wert gelegt werden muß auf die Bedeutung einer *exak-
ten Diagnose* und Psychopathologie und einer *reflektierten Indikation* für das therapeutische Vorgehen. Neben den einzelnen
Krankheitsbildern ist hierbei auch die Bedeutung von Übertra-
gungs- bzw. Gegenübertragungsphänomenen zu berücksichtigen.

Auch persönliche Erfahrungen, die Helfer bereits mit suizidalen Patienten gemacht haben, können zu einer Emotionalisierung des Klimas gegenüber diesen Patienten führen. Besondere
Verärgerung rufen Patienten hervor, die schon zu Beginn des Ge-
sprächskontaktes darauf hinweisen, daß ihnen ihre Suizidgedanken oder -pläne niemand nehmen könne, auch nicht der gerade
gegenübersitzende Therapeut. Manche Helfer fühlen sich dadurch
sofort abgelehnt und fangen an, mit dem Patienten auf verschiedene Art und Weise zu *kämpfen*, z.B. dergestalt, daß sie es als
Ziel verbalisieren, den Patienten auf jeden Fall von seinen suizidalen Tendenzen zu befreien. Dabei wird dann völlig übersehen,
daß es oft der letzte Ausdruck von persönlicher Freiheit suizidaler
Patienten ist, daß sie die Phantasie haben, diese Gedanken ohne
Einfluß anderer auch in die Tat umsetzen zu können, wenn sie es
wollen. Gelegentlich kann ich mich des Eindrucks nicht erwehren,
daß manche Therapeuten nur darauf aus sind, dem suizidalen Patienten seine Suizidalität "auszutreiben" und dies dann als den Erfolg ihrer "Behandlung" ansehen. Auch eine übermäßige Sorge

wegen der Suizidalität der Patienten kann dazu führen, daß der Helfer sich selber einengt und ängstlich nur auf die Problematik der Suizidalität starrt, ohne das Feld seiner therapeutischen Bemühungen weiter abzustecken und sich z.b. zum Ziel zu machen, einen guten Kontakt zu Suizidgefährdeten herzustellen. Wie schon kurz erwähnt, können natürlich auch *Ängste und Schuldgefühle aus persönlichen Erfahrungen* stammen, die man mit Suizidpatienten gemacht hat. Dafür folgendes Beispiel:

Ein 49jähriger Mann wird mit Polizei und Krankenwagen nach Polizeigesetz vorläufig untergebracht und in den frühen Morgenstunden in der psychiatrischen Aufnahme vorgefahren. Dem Polizeibericht, der mitgeliefert wird, ist zu entnehmen, daß der Patient während eines Suizidversuches auf einem Parkplatz angetroffen worden war. Er hatte einen Schlauch am Auspuffrohr seines Wagens befestigt und abgedichtet und ihn dann in das Wageninnere geleitet, um sich zu vergiften. Diese Absicht hatte er zuvor seiner Ehefrau mitgeteilt, die ihn daraufhin suchen ließ. Im Polizeibericht findet sich am Ende ein Vermerk: "Auf dem Polizeirevier gab Herr X weiterhin an, daß er sich sofort wieder das Leben nehmen werde!" Wenige Stunden nach der Aufnahme verlangt der Patient seine Entlassung. Der behandelnde Arzt spricht mit ihm und bietet ihm an, zur Klärung seiner schwierigen Situation noch ein paar Tage auf der Station zu bleiben. Als der Patient dies mehrfach ablehnt, indem er klar macht, daß er sich aktiv und tatkräftig um die Regelung seiner Probleme kümmern wolle, wird er gegen ärztlichen Rat mit Unterschrift entlassen. Zum Entsetzen des Kollegen münden die vom Patienten vorgebrachte Aktivität und Tatkraft wenige Stunden später in einen Suizid durch Erhängen. Der Arzt fühlte sich von dem Patienten massiv getäuscht und hatte in der Folgezeit erhebliche Schwierigkeiten, suizidalen Patienten unvoreingenommen entgegenzutreten. Er hatte vielmehr für einige Zeit die Neigung, suizidgefährdete Patienten an seinen Stationskollegen abzugeben. Bei der *Supervision* der erlebten Situation kam folgendes heraus: Der Patient hatte in der Exploration berichtet, daß er in einer schwierigen Lebenssituation sei. Er habe wegen mehrerer Magengeschwüre und eines Zwerchfellbruchs in diesem Jahr operiert werden sollen. Wegen mehrfach abgelaufener Lungenembolien sei aber die Operation schließlich abgelehnt worden. Außerdem habe er seit langem Schmerzen. Deshalb habe er auch diverse Schmerzmittel eingenommen, die ihm vom Hausarzt verschrieben worden seien. Wenn die Schmerzen zu schlimm seien, habe er auch öfter versucht, sich mit Alkohol zu betäuben. Aktuell komme noch hinzu, daß seine Frau jetzt die Scheidung eingereicht habe, was ihm sehr zu schaffen mache. Seine finanzielle Situation sei auch nicht gut. Er sei seit einigen Jahren arbeitsunfähig und sein Rentenantrag sei vor kurzem abgelehnt worden, wogegen er aber Widerspruch eingereicht habe. Darüber hinaus berichtet der behandelnde Kollege, daß der Patient seinem Suizidversuch gegenüber distanziert wirkte und ihn als Fehler bzw. Fehlreaktion bezeichnete: So etwas sei gar nicht seine Art, denn dazu sei er eigentlich viel zu hart. Der Kollege hatte den Eindruck, daß der Patient nicht mehr depressiv und suizidal war und entließ ihn, wie gesagt, auf seinen dezidiert vorgetragenen Wunsch hin.

Wenn man diesen kurzen Verlauf analysiert, fällt einiges auf: Fast alle *Risikofaktoren* für suizidale Handlungen sind bei diesem Patienten vorhanden gewesen: Depressivität und akute psychosoziale Probleme, die bevorstehende Scheidung, finanzielle Schwierigkeiten, Arbeitslosigkeit bzw. -unfähigkeit, chronische Schmerzen sowie Alkohol- und Medikamentenmißbrauch. Die Verdichtung dieser Faktoren bei unserem Patienten sowie auch die Wahl seiner Methode beim Selbstmordversuch zeigen akute und schwerwiegende Suizidalität an. Diese Tatsache wird auch nicht dadurch gemildert, daß der Patient seine Suizidabsichten zuvor seiner Ehefrau signalisiert hatte. Appellatives Verhalten wird ja von vielen Therapeuten als Zeichen für Demonstrativität betrachtet, was es ja auch sein kann, denn der suizidale Mensche demonstriert damit ja, daß es ihm schlecht geht, daß er etwas bewirken möchte und daß er dazu momentan nur diesen Weg sieht. Zu fragen wäre, was im Kontakt mit diesem Patienten möglicherweise falsch beurteilt worden ist: 1. Der Kollege hat sich meines Erachtens von der *Abwehr* und den *Bagatellisierungstendenzen* des Patienten zu stark beeindrucken lassen. 2. Die *Summe der Risikofaktoren* ist offensichtlich nicht deutlich genug gesehen worden. 3. Die *desolate Lebenssituation* des Patienten und die daraus folgende extreme *Einengung* ist nicht zureichend gewürdigt worden. Vielmehr ließ man sich von den Beteuerungen des Patienten, alles jetzt aktiv selbst zu regeln, blenden. Daß dies nicht ohne eigene Ambivalenz geschehen ist, zeigt die Entlassung gegen ärztlichen Rat - eine Form der Entlassung, in der sich neben dem Bedürfnis des Helfers nach Absicherung vor allem wohl seine Hilflosigkeit und Wut ausdrückt.

Welche möglichen Gründe könnte es für diesen Verlauf geben? Es ist denkbar, daß die Risikofaktoren unterbewertet oder nicht bewußt gesehen wurden. Dem kam sicher auch das Verhalten des Patienten entgegen, der sich deutlich von seiner "Fehlreaktion" absetzte und sie quasi als "Ausrutscher" abtat. Im Kontakt mit einem männlichen Kollegen könnte aber auch noch etwas anderes unterschwellig von entscheidender Bedeutung gewesen sein: Was kann die Konfrontation mit einem "schwach" gewordenen Mann in einem Helfer-Mann bewirken, der schon von seinem Rollenkonzept her stark ist, also Aspekte von Schwäche/Hilflosigkeit/Verzweiflung eher abwehren wird? Entweder kann er die Schwäche des anderen besonders gut annehmen, weil es nicht seine eigene ist. In der Interaktion werden dann weniger Rivalität sondern mehr väterliche bzw. mütterliche Tendenzen vorherrschen. Eine andere Möglichkeit ist, den schwach gewordenen Mann möglichst schnell wieder stark zu machen, notfalls über die Identifizierung mit der Person des "starken" Helfers. Interaktionen zwischen Helfer und Patient können dann unbewußt so ablaufen, daß man sich auf ein "gentlemen agreement" einigt, in dem der Suizidversuch von beiden als Ausrutscher abgetan wird. Da hinein paßt ganz gut die häufig zu beobachtende Versicherung gerade von männlichen Patienten, daß "so etwas" nicht wieder vorkommen werde. Auch unser Patient hatte genau dieses seinem Behandler signalisiert und sein Ziel (Entlassung) damit erreicht.

Ein ganz wesentlicher Punkt, der ein negatives affektives Klima gegenüber Suizidpatienten begünstigen kann, sind *Einstellungen zur Suizidalität* - ein Thema, das in den letzten Jahren mehrfach auch bei Angehörigen helfender Berufe untersucht worden ist (*Reimer* und *Clement* 1981, *Reimer* 1982). Man kann nach *Ringel* (1965) vor allem drei Einstellungsschwerpunkte unterscheiden, durch die die Bemühungen zur Verhinderung von Suiziden erheblich in Frage gestellt werden können.

(1) Die *gleichgültige Einstellung*, die Ausdruck von gestörten zwischenmenschlichen Beziehungen bzw. ein falsch verstandener Individualismus ist, dessen oberstes Gebot es ist, alles als Privatsache des einzelnen zu betrachten, in die man sich nicht einzumischen habe. Entsprechend versteht man den selbstmordgefährdeten Menschen nicht als seelisch krank und glaubt, an ihn als Mitmensch sowieso nicht herankommen zu können.

(2) Eine sehr gefährliche und riskante Einstellung ist diejenige, die den Selbstmord *fördert* und *verherrlicht*. Man findet sie nicht nur in bestimmten Philosophien, sondern neuerdings auch bei verschiedenen Bewegungen bzw. Gesellschaften, die es sich zum Ziel gemacht haben, Freitodhilfen zu vermitteln. Hier wird der Selbstmord als die letzte Freiheit, die dem Menschen geblieben ist, verherrlicht, also als ein Idol der Tapferkeit und des Mutes. Ein erschreckendes Beispiel ist das Buch von *Guillon* und *Le Bonniec* (1982) mit dem Titel "Gebrauchsanleitung zum Selbstmord", das eine philosophische Erörterung des Selbstmordes mit praktischen Hinweisen zur perfekten Durchführung enthält. Hier werden in einem Kapitel über die "Technik des Selbstmordes" di-

rekte Empfehlungen gegeben, welche Dosierung verschiedener Medikamente zum sicheren, d.h. hier tödlichen Erfolg führen. In der Einleitung zu den Antidepressiva schreiben die Autoren: "Sie sind besonders wirksam und führen zum Verlust des Bewußtseins und zum Herzstillstand. Vor dem Tod keine Einschläferung oder nur leichtes Koma, Herzstörungen und -krämpfe. Die letale Dosis liegt bei etwa 5g." (S. 202) Diese und andere Befürworter des Suizids gehen von der irrigen Annahme aus, daß die Freiheit des Suizidwilligen das letztlich Entscheidende sei, in das sich dementsprechend niemand einzumischen habe. Verkannt wird dabei, daß viele suizidale Menschen aufgrund z.B. psychischer Erkrankungen oder sonstiger Lebenskrisen in ihrer persönlichen Entscheidungsfreiheit derart eingeengt sind, daß sie Hilfe brauchen und oft auch - häufig im nachhinein - dankbar annehmen können. Zu bedenken ist hierzu ferner, daß sich viele Suizidhandlungen als Kurzschlußreaktionen im Affekt bzw. unter Alkohol ereignen, so daß von einer längeren Planung im Sinne eines Bilanzierens gar nicht gesprochen werden kann.

(3) Die dritte Einstellung ist die *Verurteilung* des Selbstmordes, die zur Verheimlichung und damit zur Förderung des bestehenden über Suizidhandlungen liegenden gesellschaftlichen Tabus beiträgt. Eine solche Verurteilung findet man häufig auch bei Ärzten, wobei diese neben der Tatsache einer Suizidhandlung im allgemeinen speziell auch die Methodenwahl dazu benutzen, ihre entsprechenden Einstellungen zu zeigen. Dazu folgendes Beispiel:

Ein Chirurg rief mich an und sagte zu mir am Telefon: "Herr Reimer, wir haben hier wieder jemanden für Sie, das ist ein ganz unehrlicher Kandidat." Ich fragte leicht ärgerlich: "Wie bitte?" Antwort: "Na, ein ganz Unehrlicher, Sie wissen schon!" Ich sagte: "Ich weiß gar nichts. Meinen Sie, daß der Patient einen Suizidversuch gemacht hat?" Ironische Antwort des Chirurgen: "Ja genau, er hat sich in die Ellenbeuge geschnitten, aber die Arterie nicht erwischt." Es war offensichtlich, daß der Chirurg nicht nur das suizidale Verhalten des Patienten allgemein verurteilte, sondern diesen Suizidversuch auch für demonstrativ, das hieße in seinem Sinne für "unehrlich" hielt, da die Schnittverletzung nur oberflächlich war.

Helfer reagieren auf solche "demonstrativen" Suizidversuche bzw. auch auf sonstiges suizidales Appellverhalten gelegentlich auch mit Ärger und Wut, wie im vorletzten Punkt von Tabelle (1) aufgeführt.

Überhaupt scheint besonders bei Medizinern das verbreitet zu sein, was ich *"internalisierte Klassifikation von Suizidversuchen"* genannt habe (*Reimer* 1985) und was meint, daß viele Kollegen unterscheiden zwischen sogenannten "demonstrativen" Suizidversuchen auf der einen und dann den "ernstgemeinten" Suizidversuchen auf der anderen Seite. Diese Unterteilung, die hartnäckig auch von manchen psychiatrischen Kollegen vertreten wird (zumindest im täglichen Sprachgebrauch), geht ausschließlich von der objektiven klinisch faßbaren Schwere eines Selbstmordversuches aus, vernachlässigt aber vollkommen die subjektive Seite des Patienten. Aus dieser Klassifikation heraus kommt es dann sehr leicht zu Abwertungen und Ablehnung von Patienten, denen häufig genug ihre "Demonstrativität" vorgehalten wird. Solche Klassifikationen sollten gänzlich unterlassen werden, weil sie nicht im Interesse von Patienten sind. Zudem haben katamnestische Untersuchungen an Suizidpatienten gezeigt, daß die sogenannte Ernsthaftigkeit eines Suizidversuches, gemessen an dem Grad der objektiven Lebensgefährdung im Gefolge der Suizidhandlung, in keiner gesicherten Korrelation zu einem späteren Suizid steht (*Marten* 1981). Mit anderen Worten: Auch Patienten, die nur sogenannte demonstrative Versuche, vielleicht nur mit wenigen Tabletten, unternommen haben, sind später erheblich suizidgefährdet.

In Tabelle (1) ist als nächster Punkt aufgeführt: *Angst vor Ohnmacht/Hilflosigkeit/Erfolglosigkeit.* Etwas von diesen Ängsten ist schon angesprochen worden. Solche Ängste und in deren Gefolge auch Wut werden häufig durch die bekannte mangelhafte Compliance von Suizidpatienten ausgelöst. Diese äußert sich darin, daß Patienten z.B. nach dem Aufwachen kaum noch bereit sind, über ihren Suizidversuch zu sprechen, oder aber ihre Suizidalität ganz leugnen, auf ihrer sofortigen Entlassung bestehen und dem helfenwollenden Gegenüber gar nicht die Gelegenheit geben, etwas zu verstehen und gemeinsam nach besseren Lösungsmöglichkeiten zu suchen. Das heißt mit anderen Worten, daß Suizidpatienten mit ihrem Verhalten die Helfer häufig dahin bringen, daß sie sich selbst abgelehnt fühlen. Auf solche Ablehnung reagieren manche außerordentlich scharf, indem sie dann dem Patienten ihrerseits mit Zwangsmaßnahmen drohen oder sich sonstwie gekränkt oder beleidigt zurückziehen.

Den folgenden in Tabelle (1) aufgeführten Punkt habe ich genannt: Angst vor *Aggression/Destruktion/Regression.* Fraglos haben Suizidhandlungen auch sehr viel mit einem bestimmten Modus von Aggressivität bzw. Destruktivität zu tun, indem der Suizidale solche Triebimpulse, wenn auch gegen die eigene Person gerichtet, auslebt. *Freud* hat in diesem Zusammenhang formuliert: "Kein Neurotiker verspürt Selbstmordabsichten, der solche nicht von einem Mordimpuls gegen andere auf sich zurückwendet" (1917, S. 438). Ebenso bekannt ist auch das regressive Verhalten mancher Suizidpatienten, die in einen sogenannten "harmonischen Primärzustand" fliehen mit der Sehnsucht nach Gefühlen und Ruhe, Wärme und Geborgenheit, um der kränkenden Außenrealität zu entkommen. Helfer, die selbst Angst vor dem Leben und Erleben von Aggressionen haben und zudem auch ihre eigenen regressiven Bedürfnisse unterdrücken müssen, können schon aus diesen Gründen mit suizidalen Patienten in Schwierigkeiten kommen.

Einen weiteren Punkt habe ich genannt: *Angst vor Abhängigkeit*. Nach meiner Erfahrung mit der Supervision von Kollegen zeigt sich häufig eine Art "Angst-Bindung" zwischen Helfern und Suizidpatienten, wobei die Angst eindeutig auf seiten des Helfers liegt. Dieser befürchtet nämlich, daß der Suizidpatient ihn in der Hand haben könnte, und zwar damit, ob er seinen Suizid verwirklicht oder nicht. Gelegentlich drängt sich mir bei Beobachtungen solcher Interaktionen das Bild von Kaninchen und Schlange auf: Der ängstliche Helfer erwartet, von dem suizidalen Patienten vernichtet zu werden. Daß allein diese Art Angst-Bindung zu heftigen emotionalen Reaktionen führen kann, leuchtet unmittelbar ein, denn Helfer werden schon von ihrem Berufsbild her sich eher mit Macht- bzw. Allmachtsaspekten als mit Angst identifizieren können. Wenn der suizidale Patient dann noch Hilfe ablehnt und damit die übliche Patientenrolle (Helfer-Komplementärrolle) ablehnt, kann es zu einem emotionalen Clinch zwischen beiden kommen, der aus einer Gefühlsmischung von Angst und Wut besteht und zu einem Schlagabtausch zwischen beiden mit dem unbewußt erwünschten Endziel einer raschen Beendigung der Beziehung führen kann.

Als letzten Punkt in Tabelle (1) habe ich die *eigene mögliche Suizidalität des Helfers* aufgeführt, die das Klima gegenüber Suizidpatienten emotionalisieren kann. In einer solchen Situation kann es dazu kommen, daß die Suizidalität von Patienten falsch eingeschätzt wird. Dazu folgendes *Beispiel*:

Ein 54jähriger Mann mit einer chronifizierten reaktiv-depressiven Entwicklung nach Verlust von 2 Ehefrauen durch Tod in den letzten 10 Jahren kam in die Psychiatrische Klinik zur Behandlung seiner Depression. Er verhielt sich auf der Aufnahmestation durchgehend negativistisch und betonte immer wieder, daß niemand ihm helfen könne. Dieses führte zu einer Atmosphäre der Ablehnung und Wut bei allen mit ihm Befaßten. Schließlich entstand von der Seite der Therapeuten der Plan, den Patienten in einem Altersheim (mit 54 Jahren!) unterzubringen. Die behandelnde Ärztin sprach öfter mit ihm, wobei er häufig ihr Gesicht streichelte. Sie fühlte, daß sie ihn stark bedauerte und wünschte ihm innerlich einen geglückten Suizid, weil sie das als beste Lösung für ihn empfand. Eines Tages nach Versetzung der Kollegin auf die Frauenstation - sie hatte die bevorstehende Trennung nur kurz mit ihm angesprochen - sprang der Patient während des Ausgangs von einer Brücke und wurde mit multiplen Frakturen in die Chirurgie eingeliefert, wo er monatelang lag. In der späteren Bearbeitung mit der Kollegin war sie über ihre eigene Resignation erschrocken und konnte sehen, daß sie sich damals selbst in einer depressiv-suizidalen Krise befunden hatte, so daß sie sich unbewußt mit der Resignation des Patienten identifiziert hatte.

Hierzu ist noch anzuführen, daß die psychiatrische Morbidität bei Ärzten, wie wir aus angloamerikanischen Untersuchungen wissen (z.B. *Rose* und *Rosow* 1973; *Ross* 1971, 1973, 1975; *Wellmann* 1974), hoch ist: Das betrifft vor allen Dingen ihre Anfälligkeit für Depressivität, Sucht und Suizidalität. Diese Untersuchungen haben gezeigt, daß Ärzte und offensichtlich besonders Ärztinnen ein Suizidrisiko haben, das etwa zwei- bis viermal höher ist als in der vergleichbaren Normalbevölkerung. Das gilt auch für Suizidgedanken. In einer eigenen Ärztestichprobe haben 50% der befragten Kollegen Suizidgedanken in ihrem bisherigen Leben bejaht (*Reimer* et al., 1986). Die entsprechenden Ziffern aus der Normalbevölkerung liegen bei 10 bis zu maximal 20%.

Alle bisher aufgeführten Punkte, wie z.B. Ärger und Wut über Suizidpatienten, bestimmte Einstellungen zum Suizid sowie die Angst des Helfers, in der eigenen therapeutischen Potenz gekränkt bzw. abgelehnt zu werden durch den Suizidpatienten, der die Behandlung aus Gründen seiner eigenen Abwehr ablehnt, führen dazu, daß das affektive Klima zwischen Helfern und Suizidanten häufig extrem gestört ist. Die genannten Beobachtungen können zumindest Erklärungsansätze für die häufig zu beobachtende *Empathiestörung* von Ärzten in der Behandlung suizidaler Patienten darstellen.

5.2.2. Psychoanalytische Hypothesen

Mit den Fragen nach Gründen und Ursachen für diese Empathiestörung haben sich aus psychoanalytischer Sicht speziell *Tabachnick* (1961), *Maltsberger* und *Buie* (1974) sowie in den letzten Jahren auch ich (*Reimer* 1981) befaßt. *Maltsberger* und *Buie* haben
über das Auftreten von Gegenübertragungshaß in der psychotherapeutischen Behandlung von Suizidpatienten gearbeitet (siehe
auch Tabelle 2). Die Autoren halten den *Gegenübertragungshaß*,
wie er sich z.B. im Gefühl der Abneigung äußern kann, für ein
Haupthindernis bei der Behandlung suizidaler Patienten. Die verschiedenen Abwehrmechanismen des Therapeuten verstärkten
die Gefahr des Suizids beim Patienten. Die Autoren beschreiben
folgende Dynamik: Der suizidale Patient startet zunächst einen
Übertragungsangriff, bestehend aus einem Wechselsystem von
Provokation und Projektion. Auf den Therapeuten projiziert werden kann z.B. der Haß des Patienten über ein enttäuschendes
bzw. kränkendes Objekt. Die Provokation kann die Form verbaler
Beleidigungen, Entwertungen oder Verachtung der Person des
Therapeuten annehmen, oder sie äußert sich mittelbar durch
Stummheit oder Dauerwiederholungen oder hypochondrische Re-
zitationen von Beschwerden, um den Arzt zu Ärgerreaktionen zu
bringen. Natürlich geschieht dies meist nicht auf einer bewußten
Ebene. Die Gefahr kann darin bestehen, daß der Therapeut entweder seinen Ärger verdrängt, eigene Haßgefühle abwehrt und
damit diese Gefühle in der Beziehung therapeutisch nicht mehr
nutzbar gemacht werden können; oder sie aber ausagiert, indem
er den Patienten beschimpft und entwertet, wie an mehreren Beispielen schon gezeigt werden konnte. Der *Selbstwertproblematik*
von Suizidanten entsprechend stellt dann der *Narzißmus* des Arztes oft ein besonderes Ziel des Übertragungsangriffs dar. Wenn
die Selbstachtung eines Arztes z.B. weitgehend von seinen Hei-
lungserfolgen abhängt, wird der Patient an dieser Stelle wahrscheinlich ansetzen. Dementsprechend können sich die ersten
Angriffsziele des Patienten gegen die narzißtische Selbstüber-
schätzung des Arztes richten. Diese Art von Attacken wird, wie
sich ja auch im klinischen Alltag immer wieder beobachten läßt,
Gegenübertragungswut herausfordern. Das beste Verhalten des
Therapeuten ist wohl die offene Erwartung der ersten Haßmani-
festation. Er wird sich dann zwar provoziert fühlen, aber keinen
dieser Ausbrüche persönlich oder als bare Realität nehmen. Eine

weitere *Gegenübertragungsfalle* kann die Vorstellung des Therapeuten sein, daß er ausschließlich liebevoll akzeptierend sein
sollte. Wird er nun vom Suizidpatienten als kalt und ohne Für-
sorglichkeit diskriminiert oder sonstwie abgelehnt (z.B. durch rasche Entlassungswünsche), kann wiederum Wut die Folge sein.
Manche Ärzte, so schreiben *Maltsberger* und *Buie*, sind mit narzißtischen Ansprüchen derartig ausgestattet, daß ihr bemerkens-
werter Einsatz sie besonders verletzlich macht. Sobald in ihre
Selbstverteidigung eine Bresche geschlagen ist, werden sie hilflos
und depressiv und entwickeln dann rasch Gefühle von Bosheit
und Abneigung gegen den Patienten.

Tabachnick (1961) faßt die Tatsache, daß Ärzte die gerade für
die Therapie suizidaler Patienten notwendige verstehende, warme
und akzeptierende Haltung oft nicht aufbringen können, als Ergebnis einer den Ärzten unbewußten neurotischen Konfliktbil-
dung auf. Er geht von für Ärzte typischen Problemen im Umgang
mit eigenen Aggressionen aus, deren Bewältigungsversuch ein
mögliches Motiv für die Berufswahl darstelle. In der Begegnung
mit suizidalen Patienten laufe ein so beschaffener Helfer Gefahr,
daß sorgfältig in ihm *unterdrückte aggressive Züge* wachgerufen
würden, wenn er sich mit einem Menschen konfrontiert sehe, der
solche Züge, wenn auch gegen die eigene Person gerichtet, frei
auslebt. Die Reaktion des Arztes, der die Behandlung des Patienten nicht ablehnen kann, bezeichnet *Tabachnick* als *Gegen-
übertragungskrise*, die einen Versuch darstelle, eigene aggressiv-
sadistische Impulse, die durch das verführende Beispiel des Suizidalen geweckt würden, durch Projektion auf diesen abzuwehren.
Folgt man dieser Hypothese von *Tabachnick*, wäre es leicht denkbar, daß der Suizidant vom Arzt bzw. Helfer als "agent provoca-
teur" erlebt wird, der aus Abwehrgründen dann eher Bestra-
fungsmechanismen auslöst (vgl. Tabelle 2).

Aus den Arbeiten von *Reimer* (1981, 1985) wird deutlich, daß
noch weitere Gründe die Emotionalisierung des Klimas zwischen
Helfern und Suizidpatienten bestimmen können: Evtl. bestehende
Gemeinsamkeiten zwischen beiden können ebenfalls den Kontakt
erschweren. Ich habe ja auf die erhöhte Suizidgefährdung von
Ärzten schon hingewiesen. Wenn man also davon ausgehen möchte, daß beide, Helfer und Suizidant, emotionale Gemeinsamkeiten
haben, gegen die sich der Helfer in der Regel besser schützen
kann als der Suizidant, weil seine Berufsrolle ihm die narzißtische
Stabilität geben kann, die der Suizidant oft genug für sich gefähr-

Tabelle 2: Aufbau und Wirkung von Gegenübertragungshaß bei der Behandlung suizidaler Patienten
(nach *Maltsberger, J.T. und D.H. Buie,* 1974)

Abwehr	Bewußte Phantasie des Therapeuten	Erlebter Affekt	Potential für "Acting Out"
Keine	Mord, Marter, Abweisung	Haß	gering
Verdrängung von Haß	Wunsch, irgendwoanders zu sein, Konzentrationsschwierigkeit auf das, was Pat. sagt	Ruhelosigkeit, Angst, Schläfrigkeit, Erfahrung eines geringen Affektes gegenüber dem Patienten	Tendenz, auf die Uhr zu sehen, ungeduldig zu sein, indirekte Übermittlung einer leichten Abweisung
Wendung des Hasses gegen sich selbst	Impuls, aufzugeben. Phantasien von Selbstentwertung und Degradierung. Suizidgedanken	Gefühl von Wert- und Hoffnungslosigkeit, deutliches Gefühl von Unfähigkeit	Pat. irgendwoanders hinschicken; in masochistischer Weise die Entwertung durch den Patienten ohne weitere Nachforschungen akzeptieren
Verkehrung des Hasses gegen sich selbst (Reaktionsbildung)	Wunsch, den Pat. von der Bindung an ihn zu lösen	Gefühl von ängstlicher Einsamkeit, Drang zu helfen und zu heilen	Einmischung in die Angelegenheit des Patienten, zu häufiges Nachfragen nach Suizidimpulsen
Projektion des Hasses	Der Pat. ist dabei, sich selbst zu töten. Der Pat. will mich töten	Furcht, leichter Haß	Verstoßung des Pat.; Versuche, suizidales Verhalten durch aufgezwungene Kontrollen zu kontrollieren.
Verschiebung und Verleugnung	Pat. ist jenseits jeder Hilfe	Gleichgültigkeit, Mitleid, Resignation	Verstoßung des Patienten

det sieht, dann könnte ein Teil der emotionalen Spannungen erklärt sein. Ich vermute, daß beide ein hohes Ausmaß an *Empfindlichkeit und narzißtischer Labilisierbarkeit* haben, das vom Helfer mit Hilfsbereitschaft einerseits und Macht- bzw. Allmachtsaspekten seines Berufes andererseits besser kompensiert werden kann. Möglicherweise ist beiden gemeinsam auch die Problematik der adäquaten Äußerung und Abfuhr von Aggressionen bzw. narzißtischer Wut. Dem Suizidanten gelingt dies vielleicht noch besser, wenn auch nur autodestruktiv. Ferner scheint beiden gemeinsam eine Neigung zu depressiven Reaktionen und süchtigen Verhaltensweisen, d.h. zu Resignation und Rückzug zu sein. Diese genannten Punkte könnten sozusagen der unbewußte Aspekt der Gemeinsamkeit sein. Es wird dann verständlich, daß ein Suizidpatient von seinem Arzt bekämpft werden muß, da diese Art von "Erinnern" an die eigenen Verletzlichkeiten für Helfer eine schwere Kränkung darstellen und zu heftigen Gegenübertragungsreaktionen führen kann.

5.2.3. Häufige Fehler im Umgang mit Suizidpatienten

Die folgenden Ausführungen beziehen sich auf das Gros von Patienten, die konfliktbedingt suizidal geworden sind und nach Suizidversuchen in ärztliche bzw. psychiatrische Behandlung kommen. In der *Supervision* lassen sich immer wieder bestimmte Fehlerquellen bemerken, die die therapeutische Beziehung zu Suizidpatienten häufig belasten (Tabelle 3). Als erstes Problem ist aufgeführt: *Trennungsängste übersehen.* Viele Suizidpatienten sind ja nach einer passiven Trennung von ihrem Partner oder auch nach Trennungsdrohungen während eines Streites suizidal geworden und dann nach einem Selbstmordversuch in die Klinik gekommen. In der Therapie von solchen Patienten mit Trennungsproblemen kann es nach meinen Beobachtungen immer wieder zu bestimmten emotionalen Reaktionen bei den Behandlern kommen, die als Gegenübertragungsreaktionen zu kennzeichnen sind und die oft in einem erstaunlichen Ausmaß agiert werden. So kann es z.B. vorkommen, daß die Trennungsproblematik und die Suizidalität des Patienten aufgrund eigener Traumatisierungen des Arztes in diesem Bereich nicht oder nur ungenügend gesehen und damit vom Arzt selbst ganz oder teilweise abgewehrt werden. Das kann zu einer beliebten Form der Intervention führen, die nach dem gesunden Menschenverstands-Motto "Kopf hoch, das Leben geht weiter" dem Patienten suggerieren will, daß doch alles gar nicht so schlimm sei, eine neue Partnerschaft sei doch sicher schon bald in Sicht usw. Diese Art von Intervention ist als ungeschminkte Aufforderung an den Patienten zu verstehen, das Thema doch lieber zu verdrängen.

Tabelle 3: Häufige Fehler im Umgang mit Suizidpatienten (nach *Reimer*, 1986)

- Trennungsängste übersehen (z.b. Urlaub, Stationswechsel, Entlassung bzw. Beendigung der Therapie)
- Provokation persönlich nehmen (Agieren von Ablehnung)
- Bagatellisierungstendenzen des Patienten mitmachen (Abwehr)
- Einseitige Betonung der Aggressionsproblematik
- Suizid-Pakte
- Mangelnde Exploration der jetzigen und evtl. früherer Umstände, die zu Suizidalität geführt haben
- Zu rasche Suche nach positiven Veränderungsmöglichkeiten (Abwehr)
- Internalisierte Klassifikation von Suizidversuchen anwenden
- Strafaktionen (z.B. durch Nichtbeachtung)

Es kann aber auch zu einer anderen Form von Intervention innerhalb der therapeutischen Beziehung kommen, die für diese Patienten nicht weniger gefährlich ist: Der Arzt geht eine Art symbiotische Beziehung mit dem Patienten ein, in der an Trennung erst gar nicht gedacht werden muß. So wird der Komplex Trennung und Suizidalität von beiden umgangen und die Arzt-Patient-Beziehung dann subjektiv folgerichtig oft als besonders gut und harmonisch erlebt, und der Arzt wird entsprechend idealisiert. Da Idealisierungen sich aber auf Dauer nicht aufrechterhalten lassen, muß es notwendigerweise zu Enttäuschungen kommen, die für den Patienten oft den Charakter einer Wiederholung des Traumas haben.

Den zweiten Punkt habe ich genannt: *Provokation persönlich nehmen*. Dazu ist zu sagen, daß ein narzißtisch labiler Mensch, so wie es eben viele Suizidpatienten sind, sein Gegenüber zunächst einmal vertändlicherweise auf seine Standhaftigkeit prüfen möchte. Als sehr geeigneter Test dazu dient die Provokation. Ein Arzt, der sich entsprechend provozieren läßt, zeigt seine enorme narzißtische Empfindlichkeit und scheidet damit als stabiles Übertragungsobjekt aus. Dieser Testcharakter provokanten Verhaltens wird häufig von Kollegen nicht gesehen.

Eine weitere Gefahr besteht darin, die *Bagatellisierungstendenz* von Suizidpatienten mitzumachen. Viele dieser Patienten sagen nach ihrem Suizidversuch, sie hätten eigentlich gar nicht sterben, sondern nur kurz schlafen wollen, und nun gehe es ihnen schon viel besser usw. Diese Bagatellisierungstendenzen können Ausdruck einer rasch einsetzenden Abwehr gegenüber dem auslösenden Konflikt sein und eine Scheinstabilität suggerieren, verbunden mit der Aufforderung, über Suizidalität möglichst nicht mehr zu sprechen.

Als weiterer Fehler im Umgang mit Suizidpatienten ist eine *einseitige Betonung der Aggressionsproblematik* zu nennen. In Verkennung der komplizierten psychodynamischen Bedeutung des schon genannten klassischen *Freud*-Zitats: "Kein Neurotiker verspürt Selbstmordabsichten, der solche nicht von einem Mordimpuls gegen andere auf sich zurückwendet", empfehlen dann auch teilweise Suizidforscher, daß die wesentliche Therapie des Suizidalen in der Kanalisierung seiner Aggressionen nach außen bestehe. Diese therapeutische Fokussierung auf die Aggressionsproblematik bringt aber in aller Regel für den entsprechenden Patienten selbst wenig Entlastung. Vielmehr kann man durch ein solches Vorgehen Gefahr laufen, zusätzliche Schuldgefühle beim Patienten zu wecken, was die suizidale Krise eher noch verschärfen kann. Betrachtet man viele Suizidhandlungen als Ausdruck einer "narzißtischen Krise" (*Henseler* 1974), die durch Kränkungen hervorgerufen wird, würde man theoretisch ohnehin die Aggressivität des Patienten als Reaktion auf die Kränkung verstehen und sinnvollerweise dann therapeutisch zunächst einmal die Kränkung bzw. die Kränkbarkeit und erst in deren Gefolge die narzißtische Wut bearbeiten.

Es gibt eine ganze Reihe von Laienorganisationen, die *Suizidpakte* in der Behandlung von Suizidpatienten für hilfreich halten. Es ist aber die Frage, ob das Sich-in-die-Hand-versprechen-lassen, daß der Patient sich während der Behandlung nicht suizidiert, wirklich primär dem Wohl des Patienten dient. Möglicherweise dient es mehr dem Therapeuten, der sich versichern lassen möchte, daß der Patient sich während seiner Behandlung nicht umbringt.

Auch die mangelnde Exploration der jetzigen und evtl. früheren Umstände, die zu Suizidalität geführt haben, d.h. die Erhebung einer Suizidanamnese, ist ebenfalls immer wieder ein ausgesprochener Schwachpunkt, wie man auch in psychiatrischen und anderen Krankengeschichten sehen kann. Das daraus resultierende mangelnde Wissen über die Hintergründe von Suizidalität kann ebenfalls zu Fehlern im Umgang mit Suizidpatienten führen.

Ein weiterer Fehler kann darin bestehen, *daß der Arzt die Abwehr des Suizidpatienten unbewußt mitmacht* und sich zu schnell auf die Suche nach positiven Veränderungsmöglichkeiten begibt.

Auf den nächsten Punkt, nämlich die *internalisierte Klassifikation* von Suizidversuchen, die ein sehr gravierender Fehler im Umgang mit Suizidpatienten ist, habe ich schon hingewiesen. Bei Anwendung einer solchen Klassifikation besteht die Gefahr, Patienten, deren Anlage ihres Selbstmordversuchs nicht einer bestimmten klinischen Schwere entspricht, zu be- bzw. entwerten und nicht ernstzunehmen.

Schließlich gibt es Therapeuten, die meinen, falsch verstandene verhaltenstherapeutische Prinzipien agieren zu müssen, indem sie den Suizidanten *durch Nichtbeachtung strafen*. Dafür folgendes Beispiel:

Vor einiger Zeit erhielt ich die Krankenakte einer Patientin und las u.a. auch den Abschlußbericht ihres behandelnden Psychiaters aus dem Jahre 1979. Es ist ein Brief über eine damals 35jährige Patientin, aus dem ich nun wie folgt zitiere: "Es handelt sich hier um eine außerordentlich schwierige neurotisch-depressive Persönlichkeit voller Widerstand. Ich bin mit ihr eigentlich nur dadurch nicht, wie alle meine therapeutischen Vorgänger, zu Bruch gegangen, weil ich das einzige tat, was Frau X nicht erwartete: Ich habe sie bei pünktlichster Beachtung aller äußeren Dinge und Verhältnisse psychotherapeutisch einfach nicht beachtet ... Ich habe mir nichts von ihrem Verhalten entgehen lassen, glaube aber, daß mir alles ziemlich perfekt gelungen ist, durch scheinbare Nichtbeachtung oder paradoxe Umdeutung an sich dramatischer Geschehnisse (bis zum Rausch und Tabletten-SMV) ins zur Sache Unbedeutende. Ich nahm eben einfach an ihr alles wichtig, bloß das nicht, was sie wichtig machen wollte, und wenn sie noch so viele Angstzustände zelebrierte. Ich habe mich immer nur dafür interessiert, daß sie jetzt künftig das und das machen werde ... Dem war sie wohl auf die Dauer nicht gewachsen, daß ihre Neurotikerweise für uns nicht existierte ... Am Donnerstag (nachdem sie der Schneekatastrophe wegen ohnehin hier verspätet eingetroffen war) demonstrierte sie wieder einen SMV mit einer halben Flasche Chantré und angeblich 20 Halbmondtabletten. Ich habe mich wieder in keinerlei Gemütsregung bringen lassen, ihr den Magen ausgepumpt und sie nach Ausnüchterung, Übergehen von Entschuldigungen und einem rein zukunftsbetonten, freilich sehr bemühten Gespräch wieder nach Hause und an ihre Arbeit geschickt ohne Bezugnahme auf ihren SMV, als wäre nichts geschehen ... Man muß sich natürlich im klaren sein," - so schreibt der Kollege weiter -, "daß die Situation bei allem vordergründigen Erfolg letztlich doch eine fast infauste ist. Es wird immer wieder neue Ausweglosigkeiten geben, die bei diesem hart verschlossenen

Menschen zum Bilanzselbstmord führen können ... Neuroleptisch ist sie immer noch hoch eingestellt. Die hausärztliche Betreuung übernimmt freundlicherweise Herr Dr. Y., während wir nervenärztlicherseits ja ständig präsent sind ..."

Zur Krankengeschichte ist ergänzend zu sagen, daß bei der Patientin seit längerer Zeit eine paranoid-halluzinatorische Psychose bekannt ist, zusätzlich besteht ein Alkoholmißbrauch. Mitte der 70er Jahre führte sie einen Suizidversuch aus, indem sie sich auf die Bahnschienen legte. Sie hatte sich durch den Fahrplan genau informiert, aus welcher Richtung, zu welcher Uhrzeit ein Zug kommen würde und sich so hingelegt, daß der Kopf abgefahren werden sollte. Vor dem erwarteten Zug kam aus der Gegenrichtung ein anderer Zug, wodurch der Patientin beide Unterschenkel abgetrennt wurden. Sie wurde später mit Unterschenkelprothesen beiderseits versorgt. Diese Vorgeschichte war auch dem Kollegen bekannt. *Meines Erachtens gibt es kaum ein deutlicheres Beispiel für die schon genannte häufig zu beobachtende Empathiestörung zwischen einem Arzt und einem Suizidpatienten.*

5.3. Hilfe für die Helfenden und einige Regeln

Aus dem bisher Dargestellten ist deutlich geworden, in welchem Ausmaß z.B. unterschiedliche Affekte und Einstellungen und die daraus resultierenden Fehler Fallstricke bei der Therapie suizidaler Patienten sein können. Für die Helfenden ist es daher bedeutsam, gerade für den Umgang mit diesen Patienten mehr Kompetenz zu erwerben, und ich möchte darum im folgenden einige Hilfsmöglichkeiten für die Helfenden vorstellen ohne den Anspruch auf Vollständigkeit.

In Tabelle (4) sind solche Hilfsmöglichkeiten aufgeführt. Zunächst ist es hilfreich, ein *solides Wissen* über die Bedingungen und Hintergründe von Selbstmordgefährdung zu erwerben. Bei diesem Wissen geht es z.B. um die Kenntnis der Risikogruppen, um Kriterien zur Beurteilung der Suizidalität, um mögliche psychodynamische Hintergründe und um das Wissen von dem differential-diagnostischen Spektrum, in dem sich suizidales Verhalten abspielen kann.

Tabelle 4: Hilfsmöglichkeiten für die Helfenden

- Erwerb von mehr Wissen
- Selbstexploration
- andere Formen der Selbsterfahrung
- Supervision
- Erwerb genereller Akzeptanz als Haltung

Als zweiten Punkt habe ich *Selbstexploration* aufgeführt. Damit meine ich vor allem, daß jeder Helfer versucht, sich über mögliche eigene Suizidalität bzw. Krisen in seinem Leben klar zu werden, in dem auch mehr oder weniger konkrete Suizidgedanken vorgelegen haben. Das Erinnern an solche Krisenzeiten ist meist wenig angenehm, weil mit negativen Gefühlen/Erinnerungen besetzt, und wird entsprechend leicht verdrängt. Eigene suizidale Szenen kommen dann häufig erst im Kontakt mit suizidalen Patienten wieder zum Vorschein, wobei die Gefahr besteht, daß man dann mit dem Patienten wiederum gemeinsam verdrängt. Die Selbstexploration betrifft aber auch die eigene Einstellung zum Suizid, wobei man z.B. prüfen muß, inwieweit man ein ähnliches Tabu verinnerlicht hat, wie es bezüglich Suizid in der Gesellschaft herrscht, oder aber ob man bestimmte Einstellungen von sich kennt, die den Suizid fördern und als den Ausdruck persönlichster Freiheit des Menschen ansehen, in die man sich mit therapeutischen Bemühungen grundsätzlich nicht einzumischen habe. Diese Selbstexploration muß auch eine Art Suizidanamnese in dem Sinne enthalten, daß sich der Helfer versucht, klarzuwerden, wieweit in seiner Ursprungsfamilie Suizidalität vorgekommen ist und wieweit er von daher evtl. auch emotional mitbetroffen ist.

Selbsterfahrung ist ja generell für Helfer ein notwendiger Bestandteil ihrer Aus- bzw. Weiterbildung. Gerade für den Kontakt mit suizidalen Patienten ist es notwendig, eine *Supervision* aufzusuchen, die sich z.B. in Balint-Gruppen bzw. Supervisionsgruppen, die nach Art einer Balint-Gruppe arbeiten, anbietet. Für den Supervisor kann die Supervision von Behandlungen suizidaler Patienten dann schwierig werden, wenn er z.B. Angst hat, daß falsche Hinweise an den Supervisanden Suizidhandlungen des Patienten auslösen können. Die Regel wird aber eher sein, daß der Supervisor aufgrund seiner Kompetenz und seiner klinischen Erfahrung in der Lage ist, seinen Supervisanden eine Anleitung dafür zu geben, wie sie durch eine gute Mischung von Reflexion und Wissen den Umgang mit Suizidgefährdeten entkrampfen können. Zu einer solchen Entkrampfung gehört auch der letzte in Tabelle (4) aufgeführte Punkt, nämlich der Erwerb *genereller Akzeptanz als Haltung*. Damit meine ich, daß es für die Helfenden, aber auch für den Supervisor selbst, von Bedeutung ist, suizidales Verhalten zunächst einmal als solches wertfrei anzunehmen, ohne es sogleich bekämpfen zu müssen. Auch wenn der Helfer seinem suizidalen Patienten als Garant gesetzmäßig verpflichtet ist, sollte er zunächst eine persönliche Haltung entwickeln, die Suizidalität des anderen als eine Möglichkeit der Konfliktlösung zu akzeptieren, auch wenn er dann den Versuch macht, konstruktivere Lösungsmöglichkeiten mit seinem Patienten zu suchen. Eine solche innere Akzeptanz gewährt auch ein Stück Freiheit, weil sich der Helfer nicht sofort aufgerufen fühlen muß, mit größter Anstrengung den Patienten von seiner Suizidalität abbringen zu wollen. Natürlich können im Umgang mit Suizidgefährdeten nie alle Unsicherheiten beseitigt werden; ebensowenig können alle Suizide verhindert werden. Die Ablehnung von Hilfsangeboten muß ebenso respektiert werden wie die Tatsache, daß es immer wieder Patienten geben wird, die uns ihre Suizidabsichten auch bei gewissenhaftestem Nachfragen verschweigen werden, um sich dann doch noch zu suizidieren. Das Gros dieser Patienten ist aber nach meiner Erfahrung nicht nur sehr auf Hilfe angewiesen, sondern auch bereit, sie anzunehmen, wenn man sich auf ihre spezifischen Konflikte und Übertragungen einstellt und sich zur Verfügung stellt als jemand, der ihnen evtl. auch die "Freiheit" eines Suizids lassen kann, aber versucht, Alternativen gemeinsam zu erarbeiten.

Die abschließend aufgeführten Regeln betreffen einige Punkte aus dem Spektrum von Suizidgefährdung und sind vor allem für den praktischen Umgang mit Suizidgefährdeten von Relevanz:

1. Die Frage nach Selbstmordgedanken bzw. Selbstmordabsichten sollte regelmäßig Bestandteil von Gesprächen mit Patienten sein, besonders mit Patienten, die sich in einer akuten Krise befinden, die ja häufig von Suizidalität begleitet wird. Entgegen den Befürchtungen mancher Helfer schafft das offene Ansprechen möglicher Suizidalität häufig eine Entlastung in der Helfer-Patient-Beziehung, die dazu führt, daß der Patient die Erfahrung macht, daß er auch darüber mit seinem Behandler sprechen kann. Ähnliches gilt für das Ansprechen von Sexualität.

2. Jede suizidale Äußerung, und sei sie noch so vage oder scheinbar demonstrativ, sollte grundsätzlich ernstgenommen werden. Suizidalität hat immer eine Appellfunktion, über die sich der Helfer nicht ärgern sollte, sondern die er annehmen sollte als Ausdruck der Tatsache, daß ein Patient am Rande seiner eigenen Bewältigungsmöglichkeiten steht. Dabei sollte sich der Therapeut freimachen von Unterscheidungen in demonstrativ versus ernsthaft, weil solche Einteilungen sehr leicht dazu führen, daß Patienten verschiedene Vorhaltungen gemacht werden, wie z.B. daß man sich mit so wenigen Tabletten ja gar nicht umbringen könne.

Das kann nur zur Kränkung des Patienten und evtl. auch dazu führen, daß er beim nächsten Mal keine Hilfe mehr aufsucht, sondern es "richtig" macht.

3. Zur Compliance-Verbesserung, also einer Verbesserung der Zusammenarbeit mit Suizidpatienten und der Nachsorge ist es notwendig, daß - und dies gilt besonders für Therapeuten, die in Institutionen arbeiten - eine Nachsorge für diese Patienten aktiv eingeleitet wird, und zwar kurz bevor sie aus der Institution entlassen werden. Man weiß aus entsprechenden Untersuchungen, daß die Inanspruchnahmerate von Nachsorgeeinrichtungen durch Suizidanten steigt, wenn sie mit einem fest vereinbarten Termin an einen bestimmten Therapeuten weiterverwiesen werden.

4. Zum therapeutischen Vorgehen in der Krisenintervention von Suizidgefährdeten sollte man wissen, daß Hilfsmaßnahmen möglichst unmittelbar in der suizidalen Krise beginnen sollten, daß man sich dabei auf die gegenwärtigen Probleme beschränken und auf Deutungen weitgehend verzichten sollte. Die Einbeziehung von Bezugspersonen, insbesondere des Konfliktpartners, ist ebenso wichtig wie ein aktives Vorgehen des Helfers, der manchmal für Kriseninterventionen nur ein oder einige Gespräche zur Verfügung hat, da die sehr empfindlichen Suizidpatienten häufig nur unmittelbar während ihrer Krise für Therapie offen sind und häufig genug bereits sehr schnell, z.B. nach einem Suizidversuch, den zugrundeliegenden Konflikt wieder abwehren.

5. Suizidhandlungen während oder nach einer ambulanten oder stationären Behandlung und insbesondere natürlich solche mit tödlichem Ausgang sind für den Betreuer immer schreckliche Erlebnisse, die häufig lange nicht adäquat verarbeitet werden können. Aus diesem Grund sollten grundsätzlich nach Suizidhandlungen von Patienten zwei Dinge getan werden: Einmal sollte die Suizidhandlung mit allen an der Therapie Beteiligten (z.B. dem Team einer Station) besprochen werden, wobei es nicht um Schuldzuweisungen gehen kann, sondern um einen Verständnisversuch für das Zustandekommen der Suizidhandlung. Dabei wird häufig auch die Sprache kommen müssen auf Interaktionen, die zwischen dem Behandler bzw. auch dem sonstigen Personal und dem Suizidpatienten abgelaufen sind. Ferner sollte den Angehörigen von Suizidpatienten aktiv ein Gespräch angeboten werden, bei dem nach Möglichkeit nicht nur der Behandler, sondern noch weitere Teammitglieder vorhanden sein sollten. Gerade dieses Anbieten eines Gesprächs ist häufig ein erhebliches emotionales

Problem für die betreffenden Helfer, sollte aber unternommen werden, um die Ängste und Schuldgefühle, vielleicht auch die Vorwürfe der Angehörigen aufzuarbeiten und damit auch die eigenen Emotionen.

Literaturverzeichnis

Apel, M.; Ludz, P. (1976): Philosophisches Wörterbuch. Berlin/New York.

Argelander, H. (1972): Gruppenprozesse. Wege zur Anwendung der Psychoanalyse in Behandlung, Lehre und Forschung. Reinbek bei Hamburg.

Argelander, H. (1980): Die Struktur der "Beratung unter Supervision". In: Psyche 34: 54-77.

Axline, V.M. (ohne Jahresangabe): Dibs. Die wunderbare Entfaltung eines menschlichen Wesens. Bern/München (Originalausgabe: Dibs in search of self).

Balint, M. (6. Aufl., 1984): Der Arzt, sein Patient und seine Krankheit. Stuttgart (Originalausgabe: The doctor, his patient and the illness. London 1964).

Barthe, H.-J. (1985): Gruppenprozesse in der Teamsupervision - konstruktive und destruktive Effekte. In: Praxis der Kinderpsychologie u. Kinderpsychiatrie 34: 142-148 (4185).

Bateson, G.; Jackson, D.D.; Haley, J.; Weakland, J.W. (1969): Schizophrenie und Familie. Frankfurt.

Beckmann, D. (1974): Der Analytiker und sein Patient. Untersuchungen zur Übertragung und Gegenübertragung. Bern/Stuttgart/Wien.

Bettelheim, B. (1978): Der Weg aus dem Labyrinth: Leben lernen als Therapie. Frankfurt/Berlin/Wien (Originalausgabe: A home for the heart. 1974).

Biermann-Ratjen, E.; Eckert, J.; Schwarz, H.J. (1979): Gesprächspsychotherapie. Veränderung durch Verstehen. Stuttgart/Berlin/Köln/Mainz.

Bowlby, J. (1983): Verlust. Trauer und Depression. Frankfurt.

Cohn, R.C. (1975): Von der Psychoanalyse zur Themenzentrierten Interaktion. Stuttgart.

Conrad, G.; Pühl, H. (1983): Teamsupervision. Gruppenkonflikte erkennen und lösen. Berlin.

Dörner, K. (1975): Diagnosen der Psychiatrie. Frankfurt.

Dörner, K. (Hrsg., 1984): Die Unheilbaren. Was machen Langzeitpatienten mit uns - und was machen wir mit ihnen? Rehburg-Loccum.

Dörner, K.; Plog, U. (1978): Irren ist menschlich oder Lehrbuch der Psychiatrie/Psychotherapie. Wunstorf.

Finzen, A. (1977): Die Tagesklinik. Psychiatrie als Lebensschule. München.

Finzen, A. (1981): Die neue Einfachheit oder die Entprofessionalisierung der Psychiatrie. Gegen den moralischen Pietismus in der DGSP. In: Sozialpsychiatrische Informationen 9, Nr. 63/64: 5-69.

Finzen, A. (1984): Epidemiologie - und was darüber hinaus? Die Fehleinschätzung von Diagnose und Psychopathologie als mögliche Teilursache des Patientensuizids in der Psychiatrie. Suizidprophyl. 11: 157-166.

Finzen, A. (1985): Das Ende der Anstalt. Vom mühsamen Alltag der Reformpsychiatrie. Bonn.

204   *Literaturverzeichnis*

Finzen, A. (6. Aufl., 1986): Medikamentenbehandlung bei psychischen Störungen. Bonn.
Fischer, H. (1976): Supervision - Professionalisierungshilfe für den Kindergarten? In: Sozialpädagogische Blätter, S. 112-117.
Frankenberg, H. (1976): Vorwerfen und Rechtfertigen als verbale Teilstrategie der innerfamilialen Interaktion. Universität Düsseldorf, Dissertation.
Freud, S. (1915): Das Unbewußte. In: Freud-Studienausgabe, Bd. 3, Frankfurt 1975.
Freud, S. (1916/17): Vorlesungen zur Einführung in die Psychoanalyse. In: Freud-Studienausgabe, Bd. 1, Frankfurt 1969.
Freud, S. (1917): Trauer und Melancholie. In: Ges. W. X, Imago, London 1946, S. 427-446.
Freud, S. (1930): Das Unbehagen in der Kultur. In: Freud-Studienausgabe, Bd. 9, Franfurt 1974, S. 191-271.
Freudenberger, H.J. (1974): Staff Burn-out. In: Journal of Social Issues 30 (1): 159-165.
Goeppert, S.; Goeppert, H.C. (1975): Redeverhalten und Neurose. Reinbek bei Hamburg.
Gottschalch, W.; Neumann-Schönwetter, M.; Soukup, G. (1971): Sozialisationsforschung. Materialien, Probleme, Kritik. Frankfurt.
Green, H. (1973): Ich habe dir nie einen Rosengarten versprochen. Reinbek bei Hamburg (Originalausgabe: I never promised you a rose garden. New york 1964).
Guillon, C.; Le Bonniec, Y. (1982): Gebrauchsanleitung zum Selbstmord. Frankfurt.
Hacker, F. (1985): Aggression. Die Brutalisierung unserer Welt. Düsseldorf/ Wien.
Henseler, H. (1974): Narzißtische Krisen - Zur Psychodynamik des Selbstmords. Reinbek bei Hamburg.
Huppertz, N. (1976): Zum Fortschritt in der Supervision. Anmerkungen für die Theoriebildung und die weitere Arbeit in der Praxis. In: Unsere Jugend, S. 487-501.
Jacobsen, E. (1977): Depression. Frankfurt.
Kant, I. (1781): Zum ewigen Frieden. Ein philosophischer Entwurf. Neuausgabe: Reclam, Stuttgart 1984.
Maltsberger, J.T.; Buie, D.H. (1974): Countertransference hate in the treatment of suicidal patients. In: Arch. Gen. Psychiatry 30: 625-633.
Marten, R.F. (1981): Probleme und Ergebnisse von Verlaufsuntersuchungen an Suizidanten. In: *Henseler, H.; Reimer, C.*: Selbstmordgefährdung - Zur Psychodynamik und Psychotherapie. Stuttgart-Bad Cannstatt 1981, S. 65-81.
Laucken, U. (1973): Naive Verhaltenstheorie. Stuttgart.
Moser, T. (1984): Kompaß der Seele. Ein Leitfaden für Psychotherapie-Patienten. Frankfurt.
Miller, A. (1981): Du sollst nicht merken. Variationen über das Paradies-Thema. Frankfurt.

Oerter, R.; Montada, L., et al. (1982): Entwicklungspsychologie. Ein Lehrbuch. München/Wien/Baltimore.

Parker, B. (1970): Meine Sprache bin ich. Modell einer Psychotherapie. Frankfurt (Originalausgabe: My language is me. New York 1962).

Plessen, U.; Kaatz, S. (1985): Supervision in Beratung und Therapie. Salzburg.

Plog, U. (1976): Differentielle Psychotherapie II. Bern/Stuttgart/Wien.

Pörksen, N. (1974): Kommunale Psychiatrie. Das Mannheimer Modell. Reinbek bei Hamburg.

Pühl, H.; Schmidbauer, W. (1986): Supervision und Psychoanalyse. Plädoyer für eine emanzipatorische Reflexion in den helfenden Berufen. München.

Reimer, C. (1981): Zur Problematik der Helfer-Suizidant-Beziehung: Empirische Befunde und ihre Deutung unter Übertragungs- und Gegenübertragungsaspekten. In: *Henseler, H.; Reimer, C.*: Selbstmordgefährdung. Zur Psychodynamik und Psychotherapie. Stuttgart-Bad Cannstatt.

Reimer, C. (1982): Interaktionsprobleme mit Suizidenten. In: *Reimer, C.* (Hrsg.): Suizid - Ergebnisse und Therapie. Berlin/Heidelberg/New York, S. 191-206.

Reimer, C. (1985): Psychotherapie der Suizidalität. In: *Pöldinger, W.; Reimer, C.* (Hrsg.): Psychiatrische Aspekte suizidalen Verhaltens. Frankfurt, S. 84-92.

Reimer, C. (1986): Prävention und Therapie der Suizidalität. In: *Kisker, K.P.; Lauter, H.; Meyer, J.-E.; Müller, C.; Strömgren, E.* (Hrsg.): Psychiatrie der Gegenwart. 3. Aufl., Bd. 2, S. 133-173. Berlin/Heidelberg/New York/Tokyo.

Reimer, C.; Clement, U. (1981): Projektive und introjektive Verarbeitung von Suizidalität bei Angehörigen helfender Berufe. In: Med. Psychol. 7: 220-231.

Reimer, C.; Zimmermann, R.; Balck, F. (1986): Suizidalität im Urteil von klinisch tätigen Ärzten. In: Nervenarzt 57: 100-107.

Richter, H.E. (1963): Eltern, Kind und Neurose. Stuttgart.

Richter, H.E. (1979): Der Gotteskomplex. Reinbek bei Hamburg.

Riesman, D. (1958): Die einsame Masse. Hamburg (Originalausgabe: The lonely crowd. A study of the changing American character. New Haven 1950).

Ringel, E. (1965): Selbstmordprophylaxe, ein weltweites Problem. In: Zeitschr. Präventiv. Med. 10: 428-431.

Rogers, C.R. (1972): Die nicht-direktive Beratung. München (Originalausgabe: Counseling and psychotherapy. Boston 1942).

Rogers, C.R. (1973): Die klientenzentrierte Gesprächspsychotherapie. München (Originalausgabe: Client-centered therapy. Boston 1951).

Rogers, C.R. (1974): Ecounter-Gruppen. Das Erlebnis der menschlichen Begegnung. München (Originalausgabe: On encounter groups. New York 1970).

Rogers, C.R. (1976): Entwicklung der Persönlichkeit. Stuttgart (Originalausgabe: On becoming a person. A therapist's view of psychotherapy. 1961).

Rogers, C.R. (1978): Die Kraft des Guten. Ein Appell zur Selbstverwirklichung. München (Originalausgabe: On personal power - Inner strength and its revolutionary impact. New York 1977).

Rogers, C.R. (1981): Der neue Mensch. München.

Rose, K.D.; Rosow, I. (1973): Physicians who kill themselves. In: Arch. Gen. Psychiat. 29: 800-805.

Ross, M. (1971): Suicide among physicians. In: Psychiat. Med. 2: 189-198.

Ross, M. (1973): Suicide among physicians. In: Dis. Nerv. Syst. 34: 145-150.

Ross, M. (1975): Physicians who commit suicide: the deck is not stacked. In: Psychiat. Opin. 12: 26-30.

Roth, J.K. (1984): Hilfe für Helfer: Balint-Gruppen. München.

Scheff, Th.J. (1973): Das Etikett 'Geisteskrankheit'. Soziale Interaktion und psychische Störung. Frankfurt (Originalausgabe: Being mentally ill; a sociological theory. Chicago 1966).

Schmidbauer, W. (1977): Die hilflosen Helfer. Über die seelische Problematik der helfenden Berufe. Reinbek bei Hamburg.

Schmidbauer, W. (1980): Alles oder nichts. Über die Destruktivität von Idealen. Reinbek bei Hamburg.

Schmidbauer, W. (1983): Helfen als Beruf. Die Ware Nächstenliebe. Reinbek bei Hamburg.

Schulz v. Thun, F. (1977): Psychologische Vorgänge in der zwischenmenschlichen Kommunikation. In: *Fittkau, B.; Müller-Wolf, H.-M.; Schulz von Thun, F.:* Kommunizieren lernen (und umlernen). Braunschweig, S. 9-100.

Schulz v. Thun, F. (1981): Miteinander reden: Störungen und Klärungen. Reinbek bei Hamburg.

Scobel, W.A. (1981): Suizid - Freiheit oder Krankheit? In: *Henseler, H.; Reimer, C.:* Selbstmordgefährdung. Zur Psychodynamik und Psychotherapie. Stuttgart-Bad Cannstatt, S. 82-113.

Scobel, W.A. (1983): Kann Sprechen helfen? Ein psychologisch-philosophischer Beitrag zur Bedeutung der Sprache in der klientenzentrierten Psychotherapie. Weinheim/Basel.

Scobel, W.A. (1985): Suizidalität - Erklärungsmodelle und Anleitung zur psychotherapeutischen Hilfe. In: Wege zum Menschen 37: 458-471.

Sechehaye, M. (1973): Tagebuch einer Schizophrenen. Frankfurt (Originalausgabe: Journal d'une schizophrène. Autoobservation d'une schizophrène pendant le traitement psychothérapique. Paris 1950).

Seligman, M.E. (1979): Erlernte Hilflosigkeit. München/Wien/Baltimore (Originalausgabe: Helplessness. On depression, development and death. San Francisco 1975).

Slavson, S.R. (1977): Analytische Gruppentherapie. Theorie und praktische Anwendung. Frankfurt (Originalausgabe: A textbook in analytic group psychotherapy. New York 1969).

Stengel, E. (1969): Selbstmord und Selbstmordversuch. Frankfurt.

Strömbach, R.; Fricke, P.; Koch, H.-B. (1975): Supervision. Protokoll eines Lernprozesses. Gelnhausen/Berlin/Freiburg i.Br./Nürnberg/München.

Tabachnick, N. (1961): Countertransference crisis in suicidal attempts. In: Arch. Gen. Psychiatry 4: 572-578.

Tausch, R.; Tausch, A.-M. (1981): Gesprächspsychotherapie. Einfühlsame hilfreiche Gruppen- und Einzelgespräche in Psychotherapie und alltäglichem Leben. Göttingen.

Watzlawick, P.; Beavin, J.H.; Jackson, D.D. (1969): Menschliche Kommunikation. Formen, Störungen, Paradoxien. Bern/Stuttgart/Wien (Originalausgabe:

Pragmatics of human communication. A study of interactional patterns, pathologies and paradoxes. New York 1967).

Watzlawick, P.; Weakland, J.H.; Fisch, R. (1974): Lösungen. Zur Theorie und Praxis menschlichen Handelns. Bern/Stuttgart/Wien (Originalausgabe: Change. Principles of problem formation and problem resolution. New York 1974).

Wellmann, K.F. (1974): Über die Todesursache bei US-amerikanischen Ärzten. In: Dtsch. Med.Wschr. 99: 1695.

Willi, J. (1975): Die Zweierbeziehung. Reinbek bei Hamburg.

Willi, J. (1978): Therapie der Zweierbeziehung. Reinbek bei Hamburg.

Willi, J. (1985): Koevolution. Die Kunst des gemeinsamen Wachsens. Reinbek bei Hamburg.

Yalom, I.D. (1974): Gruppenpsychotherapie. Grundlagen und Methoden. Ein Handbuch. München (Originalausgabe: The theory and practice of group psychotherapy. New York/London 1970).

Die Autoren:

Dr. phil., Dipl.-Psych. Walter Andreas Scobel ist Lehrtherapeut, Psychotherapeut und Supervisor in freier Praxis in Hamburg.

Dr. med. Christian Reimer ist Professor für Psychiatrie und Psychoanalyse in Basel.

Friedrich Beese
Was ist Psychotherapie?

Ein Leitfaden für Laien zur Information über ambulante und stationäre Psychotherapie.
4. Auflage 1987. 86 Seiten, kartoniert

Was ist Psychotherapie? Wie geht sie vor sich? Welche Möglichkeiten gibt es? Solche und ähnliche Fragen werden immer wieder gestellt. Sie werden hier knapp, fachkundig und in leicht verständlicher Form beantwortet. Die Schrift informiert über alle Grundprinzipien ebenso wie über die konkrete Durchführung. Das Ziel ist, immer noch wirksame Vorurteile gegen die Psychotherapie abzubauen und unrealistische Erwartungen zurechtzurücken. Darüber hinaus erhält der Leser Auskunft auch über ganz praktische Probleme bis hin zur Kostenübernahme durch die Krankenkassen.

Hubert Feiereis / Hans-Joachim Thilo
Basiswissen Psychotherapie

Kleines Repetitorium der wichtigsten Grundbegriffe tiefenpsychologisch orientierter Psychotherapie. 1980. 246 Seiten, kartoniert

Bei der verwirrenden Vielzahl psychotherapeutischer Methoden ist es unerläßlich, Kenntnis über die elementaren Grundlagen zu bekommen. Darüber hinaus soll die Anwendung dieser tiefenpsychologischen Technik und ihrer Grenzen praktisch für den ärztlichen Alltag, die Arbeit des Sozialarbeiters und die Tätigkeit des Pfarrers dargestellt werden. Verwertbarkeit, Praktikabilität, Indikation und Kontraindikation werden für den Arzt und den Nicht-Mediziner aufgezeigt.

Erich Lindemann
Jenseits von Trauer

Beiträge zur Krisenbewältigung und Krankheitsvorbeugung. Hrsg. von Peter Kutter. Aus dem Amerikanischen von Dagmar Friedrich. 1985. VIII , 204 Seiten mit 11 Abbildungen, kartoniert

Erich Lindemann, der seine Patienten stets im Netzwerk ihrer sozialen Beziehungen zu begreifen versuchte, gilt zu Recht als einer der Begründer der Familien- und Sozialtherapie. Die hier gesammelten Arbeiten zentrieren auf den Zusammenhang von Verlust, Trauer, Lebenskrise und psychosomatischer Erkrankung und geben neue Impulse zur Einrichtung von gemeindenahen Versorgungsmodellen in der Vorbeugung und Bewältigung von seelischer Krankheit.

Vandenhoeck & Ruprecht
Göttingen / Zürich